A fábrica em que o sindicato nunca entrou

CONSELHO EDITORIAL
Ana Paula Torres Megiani
Eunice Ostrensky
Haroldo Ceravolo Sereza
Joana Monteleone
Maria Luiza Ferreira de Oliveira
Ruy Braga

A fábrica em que o sindicato nunca entrou
paternalismo industrial no ABC paulista

Diego Tavares dos Santos

Copyright © 2019 Diego Tavares dos Santos
Grafia atualizada segundo o Acordo Ortográfico da Língua Portuguesa de 1990, que entrou em vigor no Brasil em 2009.

Edição: Haroldo Ceravolo Sereza e Joana Monteleone
Editora assistente: Danielly de Jesus Teles
Projeto gráfico e diagramação: Airton Felix Souza
Capa: Danielly de Jesus Teles
Assistente acadêmica: Tamara Santos
Revisão: Alexandra Colontini
Imagens da capa: *Primeiro de maio de 1980/Vila Euclides* ©Edu Simões
Contracapa: *Greve dos metalúrgicos do ABC.* 1980 ©Juca Martins

CIP-BRASIL. CATALOGAÇÃO NA PUBLICAÇÃO
SINDICATO NACIONAL DOS EDITORES DE LIVROS, RJ

S234f

 Santos, Diego Tavares dos
  A fábrica em que o sindicato nunca entrou : paternalismo industrial no ABC paulista / Diego Tavares dos Santos. - 1. ed. - São Paulo : Alameda, 2019.
  276 p. ; 21 cm.
  Inclui bibliografia
  ISBN 978-85-7939-622-9

  1. Sindicatos Metalúrgicos do ABC - História. 2. Movimentos sociais do ABC - História. I. Título.

19-57966

         CDD: 331.881098161
         CDU: 331.105.443(815.6)

Alameda Casa Editorial
Rua 13 de Maio, 353 – Bela Vista
CEP 01327-000 – São Paulo, SP
Tel. (11) 3012-2403
www.alamedaeditorial.com.br

Sumário

07 APRESENTAÇÃO

31 INTRODUÇÃO

47 A CONSTRUÇÃO SOCIAL DA REBELDIA

85 A LINGUAGEM PATERNALISTA: A GREVE DE 1980 E O GRUPO DE TRABALHADORES DA TERMOMECANICA

125 A LUTA EM TORNO DA LINGUAGEM

203 A CONSTRUÇÃO SOCIAL DA RESIGNAÇÃO

257 CONSIDERAÇÕES FINAIS

263 BIBLIOGRAFIA

273 AGRADECIMENTOS

Apresentação

Saudosismo Infindo

Dito isso, passemos aos aspectos que vale destacar. Qual é o ponto? A primeira coisa que deve ser esclarecida é que o título original da dissertação era: "A fábrica em que o Lula nunca entrou: um mundo meio isolado no coração do novo sindicalismo". Portanto, aí já está contida a chave para a resposta à pergunta. O ponto é que, sendo uma fábrica que desafiava a liderança arrebatadora do Sindicato de Metalúrgicos do ABC na região, num momento que talvez tenha sido o ponto alto daquela influência (o início dos anos 1980), a Termomecânica São Paulo S/A estabeleceu um marco do que seria o contraponto ao poder social dos metalúrgicos e de tudo o que eles representavam historicamente no Brasil da época, isto é, a emergência de um sujeito social que repunha os direitos coletivos na arena pública em um momento histórico que se desembaraçava do passado autoritário-ditatorial e que começava a confrontar a alternativa liberal-privatista clarificada mais tarde, nos anos 1990, com a entrada definitiva do país no neoliberalismo.

Salvador Arena, o fundador-empresário-herói da empresa metalúrgica situada no coração do capitalismo da fase internacionalizada do desenvolvimentismo no Brasil, rodeado de pesos-pesados do setor manufatureiro – entre os quais estavam as montadoras de automóveis, famosas pela conflitividade de massa que teve como protagonista o referido sindicato –, impunha-se, ele, como uma espécie de média simbólica entre as duas linhas-de-força que Lula e seus companheiros estavam desestabilizando com a sua ação prática: o paternalismo antigo, por um lado, e o privatismo puro e duro do mercado, por outro lado. Salvador Arena personificava os dois. E por isso sua figura é complexa e duradoura na memória dos operários que, segundo uma leitura superficial, deveriam, em nome de uma suposta consciência de classe, rejeitar a mencionada figura. A discussão é clássica e, até certo ponto, inconclusiva, uma vez que não se trata de uma questão a ser decidida na esfera fatual. A maneira como Diego aborda a questão não a contorna, mas enfrenta-a com o que reputo como a caixa de ferramentas metodológica de que melhor dispomos: a sociologia histórica, onde conceitos são situados em um contexto ao mesmo tempo material e simbólico.

O problema da consciência de classe pode ser tratado em vários níveis. Seria cômodo descartá-lo como fazendo parte de um debate do passado, associado aos confrontos políticos sobre o "partido da classe operária", e portanto à postura luckásiana, mas essa não é a única maneira possível de tratar a questão. Existe um nível histórico da consciência de classe. Assim, escatologias políticas não precisam necessariamente deixar de ter um papel explicativo nos fenômenos tais como eles se desdobram na narrativa dos eventos, contanto que não sejam essencializadas. Seguindo tal intuição, o autor desembocou em dois tópicos da maior importância

A fábrica em que o sindicato nunca entrou   9

com a escolha de seu objeto: importância propriamente histórica em si, pelo simples fato de ter escolhido um caso interessante e desafiador do ponto de vista político (o Sindicato de São Bernardo, segundo seus próprios relatos etnográficos, toma o *affair* Arena quase como um tabu para a prática militante dele; numa palavra, sua pedrinha-na-chuteira); e, em segundo lugar, importância na mobilização das influências teóricas: Edward P. Thompson e Eric Hobsbawm como duas grandes balizas na configuração de uma *cultura de classe*, aos quais se deve acrescentar a riqueza descritiva de um Richard Hoggart (os dois últimos ele não cita, mas com certeza não ignora a fonte inspiradora).

Mas existe também um outro nível, que está muito mais ligado à interpretação sociológica "nacional" sobre consciência de classe, e às versões do populismo e do novo sindicalismo. Aí as significações variam e podem confundir o leitor que busca um relato coerente do mundo do trabalho brasileiro: por um lado, a consciência de classe expressa o que *não é* o sindicalismo trabalhista no pré-64 (estrutura burocrática atrelada ao Estado levando a atitudes violentas, radicais e politicamente orientadas, como piquetes etc.: veja-se a seção do Capítulo 1 *ABC: terra vermelha, terra trabalhista*), com forte influência comunista. Por outro lado, a consciência de classe é mais do que almeja o sindicalismo que luta aguerridamente pelos interesses da categoria (atitude economicamente orientada), porque isso ainda não consistiria na superação da "consciência possível" que fica presa ao estágio "econômico--corporativo" da classe e aos conflitos nos marcos do sistema. Nesse cenário, o sindicalismo trabalhista-comunista-populista carece de consciência de classe tanto pelo critério n°1 quanto pelo critério n°2. E o novo sindicalismo (que presumidamente "superou" aquele), por seu turno, pela sua disposição para a negociação direta

Diego Tavares dos Santos

com os patrões, pela recusa do Estado e por causa de seu ímpeto autonomista e anti-burocrático, recusa justamente a "politização" assim como qualquer ranço de consciência de classe atribuída por uma vanguarda auto-esclarecida (tal é o julgamento positivo que faz do novo sindicalismo, por ex., um autor como Francisco Weffort), mesmo que essa seja socialista. Por outro lado, os ganhos econômicos obtidos na negociação direta eram mais efetivos do que aqueles que dependiam dos índices estatais de correção dos salários, ou seja, o sindicalismo do ABC era muito mais "fordista" do que "estatal" – e isso passava ao largo de qualquer problemática acerca da "consciência de classe" (a menos que se considerasse que essa última estava sendo exercida "na prática", "na base" etc.[1]). No entanto, forçoso é reconhecer que muito do que ficou depois associado à "postura classista" ou ao chamado "sindicalismo classista" – mesmo sem remeter diretamente à consciência de classe – retira sua força do período "combativo" do surgimento do novo sindicalismo. Essa discussão aparece no livro no Capítulo 1, mas ela está sobretudo direcionada para mostrar que o corte entre o velho e o novo sindicalismo – e com isso seguindo toda a historiografia do trabalho recente – é algo forçada e não se sustenta nos fatos. No entanto, não esgota todas as implicações do tema. (De quebra, nes-

---

1   O termo não estava exatamente ausente no período formativo do novo sindicalismo. Veja-se essas chamadas tiradas da coluna "Nossa Opinião" da *Tribuna Metalúrgica*, jornal do Sindicato de São Bernardo, em 1981 e 1982: "O crescimento de nossa consciência de classe" (dezembro de 1981), e "É preciso ter consciência de classe" (outubro-novembro de 1982). A coluna "Nossa Opinião" é uma espécie de editorial da diretoria. As indicações estão no livro de Katia R. Paranhos, *Era um vez em São Bernardo. O discurso sindical dos metalúrgicos 1971/1982*. Campinas, Editora da Unicamp/CMU, Coleção Tempo e Memória 6,1999; as chamadas estão citadas respectivamente às páginas 241 e 255.

A fábrica em que o sindicato nunca entrou   11

se capítulo é ainda explorada a origem da geração de sindicalistas "autênticos" como amálgama de interventores "novos democráticos" e antigos militantes do pré-64).

Entretanto, com essa postura prudente, o autor acaba escapando adicionalmente de uma outra armadilha, essa última de contorno mais sociológico geral e menos "nacional". Diego passa ao largo da confrontação entre o funcionalismo e o essencialismo na discussão sobre classe social, abrindo o horizonte para incluir a dimensão que tanto o fascinou: as matrizes simbólicas da classe que incluem o caipirismo (na primeira seção do Capítulo 1), a religião (que está por trás de muita coisa do comportamento operário, e que ele explora na seção segunda do mesmo capítulo), a linguagem, o *ethos* mercantil convivendo com a solidariedade familiar e o companheirismo (a reverência ao *self-made-man* capitalista não é facilmente compatível com o sentido de igualitarismo operário), o senso de grupo comunitário incutido no poder emanado das lideranças do sindicato em direção à base... Esses e muitos outros tópicos são fascinantes.

Um desdobramento é bem exemplar desse fascínio: tudo o que foi mostrado – e ainda o que foi sugerido – no trabalho de Diego nos leva a formular a seguinte questão perturbadora: até que ponto Salvador Arena e Lula não são antípodas equivalentes em termos de poder de atração carismática, de tal modo que ambos não podem partilhar o mesmo "lugar" na imaginação dos operários? Isso explicaria, ademais, o desconforto do Sindicato do ABC com a empresa de Arena, muito por causa da figura do próprio dono, um competidor totêmico para o poder de seu maior líder. Ambos – Lula e Arena – falam grosso, são irascíveis, mas podem ser também magnânimos e generosos. Os trabalhadores oscilam: ora parecem pender para o lado do Sindicato, ora parecem embarcar no projeto social da Termomecânica (é muito diferente uma mesa de negociação onde os personagens são gerentes, advogados e quadros administrativos em meio a uma pauta entremeada de tecnicalidades corporativas e econômicas, como ocorre quando se trata de uma negociação coletiva com multinacionais ou grandes grupos nacionais burocratizados). Temos aqui elementos ricos para pensar a persistência do paternalismo industrial, bem como sua convivência com a modernização neoliberal da reestruturação produtiva (vejam-se os programas de qualidade total, tecnologia de grupo e *Just-in-time* para os quais se orienta a política de gestão da empresa hoje).

Característico é o caso da batalha em torno do feijão, na seção em que o autor descreve os benefícios que a empresa oferece para a sua força-de-trabalho (*A luta por uma linguagem de classe*). Item obrigatório da dieta popular, a ausência do feijão no restaurante da empresa é motivo de cobrança e mobilização: justifica uma querela, levada a cabo pelo suplemento do jornal do sindicato – assim como o guaraná de graça era uma tática para ganhar a simpatia dos empregados. Guaraná à vontade lembra o exemplo clássico do "chafariz de leite" descrito por José Sérgio Leite Lopes em seu estudo da estratégia de um outro patrão "paternalista", Frederico Lundgren da fábrica de tecidos Paulista, em Pernambuco (que Diego não deixa escapar, admirador que é dessa obra clássica da sociologia do trabalho brasileira,[2] devidamente registrada em nota). Lundgren e Arena mobilizam um mesmo repertório de classe, mesmo que um seja mais "tradicional" (a fábrica têxtil está dentro de um engenho), e o outro mais "moderno" (uma metalúrgica no ABC paulista). Fartura que toca uma carência sensível da

---

2   José Sérgio Leite Lopes, *A Tecelagem dos Conflitos de Classe na Cidade das Chaminés*. Rio de Janeiro: Marco Zero/CNPq, 1988. Diego também se vale dos conceitos que essa obra trouxe à baila na ocasião, como o de "teatralização da dominação".

A fábrica em que o sindicato nunca entrou 13

população trabalhadora: o fantasma da fome diante a alternativa única que é a renda do trabalho – mais ainda: do salário. Mas com uma diferença importante em termos de orientação valorativa: Arena insiste na economia e na mensuração precisa do instinto: nenhum desperdício de comida era tolerado (tal preocupação com o desperdício encaixa-se menos problematicamente com o "modelo japonês", que virá depois). A forma, no entanto, encontrada pelo sindicato de contrapor a tentativa de cooptação operária pela boca é a denúncia das condições de trabalho, isto é, da usura do corpo: acidentes e intensificação do trabalho. Duas dimensões corporais: a proteína e a pele (queimada por abrasivos, no caso). Estamos diante de uma peça significativa da construção de nossa sociedade salarial, em que os acidentes e os agravos físicos ao corpo do trabalhador são parte constitutiva. O autor segue retrospectivamente, tanto quanto pode nos limites de uma dissertação de mestrado, as raízes históricas dos dilemas concretos como esse em que a comida torna-se um nervo sensível das relações de classe. A sobrevivência sempre como urgência primeira – a partir daqui se entende muito das escolhas posteriores desses atores e seus representantes (a importância do emprego,[3] por exemplo). O Sindicato de Metalúrgicos do ABC, alguém pode dizer, é o grande irradiador (junto com outras categorias, como petroleiros e bancários, todas bem

---

3   O Sindicato de Metalúrgicos de São Bernardo tem se notabilizado, desde quando foi solicitado a intervir em acordos com os patrões para mitigar os efeitos da reestruturação produtiva na região, a colocar a manutenção de postos de trabalho como condição primeira a qualquer outro critério. Tem sido também muito criticado por isso, pelas tendências mais à esquerda (porque, como compensação, abre mão de aumentos salariais e permite a negociação da flexibilidade, dizem elas). É bom dispor de obras como esta de Diego, que permitem cavar fundo na busca de razões para entender tal fixação no emprego.

organizadas) da difusão de uma relação salarial de tipo fordista no Brasil, ou seja, em que a negociação coletiva acompanha os ganhos de produtividade do capital em um setor ou ramo determinado da economia. Nesta versão editorial de sua dissertação, Diego omite uma discussão que fez na versão universitária dela, mais espichada: toda a parte que mobilizou para trazer a problemática teórica da Escola da Regulação francesa – em que os conceitos tais como o de *relação salarial* são apresentados – é aqui poupada e portanto não aparece. Mas ela explica por que centrar fogo nesses aspectos relativos aos critérios sociais para se erigir uma norma de consumo que passa a ser referência para os acordos de classe. Ora, quando vemos com a lente histórica (o trabalho de Diego contribui para isso, elegendo o caso de uma empresa politicamente chave), percebemos o quanto a estabilização de uma relação salarial de tipo fordista fica capenga no Brasil, diante da realidade do açoite permanente representado pela informalidade à espreita no mercado de trabalho. Com uma população trabalhadora acostumada a viver, como se diz entre os anglo-saxões, da mão para a boca, não sobra muito espaço para tematizar nada além do que o emprego, o salário, e a sobrevivência.

Essa raiz formativa da classe trabalhadora pode ser rastreada, se fosse o caso (mas o autor não chega a tanto) nas observações de Antonio Cândido sobre a dieta do parceiro, trabalhador rural que, lá atrás, vivia com o mínimo e reduzia sua expectativa à mera reprodução da vida: ali também a fome era um fantasma recorrente que acompanhava as incertezas da atividade econômica do pequeno sitiante do interior, isolado, mas que quando resolvia se desvencilhar de sua precariedade e enfrentar o mercado, sujeitando-se ao atravessador, só via piorar sua própria situação (por causa das oscilações de oferta e demanda que ele não dominava).

A fábrica em que o sindicato nunca entrou

O que há de comum entre um e outro – o parceiro de outrora e o operário industrial do presente – é a dificuldade, no segundo, de estabilização de uma condição assalariada que permitisse relativa folga, por meio da proteção social, em relação ao medo de descer aos infernos, isto é, à informalidade e, por conseguinte, à carência material mais básica que é o traço distintivo do primeiro. Informalidade que está sempre à espreita da precária relação salarial no Brasil[4] (Diego também segue o grande afresco narrativo de Robert Castel, que se detém no caso francês, mas que pode funcionar como horizonte de expectativa a orientar muito do discurso do desenvolvimento, e que portanto nos concerne). Em suma, vendo Arena e como age o patrão-protetor, vemos, quando miramos o passado (*Os Parceiros do Rio Bonito Bonito* nos ajuda, mas podia ser também qualquer outra obra formativa que ocorresse – como com os ex-escravos estudados por Florestan, ou os "homens livres" estudados por Maria Sylvia de Carvalho Franco – e que lembrasse a fragilidade estrutural de nossa população trabalhadora) sob que manto ele se veste para desferir a empáfia certeira e impune contida na certeza de que os seus empregados acatarão e se submeterão: sua certeza está fincada na consciência da absoluta falta de proteção ao homem que trabalha. Sem Estado, sem Igreja, sem Exército, ele só tem a família e a pobre comunidade isolada diante do mercado, e essa é a sua única proteção.

---

4   Segundo a conclusão a que chega o economista que talvez seja o fiel seguidor dos *insights* da Escola da Regulação no Brasil (ao menos quando se trata do mercado de trabalho), João Sabóia, o grande problema em tentar aplicar o instrumental teórico daquela Escola ao caso brasileiro são as suas elevadas taxas de informalidade do trabalho. Veja-se o seu ensaio escrito em parceria com Benjamin Coriat, *Régime d'accumulation et rapport salarial au Brésil – un processus de fordisation forcée et contrariée*, Texto para Discussão n° 122, IEI/UFRJ, julho de 1987.

> O mau trabalhador, a viúva, o doente, o inepto são condenados preferenciais; mas muito lavrador disposto, acuado por circunstâncias desfavoráveis, sente não raro o seu acicate, que é visível mesmo quando atenuado pelo amparo eventual de parentes, vizinhos ou protetores. (Antonio Cândido, *Os Parceiros do Rio Bonito. Estudo sobre o caipira paulista e a transformação de seus modos de vida.* São Paulo: Duas Cidades, 1975, 3ª ed., p. 157).

É tudo ou nada (sendo que o nada, nesse caso, pode significar a fome):

> As mais das vezes se apresenta de modo discreto. É o caso, por exemplo, do parceiro ou pequeno sitiante que foi obrigado a gastar mais semente do que esperava, e alimenta a família apenas de arroz, ou apenas de feijão, até que venha a colheita. É o caso, ainda, do parceiro que chegou atrasado para o início do ano agrícola e obtém colheita insuficiente. É o caso, também, do lavrador que tem muitos filhos pequenos e conta com pouco auxílio da mulher na lavoura, conseguindo dificilmente o necessário para rações mínimas e afinal insatisfatórias. (*Idem, Ibidem*).

Vê-se agora o quanto o feijão não é de somenos importância nessa história, personagem recorrente na narrativa de "longa duração" que conta a submissão do elemento popular ao elemento dominante na relação social, atravessando épocas históricas. O Sindicato sabia o que estava fazendo ao tocar em um ponto sensível da memória de classe dos operários da Termomecânica.

Por aí se pode ver, então, de onde extrai o patrão-salvador toda a sua força: ele protege quando ninguém mais protege. O manto "sagrado" de Arena (que Diego percebe e chama com esse nome mesmo, baseando-se no ensinamento sociológico clássico

A fábrica em que o sindicato nunca entrou   17

sobre as formas elementares de classificação) extrai a sua força viril e a sua persuasão barata na razão direta da des-proteção generalizada em torno do trabalhador que ele contrata.

Des-proteção e informalidade são componentes atávicos de uma outra propriedade do mercado de trabalho brasileiro: aquilo que a glosa caiopradiana chama de "inorgânico".[5] Embora não pareça, estão todas presentes quando o foco de luz é endereçado a uma classe social que, por todas as características exteriores, parece moderna e igual às outras classes trabalhadoras do mundo: contrato (carteira de trabalho), uniforme e (alguns) direitos. A *maneira* como esses direitos são interpretados e experimentados é que são elas.[6]

Voltemos ao livro.

§

O trabalho de Diego segue as pistas deixadas por um *grupo operário* dentro da classe trabalhadora do ABC paulista, que é o "paradigma" de classe trabalhadora industrial fordista em um país da periferia do capitalismo industrial. Trata-se de uma empresa metalúrgica, no berço do nascimento do chamado novo sindicalismo. A noção de um grupo operário[7] – nesse caso ligado a uma empresa em particular – é muito interessante para a análise sociológica pois instaura um nível mais específico e determinado no in-

---

5   Devo essa observação oportuna às conversas com a Profª Priscila L. Figueiredo, do Cenedic.

6   É o sentido de *justiça* que carece. Consultar a nota 9 *infra*.

7   Às vezes esse grupo se coloca numa posição antagônica ao sindicato (chegando mesmo ao paroxismo de gestar entre os seus a "tropa de choque do Arena"), às vezes o sindicato absorve o grupo.

Diego Tavares dos Santos

terior de um nível mais abstrato e agregado quanto o é o de "classe social". No entanto, estamos o tempo todo dentro do campo teórico-conceitual no qual o conceito de classe é não apenas relevante mas fulcral para o relato que o autor apresenta da história recente da classe trabalhadora do país – poderíamos mesmo dizer, seu momento alto e marcante (o momento no qual emerge a liderança de Lula, por exemplo). Visto sob essa perspectiva, o produto acadêmico que resultou neste livro é de uma importância incontestável para estudiosos da área, pois ele converge em duas exigências que devem ser perseguidas em um empreendimento científico na sociologia: sua pertinência simbólico-cultural para a vida pública da sociedade na qual o fato estudado se insere, e seu rigor metodológico (traduzido pela sistematicidade metódica no "cercamento" da questão de pesquisa). Em todos esses dois âmbitos, o trabalho de Diego é bem sucedido: a escolha do objeto é desafiante – todos aqueles que conhecem o ambiente sindical de São Bernardo do Campo sabem que a Termomecânica é uma fábrica "difícil" – e os instrumentos mobilizados para a explicação do caso são variados e criativos: entrevistas, fontes documentais da empresa, imprensa, processos judiciais, arquivos do Deops, visitas ao local da fábrica propriamente dita, e o confronto com relatos e narrativas anteriores, de pretensão mais ou menos acadêmica.

A disjunção assistencialismo e recusa da benevolência é um outro aspecto muito mal resolvido na historiografia sobre a classe operária. Aqui o ponto a partir do qual ambos são abordados é aquele que reconhece o caráter mutável da "substância" assistencialismo-benevolência, variando segundo a conjuntura. Em momentos em que a "onda" está pró-trabalho, aquela substância se dilui (como foi o caso em 1980, ano da greve dos 41 dias no ABC; como foi também o caso da aguerrida militância anarquista na Primeira

A fábrica em que o sindicato nunca entrou 19

República); inversamente, quando os conflitos de classe arrefecem ou voltam para o seu estado de "normalidade", aí então passa a ser a coisa mais trivial do mundo ficar com a boa-vontade do patrão[8] (eventualmente usá-la ou reapropriá-la). Reconhecer esse pêndulo como constitutivo da história operária como *fazer-se* – inspiração thompsoniana cara a Diego – é uma das boas aquisições das aulas uspianas que o autor levou para o trabalho de pesquisa.

No entanto, a aquisição não fica por aí; ela é capaz, além disso, de construir uma explicação histórica, e essa última está presente, por exemplo, quando identifica a rebeldia contra os benefícios "assistencialistas" de Salvador Arena ao rompante sindicalista pelos "direitos" e pela dignidade, emergentes naquela época em que as greves do final da década de 1970 fizeram a sua entrada na cena política. Essa interpretação abre um caminho bem interessante para entender as linhas de força, como se fez referência acima, que a micro-realidade da Termomecânica condensa: a luta por direitos dos operários como classe, presente na insistência com que a empresa aparecia nas denúncias da Tribuna Metalúrgica (jornal do Sindicato), corroía o espaço de ação da iniciativa patronal no terreno do paternalismo e do *welfare* privado para conjurar a luta de classes. Por outro lado, tal luta não foi capaz de escapar de uma nova privatização que veio logo em seguida, representada pelos métodos de gestão da produção e do trabalho, novamente repondo, em novas bases, o poder da empresa – dessa vez ausente a figura

---

8   *Mutatis mutandis*, a disjuntiva se desdobra no debate do mundo do trabalho (tanto entre intelectuais quanto entre militantes) entre sindicalismo propositivo, por um lado, e sindicalismo classista, por outro. Uma variação ainda é entre sindicalismo ativo *versus* sindicalismo defensivo, porém essa última oposição é enganosa pois os termos podem se inverter, a depender dos evocadores discursivos de uma e outra posição no debate.

mítica do dono e introduzida a noção de que é o próprio mercado, impessoal, quem manda. Nessa última configuração, não é mais a luta por direitos de cidadania o que interpela e mobiliza o grupo operário. Mas um curioso elemento da relação da empresa com os seus empregados permanece entre a época anterior e a atual: a aleatoriedade na provisão dos benefícios. Antes os empregados já tinham se acostumado com a inconstância da "ajuda" de Salvador Arena nas compras que cada trabalhador fazia na cooperativa: tinha meses que ele entrava com um complemento para o vale-compra (descontado depois no salário mas funcionando como um poderoso adiantamento para os gastos correntes do mês com alimentação) mas tinha meses que ele resolvia "judiar" e não distribuía vale algum. Podia ser o caso também de proceder à premiação discricionária de acordo com a produtividade, a lealdade ou a disciplina. Hoje, com os bônus e os esquemas de Participação nos Lucros e Resultados da empresa reestruturada, o efeito é dificilmente muito diferente. Os "direitos" instituiriam uma medida de justiça pública e de sentido universalista (*todos* têm direitos), que é justamente a exceção, não a regra em nossa trajetória histórica pontilhada pelo favor. Diego colhe no terreno deixado pela contribuição original e certeira de Maria Célia Paoli quanto à percepção dos direitos, justiça e política no interior de classe trabalhadora.[9] Essa contribuição também é uma influência (junto com Thomp-

---

9 O texto seminal, um pequeno ensaio muito inspirado pela capacidade de síntese teórica de influências tão díspares (literatura sobre o corporativismo brasileiro, o conceito de poder em Claude Lefort, e de política em Hanna Arendt e Jürgen Habermas, aliada à bibliografia das pesquisas correntes no Brasil em ciências sociais e direito sobre noções de justiça e reciprocidade, passando pela experiência das câmaras setoriais de meados dos anos 1990) é: *O Direito do Trabalho e sua Justiça. Em busca das referências democráticas*, Revista da Usp, 1994, p. 100-115.

A fábrica em que o sindicato nunca entrou 21

son) que se encontra repartida no texto e às vezes aparece em toda a sua nitidez, como nesse exemplo da cooperativa. Transformar favor, benevolência e benefício em *direito* foi efetiva como ação social quando a onda[10] estava a favor e os inimigos eram claros – os patrões personalistas do tipo de Arena; como pensar, então, a ação social coletiva num tempo, hoje, em que nenhum patrão visível aparece como inimigo mas antes um fluxo sem rosto que cobre de exigências técnicas o desenrolar do processo de trabalho (além da onda ser, como se sabe, francamente contrária, com o neoliberalismo e o estado de exceção permanente)?

Ainda no quesito assistencialismo e benevolência patronal, vale notar que eles transbordam para além da fábrica, chegando até ao próprio município como um todo, como no fornecimento de água à população (dado o problema do abastecimento, de que era carente) e sopa aos pobres. Se quisermos traçar uma pré-história do que hoje se chama "Responsabilidade Social Corporativa", temos aqui um bom espécime.

A seção sobre o processo de trabalho é um pequeno exemplar de como encaixar análise micro com processos macro: curto e sintético, o relato cobre os aspectos mais essenciais da abordagem, quais sejam: os tipos de produto fabricados e sua relação com o mercado (quem são os clientes, a cadeia produtiva); o regime de concorrência (a empresa é monopolista no setor, quando se trata do mercado interno) e sua influência na sustentação da benemerência

---

10 A noção de "onda" segue o sentido atribuído por Francisco de Oliveira à grande "era das invenções", quando os movimentos sociais estavam em ascensão e forçaram a abertura do espaço público para incluir os atores coletivos até então ausentes dele. Veja-se do autor, *Política numa era de indeterminação: opacidade e reencantamento*. In: Francisco de Oliveira e Cibele Rizek (orgs.) A Era da Indeterminação, São Paulo: Boitempo, 2007, p. 15-45.

patronal; o modo de contratação da força de trabalho (indicação de amigos, o que reforça a lealdade ao invés da racionalidade); as exigências (baixas) de qualificação no recrutamento; a descrição do processo produtivo e as exigências de qualidade numa base ainda de lógica fordista de produção (lógica essa inscrita inclusive no controle moral da força de trabalho e no salário mais alto do que a média do mercado, tal como originariamente em Ford); o papel inovador do engenheiro politécnico e seu aproveitamento econômico nos anos de formação de uma base industrial de bens de produção no país; o mercado interno de trabalho e a segmentação entre artistas e os outros. Faltou entrar mais no detalhe de como a posição no mercado repercutia no trabalho operário em termos de ritmos, jornada, tempo de trabalho, pausas etc. (temos apenas a indicação de acidentes como *proxy*) e como os operários reagiam (se é que o faziam). Por fim, a internacionalização da firma (2005) parece ter sido o passo seguinte ao desaparecimento de seu fundador (1998), que era onipresente no chão-de-fábrica, se não fisicamente, ao menos como inspiração produtivista. Com a internacionalização, veio o enquadramento inequívoco nos métodos "pós-fordistas", como se a figura de Arena estivesse ligada a um passado "nacional" e apenas parcialmente moderno (havia racionalização mas havia também personalismo). O próprio texto alerta para a complexidade (e fragilidade) de antinomias terminológicas tais como fordismo e pós-fordismo, tradicional e moderno – temos indicações oportunas de que a empresa já começou, por assim dizer, flexível, de modo que o figurino pós-fordista não seria uma novidade completa. Essa é uma indicação bem interessante do ponto de vista de uma mirada a partir da divisão internacional do trabalho (que a dissertação, entretanto, deixa inexplorada).

A peleja do sindicato com a Termomecânica S/A é o grande

A fábrica em que o sindicato nunca entrou 23

palco empírico do relato deste livro; a briga entre direito e favor, seu cenário de fundo. Vale a leitura (que é agradável porque a escrita flui, como nos melhores textos de história social, a grande inspiração de Diego). Longe de começar durante o "novo sindicalismo", a peleja é antiga, remontando à Associação Profissional dos Metalúrgicos de São Bernardo e Diadema, no final dos anos 1950. O material sobre a fábrica em tela repõe a classe trabalhadora industrial brasileira dentro de uma "longa duração" em que a participação do PCB no movimento operário ganha uma luz menos viesada pela versão petista de que tudo começou em 1978. A entrevista com o sindicalista Orissom Saraiva de Castro é preciosa nesse sentido, e reata com a obra de um historiador como John French, confirmando os achados dele sobre o terreno como uma espécie de celeiro de lutadores, sugerindo uma linha de continuidade entre a militância comunista do pós-Guerra em Santo André e a geração "novo-sindicalista" do ABC, forjada já durante a ditadura militar.[11] Em evento na sede do Sindicato dos Metalúrgicos do ABC, em novembro de 2016, por ocasião do lançamento de um livro comemorativo da Comissão da Fábrica da Ford, foi o próprio Lula que, com auditório cheio em discurso no qual dialogava alto com antigos companheiros de luta, à guisa de reminiscência, enfatizou o trabalho anterior de antigos dirigentes locais comunistas, os quais "no começo, sabiam fazer trabalho de base" mas que, "a partir de um determinado momento, desaprendeu a tratar com o peão".[12]

---

11 John French, *O ABC dos Operários*. Conflitos e alianças de classe em São Paulo, 1900-1950. Hucitec: Prefeitura de São Caetano do Sul, 1995.

12 25/11/2016. O livro em questão é *A História de Luta dos Trabalhadores na Ford São Bernardo do Campo 1981-2016*, Alberto Eulálio (Betão) e João Ferreira Passos (Bagaço). São Paulo: Fundação Perseu Abramo,

O depoimento de Orissom expõe o lado "privado" da dominação de classe na Termomecânica: sem negros, sem nordestinos – uma preferência pessoal do dono (que, ademais, usava as dependências da fábrica como uma extensão da própria casa: há relatos de operários que contam das noites em que Arena passava em seu escritório-dormitório). Excêntrico, temperamental, exigente, esse traço psicológico-comportamental era também o que exercia fascínio em parte de sua força de trabalho (no seu velório houve quem chorasse). Na medida de seu arbítrio estava a decisão vingativa, exemplar, para mostrar aos outros o que podia acontecer caso ousassem quebrar o contrato implícito de lealdade e incondicionalidade: um trabalhador jovem, que estudava depois do expediente, pediu para ser demitido e como resposta teve o pai demitido, com dezessete anos de fábrica, na seção de Hidráulica – o caso foi relatado em 1984. Eram decisões como essas que levantavam o temor dos colegas. Mas também o ressentimento.

O Capítulo 4 se dedica a explorar os lances biográficos do proprietário, Salvador Arena, e o meio social no qual se insere. O tom pitoresco da descrição não deve levar a enganos: ali está discutido um aspecto muito importante da literatura, já referido acima: a tradição paternalista industrial brasileira.[13] Entrementes,

---

2016. A observação sobre a fala de Lula aparece registrada na dissertação de Filipe A. Freitas Melo, *Representando os trabalhadores: organização no local de trabalho no ABC paulista*. Dissertação de mestrado, PPGS-USP, 2018, p. 24, a quem agradeço a lembrança das palavras citadas por Lula naquele evento.

13 As primeiras seções do capítulo já tinham aparecido, com pequeníssimas modificações, nos *Cadernos Ceru* n°2, Vol. 24, dezembro de 2013, p. 89-107, com o título *Um Capitão da Indústria no Coração do Novo Sindicalismo*. (Como se pode notar pela recorrência da imagem, é o coração do novo sindicalismo que pulsa).

A fábrica em que o sindicato nunca entrou   25

é na análise da linguagem como forma social de articular interesses coletivos, materiais e simbólicos, de "condensar a experiência", como diz o autor, que está, talvez, a porção mais instigante e provocativa do conjunto (Capítulos 2 e 3). Toda a controvérsia reside na medida de universalização da linguagem de classe diante do particularismo da linguagem da empresa – como se vê, o que se diz sobre a linguagem pode ser reproduzido a respeito da consciência: o conhecido dilema entre parte e todo da classe, que politicamente é desdobrado na oposição entre aristocracia operária e massa, ou entre elite corporativa (privilegiados "comprados" pela empresa) e os que estão de fora do arranjo. Será que a linguagem é o decalque dessa antinomia político-organizativa? Parece que a resposta é: não. Na linguagem está necessariamente misturado o aspecto da repetição da norma da fala legítima e da inovação de códigos próprios de um grupo menor, menos agregado, com seus termos incomparáveis, a gíria, o jargão, as piadas. Não é uma decisão entre um *ou* outro. Para "inflamar os corredores da fábrica", ele diz em relação à Termomecânica, não seria suficiente a linguagem de classe (como em outras fábricas) porque o trabalho de persuasão e de atração para o "corporativismo de empresa" realizado por Salvador Arena e seus funcionários dedicados era muito poderoso; seria preciso falar uma linguagem que calasse fundo nos operários da Termomecânica, isto é, que desmontasse o discurso da benevolência patronal. Mas é interessante atentar para as variações dentro desse repertório. No início, era a violência: os termos empregados pelo jornal do Sindicato, entre 1979 e 1983, não deixam dúvidas do clima das relações capital e trabalho reinantes: "falta mesmo é vergonha na cara dos patrões lá da TM"; "é pra lá de cachorrada! (referindo-se à precariedade dos panos para limpar as mãos); "essa TM é uma autêntica piada!", "precisamos dar um basta nesse ditadorzinho e mostrar o seu lugar", "puxando o saco a única coisa que você pode ganhar é um pé no traseiro", e por aí vai. Ou seja: a cooptação era respondida com a exasperação de uma linguagem "classista", cavando bem as diferenças entre "nós" e "eles". Depois, a raiva foi se arrefecendo, e um padrão mais "civilizado" se impôs (o próprio jornal do sindicato ganhou maior respeitabilidade, com a inserção de notícias sobre economia, política internacional e cultura). Mas esse deslocamento de ânimo tem a ver com as conjunturas históricas. Assim, o ensinamento que fica é: para bater de frente contra o paternalismo industrial, lança-se mão da linguagem de classe que remete à noção abstrata de que os operários da Termomecânica não são diferentes dos outros metalúrgicos. Paradoxalmente, para enfrentar o particularismo que elide o pertencimento de classe (desiderato típico das formas de *welfare capitalism*, que Diego identifica muito bem[14]), a resposta sindical-militante não foi criar um contra-particularismo que acentuasse "o trabalhador da Termomecânica" mas, ao contrário, chamar a atenção para o "trabalhador em geral", o companheiro de outros companheiros. Não há, portanto, uma fórmula fixa ca-

---

14 A colocação do problema, que eu saiba, não é muito comum na literatura sobre organização do trabalho nas fábricas brasileiras. John French, em obra já citada, comenta o estilo de *welfare capitalism* em iniciativas de empresas multinacionais nas primeiras décadas do Século XX, em Santo André, conduzindo a um padrão que ele chama de "incorporação pela empresa" (para diferenciar da "incorporação pelo Estado", que ocorrerá depois, com Vargas). A caracterização torna-se relevante para a sociologia na medida em que dialoga com o debate mais amplo sobre os "regimes de *welfare state*": veja-se o estudo clássico de Gøsta Esping--Andersen, *The Three Worlds of Welfare of Capitalism*, Princeton: Princeton U.P., 1990, cujo capítulo primeiro foi traduzido em português na Revista Lua Nova n 24, setembro de 1991, com o título "As três economias políticas do *Wefare State*", p. 85-116.

A fábrica em que o sindicato nunca entrou 27

paz de fornecer uma grade de leitura formal para a linguagem de classe, de modo a ver nela o índice de uma postura que reproduz a situação de classe: seja reformista, seja rebelde (ou, em outros termos, a do integrado no sistema da empresa ou a do voltado para o coletivo genérico-universal). Se no início dos anos 1980, o padrão era acentuar o papel genérico-universal contra o particularismo da empresa, em contextos posteriores a afirmação da classe passaria a mirar não mais as relações capital e trabalho em *uma* empresa determinada mas a relação capital e trabalho no âmbito do Estado, da economia e da política (quando então o movimento sindical teria sido "domesticado" pela conciliação). Temos então um parâmetro avaliativo (a linguagem), neste estudo exemplar, para perseguir a experiência de classe em seu deslocamento histórico, comparando conjunturas diferentes: a classe operária do início dos anos 1980 não é a mesma dos anos 2010 – e embora a empresa seja a mesma nas duas conjunturas, ela também sofreu transformações de monta (na competição com outras empresas, no emprego de métodos de produção e de trabalho, na burocratização de procedimentos que antes eram menos formalizados etc.). Mas a maneira como a linguagem abriga essa acomodação entre o que é de todos (a classe) e o que é de uns poucos ("os peões da Termomecânica") persiste como um instrumento valioso de mensuração dos humores e dos mores da população trabalhadora, registrando mudanças de época – ou de conjunturas apenas. Essa é uma reflexão que pode estar *além* do que o próprio texto mostra, mas, conhecendo razoavelmente o autor como eu o conheço, posso assegurar que não está ausente de seu horizonte de preocupações: Diego pode parecer modesto nos resultados que apresenta ao leitor (ele menciona, aqui e ali, o conceito de hegemonia de Gramsci, por exemplo, porém não o desenvolve sistematicamente; usa

28 Diego Tavares dos Santos

parcimoniosamente seu "guru" Thompson, e nem sequer tenta ser exaustivo no estado-das artes da sociologia do trabalho, ou da historiografia do trabalho), mas esconde por sob a manga uma série de inquietações riquíssimas que podem ainda render vários frutos intelectuais (embora a Universidade esteja cada vez mais distante de acolher esse tipo de pretensões). Isso está claro desde o início: o comentário sobre o saudosismo na letra das músicas caipiras, *via* um clássico da sociologia brasileira que capta a transformação das condições de vida da população rural quando do impulso modernizador capitalista de meados do século XX,[15] indica o pressuposto

---

15 A noção de "utopia retrospectiva" que ele recolhe da influência poderia muito bem se encaixar (talvez com ajustes a respeito dos quais haveria que pensar melhor) na configuração contemporânea do capitalismo da reestruturação produtiva, pois nesse último caso a comparação com as condições de trabalho tayloristas diante dos novos métodos de produção "pós-fordistas" (baseados na flexibilidade, na qualidade, e no trabalho em grupo) induz as operárias que viveram o processo de mudança, isto é, o "antes" e o "depois", a afirmarem que "antes era melhor". Para isso, consulte-se a passagem seguinte: "As operárias se queixam de que a mudança de 'grupo' (o mesmo que 'célula') é uma violência. Elas preferiam ficar no mesmo grupo, realizando as mesmas tarefas. Na linguagem empregada pela fábrica, elas recusariam a 'polivalência' (…) é por essa razão que o sistema de organização do trabalho anterior ao trabalho em grupo é considerado melhor. Ele é chamado de sistema 'individual', por oposição ao sistema mais coletivo do trabalho em grupo" (Leonardo Mello e Silva, *Trabalho em grupo e sociabilidade privada*, São Paulo, Ed. 34, 2004, p. 260-1). E então o sentimento do saudosismo, visto dessa mirada retrospectiva proposta por Cândido (ao saudosismo transfigurador ele associa a utopia retrospectiva) e relembrada por Diego, aparece como o ciclo infindo da promessa que nunca se cumpre, da utopia sempre suspensa no ar, esperando por dias melhores ("ainda não", "não agora"), mesmo com as sobreposições cumulativas de ciclos do desenvolvimento (substituição de importações, internacionalização internalizada e, finalmente, ajuste estrutural). Quem sabe não sejam por essas razões que a conclamação moderno-bossanovista, expressão da sensibilidade de classe média diante

A fábrica em que o sindicato nunca entrou   29

teórico de que parte – a orientação totalizadora do fato social do trabalho, e também os caminhos pessoais que seguiu o autor após a conclusão da dissertação de mestrado, procurando se deter em uma outra superfície de seu objeto prismático. Tudo indica que o veio Toninho & Tinoco e luta de classes, que ele explora no Capítulo 1 – a música sertaneja como "flanco de acesso à experiência de classe dos peões do ABC" –, vai ter continuidade. Bela escolha: cultura e trabalho só podem ser separados por uma torção violentadora do próprio real, e embora os campos gozem hoje de complexidade própria, saturados de problemas específicos, eles podem se comunicar criativamente, como mostra este livro.

Só posso saudar esta peça que agora vem à público e desejar que ela seja o início de uma bem-sucedida trajetória. Espero ter dado indicações de que aqui já há boas razões para acreditar nisso.

Leonardo Mello e Silva
Professor do Departamento de Sociologia da USP
São Paulo, novembro de 2018

---

da constatação desse acúmulo de pendências históricas e do lugar ambíguo do retrocesso como refúgio apaziguador num momento de "cinqüenta anos em cinco", tenha sido tão felizmente encontrada na fórmula sintética de *Chega de Saudade*?

Introdução

Mais de três décadas após a eclosão, em 1978, das famosas greves no ABC paulista, poder-se-ia dizer que houve uma saturação das pesquisas sociais sobre os trabalhadores da região. Todavia, o debate sobre os significados dessa onda grevista ainda não se esgotou pois seus resultados ainda repercutem no trabalho e na vida dos metalúrgicos do ABC, colocando em questão tanto as atuais relações industriais de trabalho quanto o sindicalismo brasileiro. A despeito dos arautos alarmistas da sociedade pós-industrial, a região continua fortemente industrial, trazendo, contudo, as marcas econômicas, políticas e sociais da reestruturação produtiva. Pode-se dizer que os metalúrgicos da região passaram pelos anos da reestruturação produtiva alterando suas ações sindicais – priorizando o acordo ao invés do conflito –, sem deixar, entretanto, de ostentar seu patrimônio simbólico de lutas – construído especialmente após o "maio de 1978" e mobilizado no cotidiano por meio da memória de lutas –, que é destacado como marco identitário desses trabalhadores, evidenciando sua tentativa de transformar a combatividade em um dos principais elementos que define o que significa "ser

Diego Tavares dos Santos

metalúrgico" no ABC. Contudo, há uma importante exceção a essa identidade combativa: a Termomecanica São Paulo S. A.

A Termomecanica (TM) está instalada em São Bernardo do Campo e foi fundada em 1942 pelo engenheiro Salvador Arena. Atualmente é administrada pela Fundação Salvador Arena que, seguindo os passos do fundador, mantém variadas atividades filantrópicas – aos trabalhadores e à sociedade em geral – que interpreto como práticas definidas por certo teor paternalista. Por sua política de altos salários e pelos benefícios oferecidos é alvo de desejo de muitos trabalhadores, como é possível perceber em conversas informais nos pontos de ônibus, nas igrejas, nos bares etc. da região. Dessa maneira, embora não tenha o mesmo poderio econômico das indústrias automobilísticas, é indiscutível o valor simbólico da empresa entre os trabalhadores da região. Em suma, é uma espécie de ícone da industrialização do ABC. Contudo, também é conhecida como uma empresa "difícil de o sindicato entrar". A identidade dos trabalhadores dessa empresa foi construída mais a partir da articulação da linguagem levada a cabo pela figura paternalista e personalista de Salvador Arena, do que a partir da memória das lutas políticas e sindicais articuladas pelo Sindicato dos Metalúrgicos do ABC (SMABC).[1] De fato, os metalúrgi-

---

1 A sigla SMABC é usada em dois casos diferentes neste livro. Pode referir-se ao primeiro Sindicato dos Metalúrgicos do ABC, fundado em 1933 ou ao atual sindicato cuja base é São Bernardo do Campo, Diadema, Ribeirão Pires e Rio Grande da Serra. O contexto indicará claramente de qual grêmio faz-se referência. A dificuldade na nomenclatura se dá por conta das variadas redefinições que o primeiro SMABC sofreu em sua base, tendo inicialmente incorporado os trabalhadores de São Caetano do Sul e de São Bernardo (respectivamente em 1950 e 1953), para, em seguida, sofrer o desmembramento dos primeiros (criando em 1958 o Sindicato dos Metalúrgicos de São Caetano do Sul – SMSC) e, depois a separação dos trabalhadores de São Bernardo do Campo

A fábrica em que o sindicato nunca entrou 33

cos da TM não participaram ativamente da construção do novo sindicalismo ou de qualquer outro importante momento grevista do ABC. Nesse sentido, este livro procura explicar como os metalúrgicos da TM se constituíram enquanto espécie de "sombra" do novo sindicalismo.

Salvador Arena, o fundador da empresa, foi uma figura ao mesmo tempo comum e peculiar. Nasceu em 15 de janeiro de 1915 em Trípoli, capital da Líbia que, então, estava submetida à Itália. Filho único de pais italianos, Arena tinha cinco anos quando a família imigrou para São Paulo. Viveram modestamente em uma chácara na Vila Prudente – bairro paulistano então habitado por imigrantes italianos – onde seu pai mantinha uma oficina mecânica. Na maior parte da infância Arena esteve metido na oficina do pai e no futuro orgulhou-se de ter começado a trabalhar já aos oito anos. A ética do trabalho ascético se completa e se evidencia por sua admiração a Henry Ford, cuja vida conhecia em detalhes. Em 1936 formou-se engenheiro na Escola Politécnica da Universidade de São Paulo e em 1937 empregou-se na Light, empresa canadense produtora de infraestrutura para a geração de energia elétrica. Em seguida, decidiu sair da Light e apostar naquilo que acreditava ser sua vocação: uma trajetória de *self-made man*. A TM foi fundada em 1942 em São Paulo, entretanto, só em 1957 concentrou todas suas atividades em São Bernardo do Campo (SP) no bairro dos Meninos – hoje Rudge Ramos –, que, à época, ainda era uma área pouco urbanizada. O número de funcionários cresceu continuamente até estabilizar-se,

---

(criando em 1961 o Sindicato dos Metalúrgicos de São Bernardo e Diadema – SMSBD). Hoje, o quadro é o seguinte: há o Sindicato dos Metalúrgicos de São Caetano do Sul (SMSC), o Sindicato dos Metalúrgicos de Santo André (SMSA) e o Sindicato dos Metalúrgicos do ABC (SMABC contemporâneo).

no início da década de 1970, em torno de dois mil trabalhadores. O processo de valorização, entretanto, não cessou: a empresa se expandiu para Poços de Caldas (MG) e, em seguida, para Jaboatão (PE) – empreendimentos depois abandonados –, fundou uma nova planta industrial em São Bernardo do Campo (SP) em 1985 (atual Fábrica 2) e, atualmente, tem plantas industriais na Argentina e no Chile.

Apesar de aparentemente contradizer a memória combativa articulada pelos sindicalistas da região, a identidade dos metalúrgicos da TM deve ser compreendida como a articulação de alguns fios constitutivos da experiência de classe dos peões do ABC. Desta maneira, para compreender o tipo de identidade que se consolidou entre os trabalhadores dessa empresa, faz-se necessário pensá-la como uma possibilidade histórica que não se tornou a identidade oficial dos metalúrgicos da região mas que sempre existiu enquanto possibilidade, indicando que as práticas sociais que na TM estavam "inflamadas" (e, portanto mais evidentes) espalham-se de forma relativamente difusa em nossas relações de trabalho. Por isso, antes de abordar a identidade dos trabalhadores da TM, é imprescindível recuperar alguns elementos constitutivos da identidade de classe que tornou-se oficial entre os metalúrgicos do ABC. Em outras palavras, cabe delinear alguns aspectos da experiência de classe dos trabalhadores da região para, em seguida, tratar do grupo de trabalhadores da TM.

***

Na investigação sociológica que dá suporte ao livro procurei não idealizar os fenômenos sobre os quais me debrucei, isto é, procurei evitar qualquer essencialização ou substancialização dos peões do ABC e do grupo de trabalhadores da TM. Assim, não fiz

A fábrica em que o sindicato nunca entrou   35

referência a noções meramente teóricas de "classe" e "consciência de classe", bem como evitei formulações que inadvertidamente infundem sobre a classe trabalhadora desejos – que variam ao sabor das orientações políticas e teóricas – sobre o que ela *deveria ser*, muitas vezes desconsiderando o que de fato ela *é*. Isto é, tentei evitar a mobilização de conceitos dotados de autopropulsão cognitiva e, ao contrário, mobilizei as ferramentas analíticas antes como fonte de problematizações e meios de dar andamento à narrativa do que como soluções prontas aos problemas enfrentados. Tentei evitar interpretações que, ao apontar algum tipo de predestinação "genética" da classe trabalhadora, acabam violentando a realidade social. Tais cuidados significam, em suma, que procurei construir este trabalho a partir de um constante diálogo com os dados.

Ante tais preocupações, inicialmente esbocei uma imagem sociológica de alguns aspectos da experiência social vivida pelos metalúrgicos do ABC com vistas a afastar tanto as interpretações deslumbradas que imputam uma natureza essencialmente combativa a esses trabalhadores, quanto àquelas que lhes atribuem uma essência resignada.[2] Em suma, busquei compreender experiência da classe trabalhadora em seu fazer-se histórico cotidiano e contingente, sem, portanto, percebê-la como necessária ou natural, sem associá-la logicamente a eventos que ocorreram posteriormente ou, ainda, sem limitá-la a um único sentido (seja ele eco-

---

2   Noutras palavras evitei analisar a classe trabalhadora como essencialmente rebelde, reformista ou resignada. Essa é uma falsa aporia que perde de vista a contradição característica da experiência da classe trabalhada que é uma classe da sociedade do capital cuja posição social, contudo, aponta para além dela. Tentei encetar uma abordagem mais "pedestre" ao invés de seguir àquelas que ignoram o processo de autoconstrução da classe.

36 Diego Tavares dos Santos

nômico ou político).[3] Assim, no primeiro capítulo deste livro procurei recuperar alguns aspectos da experiência de classe dos peões do ABC que foram articulados na construção social de sua identidade combativa. Isto é, tentei discutir como a identidade classista dos trabalhadores da região construiu-se em uma luta simbólica em torno da linguagem travada contra o discurso patronal. Em um primeiro plano, este capítulo reconstrói, em uma espécie de rápido *making-of*, alguns aspectos que conformaram a identidade de classe dos trabalhadores da região. Em um segundo plano, o capítulo apresenta uma problematização das interpretações sobre a experiência de classe dos trabalhadores da região bem como um balanço crítico da sociologia do trabalho brasileira. Isto é, a partir de um estudo de caso estendido, procurei recuperar a história social do grupo de trabalhadores da fábrica e por este caminho refletir sobre a experiência mais ampla da classe trabalhadora no Brasil. Mantendo-se como ilha avessa ao sindicalismo em pleno ABC, coração do ativismo sindical, a investigação indica que o ativismo e a passividade são faces de uma mesma moeda e não polos inconciliáveis na experiência social da classe trabalhadora. Neste sentido, o trabalho se inspira tanto no resgate crítico da sociologia

---

3   Nesse sentido tentei ajustar as lentes da análise sem destacar uma causa principal da experiência de classe dos peões do ABC. Exemplo desse último tipo de abordagem são as interpretações que limitaram a onda grevista iniciada em 1978 seja à luta política pelos direitos de cidadania contra a ditadura militar (CORRÊA, 1980) e à luta política contra o despotismo fabril (MARONI, 1982), seja à luta econômica contra o arrocho salarial levado a cabo nos anos da ditadura (ANTUNES, 1992). Toda greve é simultânea e sinergicamente uma afronta política à organização da produção industrial capitalista e, ao se expressar sinteticamente sob o signo econômico, aponta para aspectos políticos e sociais mais amplos. Assim, mais interessante do que buscar o sentido último das referidas greves, tentei reconstruir e combinar vários aspectos destas experiências.

A fábrica em que o sindicato nunca entrou   37

do trabalho brasileira, quanto nas contribuições da história social do trabalho e na sociologia clássica brasileira, notadamente as referências de Florestan Fernandes, autor em que ancorei a análise dos aspectos formativos da classe trabalhadora brasileira, sintetizada por transições pouco mediadas da resignação à rebeldia.

No segundo capítulo procurei identificar o discurso e iniciar o desmantelamento das teias simbólicas que compuseram a linguagem paternalista articulada pela TM, decodificando a mitificação em torno de Salvador Arena e da identidade antigrevista de seu grupo de trabalhadores. Pretendi que este capítulo indicasse como a TM é um fio no emaranhado de possibilidades constitutivas da experiência de classe dos trabalhadores do ABC, tentando refletir como a atitude resignada permaneceu o tempo todo e de diferentes maneiras combinada à rebeldia. Noutras palavras, compreendi a experiência dos trabalhadores da TM como a "sombra da greve", isto é, como a encarnação de alternativas históricas possíveis, embora não trilhadas pela classe trabalhadora do ABC – e sistematicamente ocultadas pelo discurso do novo sindicalismo. Assim, a experiência dos trabalhadores da TM não foi tratada como um caso aberrante, mas sim como uma possibilidade histórica concreta que pode dizer muito sobre a trajetória dos trabalhadores da região, especialmente a partir do momento em que os líderes sindicais passaram a se ajustar, ainda que criticamente, aos interesses das empresas da região. O eixo da narrativa do segundo capítulo foi a greve de 1980 – que pode ser definida como o auge da identidade combativa dos peões do ABC –, que tentei compreender a partir da ótica do grupo de trabalhadores da Termomecanica (que não aderiu à greve). De forma geral, neste capítulo circunscrevi a questão central do livro: como pôde haver no coração do novo sindicalismo um grupo de trabalhadores avesso às greves ?!?

No terceiro capítulo elaborei uma reconstituição histórica das tentativas de sindicalização da fábrica encetadas pelo movimento operário da região. Aí apontei os diversos conflitos nascidos desde a produção, bem como os diferentes modos pelos quais os sindicalistas tentaram articulá-los numa linguagem que fosse capaz de mobilizar os trabalhadores da fábrica. Noutras palavras, recuperei a luta objetiva e a disputa simbólica travada pelos sindicalistas contra Salvador Arena com vistas a fundar uma identidade classista no interior da TM. Em suma, esbocei a malograda luta simbólica pela construção de uma identidade classista dos trabalhadores da Termomecanica, tentando, assim, relativizar a resignação de seu grupo de trabalhadores e a força da dominação simbólica exercida pelo patrão.

No último capítulo, recuperei a tradição paternalista industrial brasileira com vistas a verificar sua importância enquanto propulsora do processo produtivo da TM no quadro socioeconômico posterior ao ciclo de desenvolvimento industrial conhecido como "substituição de importações". Isto é, combinei analiticamente as condições materiais peculiares e a tradição que estearam a linguagem paternalista articulada por Salvador Arena.

Os quatro capítulos estão absolutamente interligados e buscam apresentar as combinações contraditórias que ligam indissociavelmente a resignação e a rebeldia no grupo de trabalhadores investigado. Entretanto, é possível tomar o primeiro e terceiro capítulos como àqueles mais detidos sobre os esforços de construção de uma linguagem classista, enquanto o segundo e quarto capítulos concentram-se no tipo de dominação articulado por Salvador Arena na Termomecanica.

A fábrica em que o sindicato nunca entrou 39

Nota Metodológica

As peculiaridades da Termomecanica exigiram que durante a realização da pesquisa fossem realizadas ponderações metodológicas que merecem ser destacadas. A condição peculiar da fábrica no contexto social do ABC impôs obstáculos que exigiram a articulação da reflexão teórica e prática acerca das atividades de pesquisa à habilidade no trato com as pessoas e instituições com as quais mantive interlocução. Assim, resumo aqui os principais meios e materiais que serviram de referência empírica à pesquisa, bem como as motivações de suas escolhas, lembrando que procurei combinar diferentes recursos metodológicos – mobilizados ao sabor das necessidades e limitações da investigação – visando que as múltiplas referências empíricas se controlassem mutuamente.

Em primeiro lugar, para reconstituir os traços da identidade de classe que se tornou oficial entre os peões do ABC, realizei extenso levantamento bibliográfico e li muito do que já se escreveu sobre o tema. Para sustentar empiricamente esta argumentação, recorri ao acervo de canções de Tonico e Tinoco e o tratei como um meio de acesso à experiência de classe que serviu de fundamento à construção da identidade rebelde dos peões do ABC.

Em seguida, passei a refletir sobre a TM. Para tanto, um dos meios de pesquisa utilizado foi a biografia de Salvador Arena, redigida por Francisca Stella Fagá Alves (2006). Em toda análise de biografia é imprescindível considerar a idealização do biografado na medida em que é recorrente a crença na ilusão biográfica[4] consignada na organização da existência individual como resultante de um plano inicial que se desenvolve linear e unidirecionalmente em

---

4   Nesse sentido, ver: (BOURDIEU, 2000).

40 Diego Tavares dos Santos

etapas que partem de um começo em direção a um fim, expondo a experiência individual como se fosse lógica e coerentemente articulada. Segundo Bourdieu, a ilusão instilada nas biografias é compartilhada pelo sociólogo pois, uma vez que a tarefa sociológica é ordenar o caos e conferir sentido à aparente fragmentação da experiência social, surge daí uma insuspeita cumplicidade entre biografado, biógrafo e sociólogo. Nesse sentido, resta ao sociólogo a crítica da ilusão biográfica e a autocrítica. No caso de Salvador Arena a idealização do patrono ganha cores ainda mais fortes seja devido a tentativa de construção de um mito, seja porque sua condição de empresário torna natural que a ilusão biográfica se intensifique quando refere--se à alguém sobre quem se alimenta a imagem de empreendedor, de *self-made man*. Assim, a síntese biográfica de Salvador Arena foi analisada a partir de seu caráter de "biografia oficial", isto é, de um documento que sistematiza a linguagem que a TM faz de si e que tenta incutir tanto em seus trabalhadores quanto na comunidade exterior a empresa. Além disso, apesar das passagens laudatórias, foi possível desvelar o tipo peculiar de dominação do trabalho que construiu-se na TM por meio de uma análise relativizadora desse discurso oficial em que percebi os meios pelos quais a biógrafa seleciona algumas informações e oculta outras. Assim, notei nuances e sutilezas reveladoras que serviram de pontos de conexão entre a biografia e os outros recursos metodológicos utilizados na pesquisa.

O controle da biografia não se fez apenas por meio da atenção à ilusão biográfica. Realizei 17 entrevistas em que explorei relatos de trabalhadores da TM.[5] Recorri à memória para dar ouvidos àqueles que nunca vocalizaram a própria experiência – seja por-

---

5   Todavia, não explorei analiticamente apenas o conteúdo dessas entrevistas. Ao contrário, a construção da rede dos contatos que entrevistei e o próprio ambiente em que a entrevista transcorreu transformaram-se

A fábrica em que o sindicato nunca entrou 41

que o discurso sindical muitas vezes deixou na sombra de suas atividades o grupo de trabalhadores da TM, seja porque a singularidade de Salvador Arena foi exatamente sistematizar e articular a linguagem por meio da qual os peões de sua fábrica compreendiam a si e o mundo. Tais entrevistas foram realizadas a partir da referência teórica dos estudos da memória em que está mais ou menos estabelecida a constatação acerca da seletividade da memória, isto é, do fato de que a memória é uma representação do passado a partir de um ponto social do presente.[6] A atenção a este fato é importante porque a subjetividade em que estão embebidas as rememorações propostas pelas entrevistas em tese relativizaria a força comprobatória dos relatos e limitaria a capacidade da história oral enquanto meio de preencher as lacunas eventualmente deixadas pela pesquisa pautada em fontes documentais.[7] De qualquer modo, apesar da força limitada dos relatos como meios de preencher as lacunas deixadas pela historiografia e pela sociologia, as entrevistas permitiram acessar um lado da história (e, portanto certas dimensões da experiência social) dos peões do ABC que nunca foi investigado, permitindo repensar as interpretações consolidadas que enfatizaram a rebeldia dos trabalhadores da região. Ademais – e isto é o mais importante – a compreensão da subjetividade dos trabalhadores da TM foi o principal recurso para desvelar a peculiaridade das relações sociais na empresa e, assim,

---

em experiências etnográficas que também compõem o referencial empírico deste livro.

6 Neste sentido ver as contribuições de Ecléa Bosi (1983), Guita Debert (2002), Maurice Halbwachs (2006), Regina Weber (1996), Michael Pollak (1989) e (1992), Ulpiano Bezerra de Meneses (1992) etc.

7 Na verdade, a evidente subjetividade dos relatos coletados nas pesquisas em história oral permite relativizar a objetividade das fontes documentais que, na verdade, também possuem caráter subjetivo.

Diego Tavares dos Santos

o tipo específico de lealdade dos trabalhadores para com Salvador Arena. Assim, as entrevistas permitiram a investigação das representações do grupo de trabalhadores da TM que por outro meio manter-se-iam inacessíveis.

Não recorri a recortes amostrais na escolha das entrevistas pois tal recurso não necessariamente confere representatividade ao entrevistado, especialmente ao considerar-se o objeto da pesquisa. Assim, em busca de elementos qualitativos que compusessem adequada e coloridamente a experiência dos trabalhadores da TM, recorri ao método "bola de neve" em que solicitei aos entrevistados que me indicassem novos contatos para entrevistas até que os dados coletados começassem a formar um círculo de informações mais ou menos nítido e, deste modo, constituísse um quadro de referências empíricas a partir do qual pudesse me orientar.[8]

---

8   Alguns cientistas sociais – especialmente antropólogos – afirmam acertadamente que as entrevistas não devem se constituir em eventos isolados e ocasionais. O pesquisador deveria estabelecer laços mais profundos com o entrevistado buscando superar o distanciamento social entre as partes que, por vezes, pode inviabilizar a investigação, seja por dissimulação do entrevistado ou, ainda – e principalmente –, pela descontinuidade entre as preocupações do pesquisador e as do entrevistado. Por diversas razões, as entrevistas que realizei ocorreram de modo mais ou menos ocasional não criando necessariamente intimidade mais profunda com os entrevistados. Todavia, para superar o distanciamento com os entrevistados e contornar eventuais dissimulações, mobilizei o código cultural que adquiri em minha socialização (ver abaixo o item "Nota Reflexiva"), isto é, lancei mão de gestos, linguagens, temas de conversas etc., que, aparentemente, transformaram as entrevistas em conversas descontraídas entre iguais. Suponho que consegui aproximar-me dos trabalhadores entrevistados mais como um estudante que é filho e neto de trabalhadores industriais do que como um sociólogo cujo mundo e preocupações lhes são normalmente incompreensíveis. É evidente que nos casos em que o entrevistado era um político, um militante ou um representante oficial da empresa, as credenciais universitárias foram

A fábrica em que o sindicato nunca entrou 43

Duas ocasiões foram especialmente importantes para estabelecer contatos para entrevistas: o contato inicial com sindicalistas, em que conheci pessoas que trabalharam na TM e orbitavam o sindicato, bem como sindicalistas incumbidos de tentar sindicalizar a fábrica (aí também tive acesso a fontes documentais importantes às quais farei referência abaixo); outro momento importante foi a missa de rememoração dos quinze anos de falecimento de Salvador Arena, realizada na Paróquia São João Batista no dia 29 de janeiro de 2013, em que conheci pessoas que orbitam a TM e que sempre foram leais ao patrono fundador da empresa.

Outros atores sociais foram entrevistados ao longo da pesquisa, tais como, políticos, advogados, professores, estudantes. Ademais, foram incontáveis as conversas informais com amigos, conhecidos e até mesmo curiosos que de algum modo tiveram relações com a TM e que, por isso, contribuíram com seus relatos para a reconstrução dos elementos que compõe a memória dos trabalhadores sobre a empresa.

Conforme apontei acima, há marcante subjetividade nos relatos coletados pelas pesquisas em memória e em história oral. Por isso, o controle de tais representações se fez a partir da coleta de fontes documentais que foram coligidas com todos os cuidados acima mencionados. As principais fontes mobilizadas foram as edições do jornal do sindicato (*Tribuna Metalúrgica*) entre 1971 e 2010,[9] os jornais *O Estado de São Paulo* (entre 1954 e 2014) e *Folha de São Paulo* (entre 1946 e 2014), tendo, nestes dois últimos, realizado uma busca pela expressão "Termomecanica" no acervo digital disponível nos

---

úteis, de maneira que emprestava o prestígio da instituição para emular a legitimidade esperada por alguns dos meus interlocutores.

9 No sindicato também tive acesso a um acervo fotográfico em que coletei fotografias da única greve dos trabalhadores da TM ocorrida em 1994.

Diego Tavares dos Santos

sítios eletrônicos destes jornais. Em cada um dos dois periódicos paulistas surgiu uma média de 220 aparições que foram devidamente analisadas. Por fim, outros documentos serviram de sustentação empírica à pesquisa, tais como balanços e demais publicações da empresa e da Fundação Salvador Arena, além de documentos encontrados no Arquivo do Estado de São Paulo.

Todas as referências acima citadas formaram uma constelação de informações às quais referi-me para sustentar empiricamente os argumentos de forma equilibrada, sempre acreditando que é a mobilização crítica de múltiplas referências empíricas que se controlam mutuamente que torna fidedigna a reconstrução sociológica. Contudo, não basta a crítica das fontes. É imprescindível a autocrítica.

Nota Reflexiva

> Todavia, não esqueço tudo o que se referia a mim, à minha dificuldade de explicar ou às minhas reticências ao fazê-lo; nem o fato de que os obstáculos à compreensão, sobretudo talvez quando se trata de coisas sociais, situam-se menos, como observa Wittgenstein, do lado do entendimento do que do lado da vontade. (BOURDIEU, 2007, p. 18)

Como disse, num primeiro momento pretendi desfiar e desvelar alguns aspectos da experiência de classe e da autoconstrução histórica da identidade de classe dos metalúrgicos do ABC para, em seguida, analisar o grupo de trabalhadores da TM como um de seus fios constitutivos. Deste modo, o primeiro passo na elaboração deste livro foi interpretar, sem a intenção de esgotar, vasta bibliografia, documentos e relatos que reconstituíssem a riqueza da experiência social vivida pelos

A fábrica em que o sindicato nunca entrou 45

trabalhadores da região, com vistas a resgatar a partir daí o sentido da identidade específica dos trabalhadores dessa empresa.

Há inúmeras alternativas para dar voz aos trabalhadores e reconstituir a identidade sem perder seu colorido. Diante disso, as escolhas que fiz não reconstituíram *a classe*, mas sim *minha classe*. Digo *minha* por dois motivos: em primeiro lugar porque este livro apresenta uma *imagem sociológica* da realidade que foi experimentada pelos trabalhadores, de maneira que, no limite, o trabalho é a articulação que *eu* confiro aos dados investigados; em segundo lugar porque reconstruo aqui parte da experiência da classe social em que fui socializado,[10] de maneira que minhas escolhas teóricas e metodológicas, bem como o modo como me relaciono com o objeto foram profundamente marcados por minha trajetória social e posição política. Evitando passagens autobiográficas, tentei fazer com que minhas origens sociais me permitissem investigar com riqueza de detalhes algumas pistas que passariam despercebidas por cientistas sociais desprovidos do código cultural que herdei e que conscientemente mobilizei enquanto sociólogo. Quanto ao inevitável enviesamento daí decorrente, procurei controlá-lo por meio de permanente autocrítica.

O fato de ter desenvolvido a pesquisa no Departamento de Sociologia da Universidade de São Paulo implicou que, seguindo certa tradição intelectual, tomasse parte de temas e problemas mais comuns em investigações sobre a atividade simbólica do que naque-

---

10 Nasci em 1985 na cidade de Santo André/SP, sou filho e neto de trabalhadores industriais que migraram do interior de São Paulo à periferia da capital no início da década de 1970 e que se tornaram trabalhadores de várias indústrias em São Paulo/SP e no ABC. Meu pai, nascido em 1959, era um dos peões grevistas no ABC desde o maio de 1978 e até hoje orgulha-se de ter mantido os braços cruzados até o último dos 41 dias de greve em 1980 – sendo demitido horas após retornar ao trabalho.

las sobre o "mundo do trabalho". Procurei lidar criticamente com essas influências mantendo-as conectadas ao referencial empírico da investigação. Curiosamente, a preocupação com tais questões aproximou-me de forma profícua com a história social do trabalho, relação que foi decisiva na construção da análise.

Em suma, procurei fazer espécie de "autossocioanálise" para que a reflexividade pudesse manter a objetividade da investigação. Por tudo isso, deve-se observar inúmeras relativizações: procurei investigar o grupo de trabalhadores da TM a partir de minhas possibilidades e limitações pessoais bem como a partir da minha trajetória social e acadêmica.

A construção social da rebeldia

Muito foi dito sobre os peões do ABC, o novo sindicalismo, Lula, o estádio da Vila Euclides etc. Menos tinta foi gasta com a identidade de classe[1] desses trabalhadores e pouco se investigou sobre temas como convívio familiar e vida doméstica, gosto cultural etc., dos trabalhadores da região.[2] Nesse sentido, esboçarei neste capítulo a identidade de classe dos peões do ABC, compreendendo-a como o precipitado da luta que travaram sinergicamente em diversas dimensões de suas experiências.[3] Infelizmente, devido aos limites deste trabalho, é

---

1 Penso as classes sociais nos moldes propostos por E. P. Thompson (2004). Cito esta referência para marcar posição diante de outras noções de classe.

2 Deve ser feita ressalva a pesquisadores como Maria Célia Paoli, Eder Sader, José Sérgio Leite Lopes, Luís Flávio Rainho etc., que por um período conformaram certa tradição de estudos culturais do trabalho. Todavia, por diversas razões – entre elas a crescente especialização da pós-graduação – os estudos culturais do trabalho tiveram vida curta na sociologia e encontraram mais espaço na história social do trabalho.

3 Aqui me refiro à noção de *experiência* tal qual pensada por E. P. Thompson. O historiador capturou as múltiplas particularidades vividas pela classe trabalhadora inglesa sem deixar de notar a *luta de classes*

Diego Tavares dos Santos

impossível dar conta de todas as dimensões acima apontadas, de maneira que articularei apenas algumas delas, especialmente aquelas que podem ser aproximadas no sentido de reconstruir intelectualmente a identidade desses trabalhadores. Com vistas a fazer uma análise enxuta e que recupere certos aspectos simbólicos da experiência social da classe trabalhadora brasileira, acessarei tal experiência por meio de uma investigação, sem qualquer pretensão exaustiva, sobre a música sertaneja, na medida em que ela tem sido uma das preferências musicais dos trabalhadores brasileiros. Ademais, por meio do registro musical, explorarei certos elementos da subjetividade da classe trabalhadora que tem sido deixados de lado pelas pesquisas em sociologia do trabalho.

A música sertaneja deve ser analisada como atividade simbólica empalmada na vida da primeira geração de trabalhadores do ABC, de maneira que decifrar seu sentido depende da compreensão de seus vínculos com a experiência desses trabalhadores. Assim, a primeira visada à experiência de classe será feita a partir do flanco oferecido pela música sertaneja;[4] em seguida caberá acrescentar outros tons à experiência da classe trabalha-

---

como o eixo desta experiência (THOMPSON, *idem*), diferenciando-se de alguns marxistas como Raymond Williams e Richard Hoggart que compreendiam a experiência como a *totalidade de um modo de vida* e não como a *totalidade de um modo de luta*. Para detalhes deste debate ver: (THOMPSON, 1984).

4 Na verdade, este capítulo se inicia com um estudo sobre a música sertaneja com vistas a dar lastro empírico à argumentação que será desenvolvida ao longo das seções posteriores. Assim, embora inusitado e inevitavelmente limitado, este estudo sobre a música sertaneja é um exercício empírico por meio do qual tentei me posicionar em relação às diversas interpretações acerca da classe trabalhadora brasileira. De qualquer maneira, a diversidade de interpretações sobre a classe trabalhadora brasileira será devidamente avaliada no balanço bibliográfico que apresentarei ao longo deste capítulo.

A fábrica em que o sindicato nunca entrou   49

dora da região: a influência das pastorais operárias católicas e a memória das lutas travadas por trabalhistas e comunistas antes do golpe civil-militar de 1964.

Na raiz da experiência dos peões do ABC: saudosismo e tristeza

[Fala de um trabalhador] "Du lado da cama a campainha do dispertadô grita alto": "aqui em casa, tem uma sirena que até us vizinho já reclamô dela. Quando ela bate, ela acorda todo mundo. Olha só aqui...qué vê?Vô botá pra funcioná". Não possuo dispertadô e não confio nus relógio. De manhã nu escuru, ligo o rádio que já fica na Recor":

[Locutor da Rádio Record] "Ôi meus amigos!

Hoje é dia de São Crispim, segunda-feira, dia de preguiça, dia de fiaca, mas hoje nós retornamos mais uma vez aqui na Record. Sem fiaca e sem preguiça, para apresentar mais uma audição do nosso programa que vai até as oito horas. (...) E o Zé Béthio vai apresentar o programa até as oito hora. Ôi turma! Hoje, como fazemos todos os dias o nosso programa apresenta músicas sertanejas ... Ô gente ... ô gente ... em São Paulo cinco e trinta e dois. Cinco horas e trinta e dois minutos. (...)

Ô gente. Ô gente, em São Paulo cinco horas e trinta e cinco minutos. Cinco e trinta e cinco em São Paulo. Ô gente, agora o bom dia pra vocês da galinha sabina. Vem, sabina. Vem. Pi, pi, pi, pi, pi ... có ... ró ... có ... có ... chega sabina, tão bão ... agora dexa o lero-lero cantar. Vai lero. Vai ... có ... có ...có ... có ... có ... ábri u bicão ... dá mais uma cantada, va- mos ... có ...có ... có ... có ... Ó gente ... são cinco e trinta e seis. Cinco e trinta e seis em São Paulo. Ói, ouvinte ... ocê que morô nu interior ... você tinha um mangueirão. Criava porcos, tinha um chiqueiro bacana. Lembra-se? Quantas vezes você jogou milho no mangueirão ... quantas vezes você descascou milho. Você ... é ... jogou no chiqueiro ... na seva. Quanto farelo ... quanto soro ... fala a verdade. Agora ocê ouve porcos nu nosso programa, ocê sente uma saudade danada du interior. Agora em São Paulo cinco horas e trinta e sete minutos. Cinco horas e trinta e sete minutos.[5]

Ainda que não seja o objeto imediato deste capítulo, é necessário considerar a distinção entre "música caipira" e "música sertaneja". Até o final da década de 1920 a música rural brasileira era definida indistintamente como "música sertaneja" e englobava ritmos regionais diversos; havia até mesmo confusão com o samba e marchinhas de carnaval e certas aparições de Noel Rosa trajado de "caipira". Somente após meados da década de 1950, com a crescente influência externa sobre a música popular e o fortalecimento do movimento nacional-popular é que a distinção social entre "música caipira" (ou música sertaneja de raiz) e "música sertaneja" começou a ganhar cores mais nítidas: definiu-se a primeira como "pura" e genuína expressão do povo brasileiro enquanto a segunda foi associada à modernização e a descaracterização da cultura popular brasileira.[6] O argumento a seguir desenvolvido inspira-se na música de raiz.

---

5 Esse é um trecho do *Programa Zé Bettio*, emissão radiofônica da Rádio Record que foi muito popular junto à classe trabalhadora entre as décadas de 1970 e 1980. Retirei o excerto do primeiro capítulo da obra *Os Peões do Grande ABC* (RAINHO, 1980, p. 37-38).

6 Foge aos propósitos deste livro refletir cuidadosamente sobre a música sertaneja. Essa questão deu origem à pesquisa de doutorado – intitulada Música sertaneja: na raiz da experiência operária e popular (1930-1980) – que estou desenvolvendo no Programa de Pós-Graduação em

A fábrica em que o sindicato nunca entrou   51

A música sertaneja de raiz pode ser compreendida como uma tentativa da classe trabalhadora de dar sentido à sua experiência urbana e industrial a partir de uma releitura da experiência rural e da migração para as cidades. As canções sertanejas de raiz foram produzidas em solo citadino e progressivamente submeteram-se à lógica da indústria cultural; todavia, reduzi-la à "alienação" obscurece a inversão simbólica empreendida tanto por seus produtores quanto por seus consumidores – isto é, tanto as duplas quanto seu público resignificaram as mensagens culturais embutidas nas músicas por meio de uma apropriação positiva que remete à experiência idealizada do mundo rural frente a humilhação e a pobreza vividas na cidade. Assim, a música sertaneja (especialmente em seus primeiros momentos) não se fundou diretamente na experiência rural (ou, como diria Antonio Candido, na cultura rústica[7]), mas sim no choque entre esta e a experiência vivida com a modernização. Nesse sentido, pode ser compreendida como "arma simbólica" mobilizada no enfrentamento subjetivo das transformações sociais que estavam em curso desde as primeiras décadas do século XX. Em suma, a música sertaneja de raiz expressa certa experiência coletiva: ao desmantelar-se a vida rural tradicional, tornou-se como que uma leitura da experiência social e das refe-

---

Sociologia da Universidade de São Paulo. Nesta investigação busco compreender as conexões de sentido entre a experiência da classe trabalhadora brasileira, a música sertaneja e a formação da indústria cultural no Brasil. Seja como for, indico a seguir as poucas pesquisas existentes: além dos estudos "clássicos" de Martins (1975, cap. 8) e Caldas (1977), há os trabalhos de Alonso (2011), Oliveira (2009), Faustino (2014) e Santos (2005) etc. Há, ainda, obras jornalísticas de tom apologético. Exceção feita à análise de Martins, os demais propuseram abordagens centradas nos artistas, no mercado fonográfico etc.

7   Ver: Candido (2010).

Diego Tavares dos Santos

rências simbólicas citadinas realizada por homens e mulheres que viveram uma experiência rural e sofreram com as novas condições impostas pela modernização social, entre as quais a migração. Deste modo, um dos principais motes das músicas sertanejas de raiz só poderia ser o saudosismo.[8] O sertanismo nostálgico[9] ora apresenta-se na forma de lamúrias de um homem deixado pela amada que migrou para a cidade ou na saudade que por ela alimenta após ele próprio ter migrado; outras vezes trata da saudade da terra natal (ou do lugar onde passou a juventude) que, entretanto, teve de ser abandonada por conta da migração; há, ainda, canções cujo tema é a nostalgia de certas atividades que definharam por conta do desenvolvimento tecnológico (como, por exemplo, o boiadeiro ou o pequeno agricultor). Em todos os casos, o êxodo rural é elemento recorrente na experiência das duplas sertanejas e, associado à insatisfação com a vida urbana, é o fato gerador do saudosismo. Como referência empírica deste argumento analisei diversas canções que compõem a discografia de Tonico & Tinoco[10] e mobilizei certa per-

---

8   No clássico *Os Parceiros do Rio Bonito*, Antonio Candido mencionou um "saudosismo transfigurador" nas representações mentais dos caipiras: "Em primeiro lugar, observamos o que se poderia qualificar de saudosismo transfigurador – uma verdadeira utopia retrospectiva, se coubesse a expressão contraditória. Ele se manifesta, é claro, sobretudo nos mais velhos, que ainda tiveram contato com a vida tradicional e podem compará-la com o presente; mas ocorre também nos moços, em parte por influência daqueles. Consiste em comparar, a todo propósito, as atuais condições de vida com as antigas; as modernas relações humanas com as do passado." (*idem*, p. 225).

9   Tal noção foi cunhada por Martins (1975).

10 Escolhi a dupla Tonico & Tinoco pois é tida como um clássico da música sertaneja. As letras das canções e a história da dupla foram pesquisadas no seguinte sítio eletrônico: *www.tonicoetinoco.com.br*. Para a história da dupla consultei também obra de Rosa Nepomuceno (*idem*).

A fábrica em que o sindicato nunca entrou 53

cepção qualitativa[11] com vistas a sustentar que as canções sertanejas mais significativas do ponto de vista de seu público são aquelas que remetem ao tema do saudosismo. A trajetória dos irmãos violeiros confunde-se com a experiência coletiva da classe trabalhadora e das camadas sociais subalternas.

Tonico e Tinoco[12] eram filhos de um imigrante espanhol e de uma brasileira descendente de negros e índios que trabalhavam em fazendas de café em Botucatu, interior do estado de São Paulo. Desde muito jovens trabalhavam na roça e tocavam suas violas até a vida no campo tornar-se complicada devido à incapacidade de o governo Vargas estancar os efeitos da crise econômica mundial. Depois de quatro anos em Sorocaba (SP) a família migrou para a cidade de São Paulo em janeiro de 1941. O destino da família é sintomático do argumento que aqui desenvolvo: em São Paulo, as três irmãs da dupla se tornaram empregadas domésticas, um dos irmãos tornou-se metalúrgico, enquanto Tonico trabalhava como diarista em chácaras no bairro de Santo Amaro e Tinoco trabalhava na construção civil. Em suma, conquanto a vida lhes indicasse o destino de trabalhador pobre, os irmãos não abandonaram a ambição de viver de música.

Na cidade, a dureza do trabalho era em parte compensada pela visita aos circos, que então eram locais de encontro e lazer da classe trabalhadora. Os circos reuniam o público consumidor da música sertaneja, tornando-se, assim, polos difusores deste tipo de canção e ponto de encontro de muitas duplas que já despontavam nas rádios. Aos poucos Tonico e Tinoco aprenderam as articulações necessárias para estabelecer-se no cenário sertanejo ainda em

---

11 Esta percepção qualitativa construiu-se a partir de minha experiência social enquanto neto e filho de migrantes que tornaram-se trabalhadores industriais e são entusiastas da música sertaneja.

12 Tonico nasceu em 1917 e Tinoco nasceu em 1920.

formação: nos circos conheceram as então famosas duplas Raul Torres & Florêncio, Palmeira & Piraci e o produtor musical Teddy Vieira, entre outras figuras proeminentes no nascente mercado fonográfico. A definitiva ocupação de um espaço no universo musical sertanejo deu-se a partir de um concurso da rádio Difusora que procurava uma dupla para participar do programa sertanejo "Arraial da Curva Torta", apresentado por Capitão Furtado, sobrinho de Cornélio Pires, o pioneiro da música sertaneja.

A trajetória de Tonico & Tinoco é o encontro de duas histórias: a história da formação do mercado fonográfico que deu origem à música sertaneja e a história da experiência coletiva dos migrantes que formaram a classe trabalhadora no Brasil. Os irmãos tiveram de haver-se com as consequências de sua posição de classe num cenário em que a economia brasileira dirigia-se à industrialização acelerada, de maneira que suas tomadas de posição em nada diferiram daquelas tomadas pelos milhares de migrantes que do dia para a noite transformaram-se em trabalhadores subalternos: tinham de trabalhar. Sempre é difícil tangenciar todas as determinações estruturais de um fenômeno social e, para piorar, as possibilidades abertas aos agentes nunca se resumem apenas às alternativas óbvias deixadas pela estrutura social. Seja como for, é possível dizer que ao mesmo tempo em que cumpriam seu destino social como trabalhadores, os irmãos violeiros viam o desenvolvimento econômico abria-lhes uma oportunidade que ambicionavam aproveitar: explorar comercialmente a música regional. Afinal, a massa de migrantes transformada em trabalhadores industriais teria capacidade de consumo, tornando-se uma franja para o mercado fonográfico. Capitaneado pela turma de Cornélio Pires, os primeiros passos para a formação deste universo foram dados entre os anos 1920 e 1930, de maneira que a chegada de Tonico e Tinoco à São Paulo deu-se em um mo-

A fábrica em que o sindicato nunca entrou

mento em que, para alguns poucos ocupantes de posições de classe semelhantes às dos irmãos, havia uma alternativa, ainda que restrita, à vida enquanto trabalhador subalterno: a música sertaneja.

É claro que a posição por eles ocupada em nada era única e ao mesmo tempo em que compartilhavam uma experiência social comum a milhões de brasileiros, condicionantes específicas permitiram que tivessem êxito como dupla sertaneja – entre essas circunstâncias específicas destaca-se suas trajetórias de vida, suas habilidades pessoais e mesmo àquelas necessárias quando a dupla ia aos circos e fazia as articulações com os agentes sociais mais bem posicionados no universo musical sertanejo etc.

A trajetória da dupla é indício de que a experiência compartilhada pelos músicos e pelos consumidores da música sertaneja de raiz contribuiu decisivamente para a configuração do sentido social desse tipo de canção. Numa transação mais ou menos consciente, a exploração do saudosismo enquanto temática vincula--se ao fato de que entre 1930 e 1980 parte significativa da classe trabalhadora brasileira teve trajetória semelhante à de Tonico e Tinoco: foram migrantes que experimentaram a vida urbana enquanto trabalhadores industriais.[13] Os migrantes estabeleceram-se

---

13 No caso do grande ABC, a migração proveio principalmente dos vários estados do Nordeste, de Minas Gerais e do interior do estado de São Paulo. A obra *Os Parceiros do rio Bonito*, de Antonio Candido (2010), é minha referência para traçar o tipo ideal do migrante sertanejo que se tornou trabalhador industrial. Por outro lado, os argumentos que desenvolverei abaixo contradizem certa ideia de Antonio Candido de que os trabalhadores rurais que optaram pela migração se adaptariam facilmente à vida na cidade. Apesar disso, utilizo o migrante construído por Antonio Candido como referência, pois isso possibilita uma economia na análise do trabalhador rural que tornou-se trabalhador e, assim, permite contornar o problema da multiplicidade dos locais de origem dos peões do ABC. Deste modo, acredito que os comentários a seguir sobre

na periferia da cidade de São Paulo e nas proximidades do grande ABC, polo industrial então em expansão crescente, ambicionando empregar-se nas melhores indústrias da região e mantendo iludidas esperanças de ascensão social.

Contudo, ao chegar na cidade a experiência de migração associou-se indissociavelmente aos sentimentos de tristeza e saudade. Isto é, esses trabalhadores produziram uma revisão idealizada do passado que, entre outras coisas, traduziu-se no sertanismo nostálgico e transfigurador das músicas sertanejas cuja insatisfação com a vida citadina expressava-se por meio dos sentimentos de tristeza e saudade. Tome-se como exemplo um trecho de *Saudade de minha terra*[14] – canção que faz parte do cânone sertanejo – em que conscientemente a dupla canta para um público com o qual partilha a experiência da migração e o sentimento de tristeza:

> Por nossa senhora, meu sertão querido, vivo arrependido por ter te deixado./Esta nova vida aqui na cidade... de tanta saudade, eu tenho chorado./Aqui tem alguém, diz que me quer bem, mas não me convém... eu tenho pensado./E digo com pena, mas esta morena não sabe o sistema em que fui criado./ Estou aqui cantando, de longe escutando.../Alguém está chorando com o rádio ligado.

A indicação de que "alguém está chorando com o rádio ligado" é o elemento marcador da intersubjetividade fundada na experiên-

---

música sertaneja de raiz também serviriam como chave heurística para a interpretação da música e de outras práticas simbólicas dos sertanejos nordestinos – como exemplo pode-se citar a canção *Triste partida* (mas não apenas), de Luiz Gonzaga.

14 *Saudade de minha terra* foi composta em 1966 por Paschoal Todarelli e Gérson Coutinho da Silva (respectivamente Belmonte e Goiá), e gravada pela dupla Belmonte & Amaraí.

A fábrica em que o sindicato nunca entrou 57

cia comum entre o produtor e o consumidor da música sertaneja de raiz, isto é, a migração e os problemas de adaptação à condição proletária e à vida urbana.[15] Entretanto, a tristeza não se reduzia ao desajuste social associado à migração, ela teve outras fundações.

Uma vez estabelecidos em São Paulo e no grande ABC, os migrantes logo frustraram-se com as condições de vida e o trabalho industrial. A esperança de ascensão social logo foi substituída por um profundo "sentimento de dignidade violentada".[16] O desajuste social aprofundava-se com o trabalho fabril ascético e disciplinado realizado em péssimas condições de higiene e segurança (ocasionando grande número de acidentes), com a longa jornada de trabalho (em torno de 17 horas diárias), com os baixos salários, com a rotatividade do emprego industrial, com a humilhação feita pelos chefes. A tristeza ganhava uma tonalidade dramática quando associada aos problemas de saúde do trabalhador e sua família. É possível ler nos antigos jornais do sindicato, bem como ouvir de entrevistados relatos sobre o grave problema de alcoolismo, impotência sexual, estresse, problemas ósseos e respiratórios etc. As famílias dos trabalhadores sofriam com dietas paupérrimas, com precárias condições de moradia nos bairros populares que, ade-

---

15 A música sertaneja de raiz tinha muitos adeptos nas pequenas cidades do interior dos estados do sudeste, centro-oeste e do sul do Brasil. Entretanto, sua integração no mercado fonográfico dependia do fato de que ela já dispunha de um público consumidor para esse tipo de canção: o proletariado urbano. Um dos indícios que indicam que o proletariado era o público consumidor da música sertaneja é o fato de que por muito tempo a maioria dos programas de rádio que transmitiam esse tipo de música eram irradiados entre as 5 horas e as 7 horas (40,1%) e entre as 18 horas e as 21 horas (28,5%), ou seja, exatamente os horários que antecedem e sucedem a jornada de trabalho dos trabalhadores industriais. Nesse sentido ver: (MARTINS, 1975, p. 119).

16 Nesse sentido, ver: (ABRAMO, 1999).

58 Diego Tavares dos Santos

mais, careciam de serviços públicos. Tomados em conjunto esses fatores impossibilitavam o trabalhador de cumprir seu papel de provedor da família que muitas vezes se desagregava.[17] Nesse sentido, vale considerar outra canção sertaneja de raiz:

Caboclo na cidade[18]

Seu moço eu já fui roceiro no triângulo mineiro, onde eu tinha meu ranchinho./Eu tinha uma vida boa com a Isabel minha patroa e quatro barrigudinho./Eu tinha dois boi carreiro, muito porco no chiqueiro e um cavalo bão arreado./ Espingarda cartucheira, quatorze vaca leiteira e um arrozal no banhado.

Na cidade eu só ia a cada quinze ou vinte dias pra vender queijo na feira./E no mais tava forgado, todo dia era feriado, pescava a semana inteira./Muita gente assim me diz que não tem mesmo raiz essa tal felicidade./Então aconteceu isso resorvi vender o sítio e vir morar na cidade.

Já faz mais de doze ano que eu aqui já tô morando, como eu tô arrependido./Aqui tudo é diferente, não me dou com essa gente, vivo muito aborrecido./Não ganho nem pra comer, já

---

17 É evidente que aquilo que se desagrega é a família submetida à dominação masculina. Assim, quando o trabalhador rural tornou-se peão de fábrica é a dominação que exercia sobre sua esposa e filhos que esteve ameaçada. De qualquer maneira, embora tal questão mereça por si mesma uma reflexão mais cuidadosa, destaco o sentimento de tristeza ocasionado por tal desarranjo social.

18 "Caboclo na cidade" foi composta em 1982 por Dino Franco e Nhô Chico, gravada pela dupla caipira *Dino Franco e Mouraí*, tornando-se parte do cânone da música sertaneja. Transcrevi a letra da música conforme as palavras são pronunciadas na gravação original

A fábrica em que o sindicato nunca entrou 59

não sei o que fazer, tô ficando quase louco./É só luxo e vaidade, penso até que a cidade não é lugar de caboclo.

Minha fia Sebastiana que sempre foi tão bacana, me dá pena da coitada./Namorou um cabeludo que dizia ter de tudo, mas fui ver não tinha nada,/se mandou pra outras bandas ninguém sabe onde ele anda e a fia tá abandonada./Como dói meu coração, ver a sua situação: nem sorteira e nem casada.

Até mesmo a minha veia já tá mudando de ideia, tem que ver como passeia./Vai tomar banho de praia, tá usando minissaia e arrancando a sombrancêia./Nem comigo se incomoda, quer saber de andar na moda, com as unhas toda vermeia./Depois que ficou madura, começou a usar pintura, credo em cruz, que coisa feia.

Vortar pra Minas Gerais sei que agora não dá mais, acabou o meu dinheiro./Que saudade da paióça, eu sonho com a minha roça no triângulo mineiro./Nem sei como se deu isso, quando eu vendi o sítio pra vir morar na cidade.../Seu moço naquele dia eu vendi minha família... e a minha felicidade.

Compreende-se a tristeza e a resignação que encerra a canção: os trabalhadores constataram que o passado rural – que na verdade *idealizavam*[19] como uma época exclusivamente feliz – nunca

---

19 São conhecidas as elaborações de Sérgio Miceli (2001) acerca da idealização do sertanejo realizada pelos modernistas brasileiros. Na verdade desde José de Souza Martins (1975) há argumentos sociológicos de que esta idealização nascia de um "sertanismo nostálgico", isto é, de uma manobra ideológica das camadas rurais dominantes no sentido de valorizar o modelo social agrário que vigorava antes da modernização industrial e que lhes proporcionava vantagens. O "sertanismo nostálgico" era uma contraposição à modernização por meio da idealização de um passado em que os grandes proprietários de terra formavam o grupo social do-

60   Diego Tavares dos Santos

mais retornará, restando-lhes a vida infeliz na cidade.[20] Todavia, a resignação não foi a única saída encontrada pela subjetividade levada aos limites da tolerância; a tristeza também aponta em outra direção: pode ser compreendida como um sinal de alerta da latente dimensão rebelde e potencialmente explosiva da classe trabalhadora brasileira – diz o "caboclo na cidade": "não ganho nem pra comer, já não sei o que fazer, tô ficando quase louco." É esse outro sentido do sentimento de tristeza que permite compreender que

---

minante. Tenho dúvidas acerca deste tipo de interpretação que separa os interesses das camadas rurais dominantes e os interesses da primeira burguesia industrial brasileira como se fossem grupos sociais estanques, pois, na verdade, apesar das tensões evidentes, os interesses dos grandes proprietários de terra e os interesses dos primeiros industriais muitas vezes convergiam (isso quando não eram de fato coincidentes). É sabido que entre o final do século XIX e o início do século XX a elite brasileira formou um único grupo dominante que, embora às vezes tenha se dividido em interesses diversos, nunca motivou qualquer tipo de facciosismo capaz de separá-la em setores antagônicos (DEAN, 1971). Por isso considero a nostalgia (e, consequentemente a idealização) em relação à vida rural antes como um sentimento que circulou entre todas as classes sociais (que oportuna e eventualmente pode ter sido ideologicamente apropriado) do que como um sentimento criado nas classes dominantes com vistas a controlar ideologicamente as classes populares, especialmente os trabalhadores industriais de origem rural. Assim é que, ao circular, o sentimento de nostalgia foi mobilizado também pelos trabalhadores no processo de formatação de sua identidade.

20   Outro clássico da música sertaneja de raiz é a canção *Jeitão de Caboclo*, de Liu e Léo. Vejamos como sua última estrofe combina a saudade à infelicidade e à resignada "perda de forças": "Queria rever o sol com seus raios florescentes/Sumindo atrás da serra roubando o dia da gente/O pé de dama-da-noite, junto ao mastro de São João/Que até hoje perfumam a minha imaginação./O caso é que eu não posso fazer o tempo voltar/ Sou um cocão sem chumaço que já não pode cantar./Hoje eu vivo na cidade, perdendo as forças aos poucos/Mas não consigo perder o meu jeitão de caboclo."

A fábrica em que o sindicato nunca entrou   61

apesar da falta de experiência sindical e política os trabalhadores encontravam maneiras de resistir. O recurso às pequenas ações de sabotagem à produção fabril, às brigas contra os chefes, às operações tartarugas etc., tudo isso manteve vivo o movimento operário mesmo durante a ditadura militar.[21] Ora, mas de que se alimentava esse movimento? Não poderia ter sido raio em céu azul. A exploração do trabalho leva à resistência mas nunca de forma automática. As experiências comuns dos peões do ABC enquanto homens do campo, migrantes e católicos ligados a pastorais operárias foram articuladas de maneira a consolidar a tristeza e a nostalgia como recursos expressivos que atribuíam significado à exploração e à vida na cidade.

De fato, a resignação não foi o único formato possível da identidade dos trabalhadores do ABC. Sempre faltou pouco para que sua tradição de lutas, sua busca por dignidade e sua infelicidade enquanto migrantes se transformassem em rebeldia. Nessa região a gota d'água pingou em maio de 1978, mas já havia pingado em 1968, 1963, 1957 e 1953[22] e diversas outras vezes mesmo antes de 1950.[23]

Igreja católica e dignidade operária

Apesar de a rebeldia ter raízes na tristeza, ela necessitava ser articulada a partir de uma linguagem mais sofisticada para ex-

---

21 Nesse sentido, ver: (FREDERICO, 1979).

22 Nestes anos ocorreram importantes movimentos grevistas no Brasil. Em 1953 houve a "greve dos 300 mil"; em 1957 a "greve dos 400 mil"; em 1963 a "greve dos 700 mil"; finalmente – em meio à ditadura militar –, em 1968 o ABC acompanhou as famosas greves ocorridas em Osasco/SP e em Contagem/MG.

23 Para consultar os movimentos grevistas no ABC antes de 1950, conferir a obra de John French (1995).

pressar-se. O saudosismo deve ser visto como a primeira tecla no acorde dissonante da linguagem classista, porém, há outro traço importante que a caracterizou: a noção de dignidade operária e o consequente sentimento de dignidade violentada que os peões experimentaram quando, ao longo da década de 1970, os patrões e o governo deixaram de cumprir as obrigações mínimas que lhes deviam enquanto continuavam zelando pelos deveres que lhes eram exigidos. Mas qual a origem desta noção de dignidade?

O sentimento de injustiça que articulava-se na subjetividade fundou-se em um tipo de moral católica assentada na dignidade humana; isto é, a experiência de exploração, a nostalgia e a tristeza ganhavam significação a partir de um léxico embebido no catolicismo popular. Por isso, as relações entre a Igreja católica e a classe trabalhadora no ABC, merecem cuidado especial para que o argumento aqui desenvolvido seja enriquecido por outros tons.[24]

A aproximação entre Igreja católica e a classe trabalhadora remonta à encíclica papal "Rerum Novarum" de 1891 – em que Leão XIII fundou a Doutrina Social com pretensão de estabelecer uma ordem social cristã para além do antagonismo de classes – e aprofundou-se com as interpretações do Concílio Vaticano II (1962-1965) que indicou a necessidade de os católicos optarem pelos pobres. Essas transformações macroinstitucionais da Igreja consolidaram alguns deslocamentos nas práticas eclesiais oficiais do clero que já vinham ocorrendo há algum tempo; no mesmo sentido se deram as disputas internas do catolicismo brasileiro.

---

24 O que virá a seguir baseia-se em grande parte na obra *Igreja e Movimento Operário no ABC* (1994) de Heloísa Helena T. de Souza Martins.

A fábrica em que o sindicato nunca entrou 63

No caso do grande ABC, essas inovações ressoaram fortemente apenas em 1954 com a criação da Diocese de Santo André sob a administração do bispo carioca Dom Jorge Marcos de Oliveira, versado na Doutrina Social e com experiência em favelas do Rio de Janeiro. Em Santo André/SP o trabalho pastoral do chamado "bispo vermelho" logo gerou polêmicas devido às missas realizadas em portas de fábricas – como na Firestone – e de suas participações em piquetes, organização de fundos de greve, bem como no enfrentamento da repressão policial contra o movimento operário. Os setores mais conservadores lançaram verdadeiras campanhas contra as ideias do bispo que, em 1960, chegou a ser denunciado por políticos, empresários e padres do grande ABC à Delegacia de Ordem Política e Social (DOPS) que preferiam limitar o sacerdote apenas à administração dos sacramentos e da burocracia clerical. Por outro lado, aos poucos os trabalhadores viram no bispo um aliado.

Mesmo antes da criação da Diocese de Santo André e da nomeação de D. Jorge, algumas associações católicas tinham algum tipo de atuação no ABC e apresentavam propostas para o movimento operário. Algumas delas foram os Círculos Operários Católicos, a Congregação Mariana da Catedral do Carmo, a Juventude Operária Católica (JOC) e a Ação Católica Operária (ACO).[25] Na tentativa de aproximar-se da classe trabalhadora, a Igreja criou a

---

25 O trabalho da JOC dirigia-se principalmente aos jovens. Quando eles se casavam, passavam à órbita da associação dos adultos, isto é, a ACO. Apesar da importância dos jocistas, eles não formavam o único e mais relevante grupo católico, devendo-se destacar a já referida atuação da ACO, bem como das comunidades eclesiais de base ou de qualquer tipo de pastoral operária. Ademais, não se deve esquecer que esse tipo de atuação das pastorais operárias não se resumiu ao ABC, ao contrário, espalhava-se por toda a grande São Paulo (SADER, 1990, p. 146-167).

Ação Católica Brasileira em 1932 com vistas a ampliar, sempre sob a tutela eclesiástica, o trabalho apostólico feito por leigos. É no bojo dessa iniciativa inspirada na Doutrina Social que a JOC institucionaliza-se no Brasil em 1947 e passa a convergir com a atuação de D. Jorge no grande ABC.

Para além destes aspectos concernentes às ideias em disputa na Igreja brasileira, do ponto de vista da constituição da identidade de classe dos peões do ABC é importante verificar a prática dos militantes católicos da JOC. Inicialmente, a preocupação dos jocistas não se direcionava à política e ao sindicalismo, mas sim à vida cotidiana dos jovens trabalhadores católicos. Nas reuniões os trabalhadores eram convidados a fazer uma revisão de suas práticas em todas as dimensões da vida: os problemas pessoais, a família, o namoro, o lazer, o trabalho na fábrica etc. Buscava-se instigá-los a ver a situação concretamente vivida, julgá-la e agir sobre a realidade. Esse "método" permitiu não apenas uma inserção na sociedade a partir de um conhecimento concreto, como deu uma formação singular aos militantes jocistas, cuja preocupação era fomentar, a partir de uma relação afetiva com os trabalhadores, uma vida pautada em princípios cristãos e animada pelo valor da "dignidade", inclusive no trabalho.

A concepção de atividade pastoral dos jocistas fez com que as preocupações do "mundo do trabalho" se tornassem um dos elementos centrais de sua atuação. Da atividade pastoral cada vez mais preocupada com o trabalho fabril é que, aos poucos, os jocistas passaram a competir pela direção do sindicato com comunistas, petebistas e toda a sorte de pelegos. De fato, inicialmente os jovens católicos não estavam preocupados com sindicato ou política, mas aos poucos sua prática levou-os ao interesse pelos problemas de funcionamento do sindicato e aos obstáculos à luta de classes colocados pelas práticas sindicais vigentes. Assim, apren-

A fábrica em que o sindicato nunca entrou 65

deram política na prática, não se furtando, até mesmo, a articular alianças nas eleições sindicais com católicos mais conservadores, com militantes comunistas ou com trabalhistas mais exaltados. Depois de 1961,[26] os jocistas definitiva e conscientemente se voltaram contra a estrutura sindical vigente e progressivamente ganharam espaço nas direções sindicais; aos poucos passariam a se autoidentificar como dirigentes sindicais autênticos, defensores de uma nova prática sindical. Uma das primeiras participações dos jocistas como sindicalistas no ABC ocorreu em 1956, na chapa eleita para dirigir o SMABC nove anos após a intervenção feita durante o governo Dutra. Depois dessa primeira experiência, a participação dos jocistas voltou a ocorrer apenas após as intervenções feitas nos sindicatos do ABC em 1964,[27] quando compuseram – como corrente minoritária – a chapa do Sindicato dos Metalúrgicos de São Bernardo e Diadema (SMSBD) eleita em 1965, iniciando a construção do sindicalismo autêntico. Também em 1965 os jocistas disputaram a eleição para a direção do Sindicato dos Metalúrgicos de Santo André (SMSA) contra os pelegos aliados aos interventores, só perdendo devido a fraudes que foram comprovadas três anos depois.

A militância destes católicos exaltados concentrados nas pastorais operárias, fieis ao método jocista e cada vez mais atentos às bases sindicais, muitas vezes combinou-se com a concepção política de alguns marxistas (muitos ligados à Ação Popular e à Política Operária) que, críticos das posições do PCB, buscavam alternativas ao definhamento da luta armada contra a ditadura. Disso resultou uma genuína menta-

---

26 Em 1961 ocorreu o 1º Congresso Nacional de Jovens Trabalhadores, articulado pela JOC. Ver: (SOUZA MARTINS, 1994, p. 129).

27 Em 1964, os interventores colocaram como dirigentes nos sindicatos do ABC os sindicalistas próximos das associações operárias mais conservadoras da Igreja, tendo, portanto, excluídos os jocistas. Ver: (*idem*, p. 151).

66 Diego Tavares dos Santos

lidade socialista entre os jocistas[28] que lhes permitiu um diálogo crítico com os comunistas na construção de alianças políticas que muitas vezes incluíam militantes sindicais trabalhistas. A exaltação política destes católicos inspirados na teologia da libertação e associados a marxistas implicava na desconfiança do governo militar que, por isso, preferia os circulistas (isto é, os trabalhadores ligados aos Círculos Operários Católicos), os Marianos ou os chamados "sindicalistas democráticos" do MSD (Movimento Sindical Democrático).

A aproximação entre a Igreja e a classe trabalhadora brasileira consolidou-se nos anos após o golpe militar de 1964 devido à crescente exploração experimentada pelos trabalhadores brasileiros, a repressão descontrolada – inclusive contra a própria Igreja – a qualquer crítica ao sistema político, tudo isso no quadro das novas posições eclesiásticas consolidadas no Concílio Vaticano II que incentivava a Igreja como defensora da dignidade e dos direitos humanos.

Em suma, a partir de 1954 as pastorais operárias e as comunidades eclesiais de base tiveram importante papel moral, político e social na vida dos trabalhadores do grande ABC. Heloísa Helena T. de Souza Martins assim conclui sua pesquisa sobre o tema: "O trabalho de organização dos trabalhadores, que vai aparecer nas greves de 1978 e 1980, que atingiram vários setores da classe trabalhadora, foi um longo processo do qual participaram diferentes grupos políticos e, também, grupos de movimentos católicos." (1994, p. 235).

O catolicismo é, portanto, peça imprescindível no mosaico experiencial dos peões do ABC, além do que, não é demais lembrar que os jovens trabalhadores em busca de dignidade mencionados

---

28 Além da obra de Heloísa Helena T. de Souza Martins, Eder Sader (1991, cap. 3) também aponta que essa mentalidade socialista resultou da fusão entre as concepções dos marxistas críticos das posições comunistas e a atividade pastoral dos militantes católicos.

A fábrica em que o sindicato nunca entrou   67

pela socióloga são, em grande medida, os trabalhadores migrantes anteriormente mencionados. Ademais, ao lembrarmos que em *Os Parceiros do Rio Bonito*, Antonio Candido comentou, entre outros aspectos, a força do catolicismo na cultura caipira, torna-se compreensível que os caipiras católicos – rústicos e propensos à violência e à insubmissão – uma vez que estivessem em solo citadino e vissem sua dignidade violentada, logo perceberiam as pastorais operárias como aliadas naturais. Portanto, se é verdade que os novos trabalhadores recém-chegados do campo e os militantes católicos tiveram de se curvar à indústria, não se deve esquecer que ao mesmo tempo construíram aquilo que chamaram de sindicalismo autêntico para dar vazão ao sentimento de dignidade violentada.

A nota de fundo da linguagem classista que recuperarei é a considerável influência das antigas táticas trabalhistas e comunistas sobre os peões do ABC, muito embora estes elementos tenham sido subestimados em parte dos estudos clássicos sobre os trabalhadores da região e especialmente pelos protagonistas do novo sindicalismo.

ABC: terra vermelha, terra trabalhista

No filme *Lula, o filho do Brasil* (2009), dirigido por Fábio Barreto, há uma cena que merece destaque: Ziza (Frei Chico), então militante do PCB, convida seu irmão, Lula, para participar de um piquete. Era a greve dos 700 mil, em 1963. Na sequência, a cena retrata trabalhadores invadindo uma fábrica e realizando ações supostamente orquestradas pelo "pessoal do partido". A cena é relevante porque resume a memória forjada pelos adeptos da tese do sindicalismo populista e pelos autoproclamados sindicalistas autênticos acerca do sindicalismo trabalhista e comunista que vigorou até o golpe civil-militar de 1964. Nesta interpretação, o sin-

68 Diego Tavares dos Santos

dicalismo anterior à Lula é percebido como uma estrutura burocrática atrelada ao Estado, dominada por pelegos e comunistas extremistas, que usavam a máquina sindical para manipular a massa ignorante e subserviente de trabalhadores a partir dos interesses da cúpula de seus partidos (e nunca a partir de interesses autênticos nascidos no chão da fábrica). Nesse discurso, os piquetes eram o corolário da falta de consciência da classe trabalhadora brasileira pois os "agitadores" precisavam forçar os trabalhadores a cruzar os braços apesar de sua suposta baixa disposição à luta. Ignorantes e despolitizados, os trabalhadores foram simbolizados no filme pelo próprio Lula, que antes da militância sindical estava mais preocupado com namoro, novela e futebol.

A tese do sindicalismo populista[29] indicava que os piquetes eram a consequência lógica do "velho sindicalismo", inautêntico, separado das bases e preso às estruturas burocráticas do Ministério do Trabalho, Indústria e Comércio (MTIC). Os sindicalistas autênticos, por sua vez, se orgulhariam de fazer greves sem piquetes ancoradas na combatividade e na disposição da classe trabalhadora.[30] Contudo, os processos sociais por trás dos piquetes organizados pelos militantes comunistas e trabalhistas mostram outros aspectos desta história.[31]

A obra *Industrialização e Atitudes Operárias* – de Leôncio Martins Rodrigues – foi publicada em 1970, embora a pesquisa que lha deu suporte tenha sido realizada em 1963 na fábrica de auto-

---

29 Nesse sentido, ver: (WEFFORT, 1973).

30 Isto é, greves em que os trabalhadores ficavam espontaneamente de "braços cruzados e máquinas paradas" no interior das fábricas.

31 Os argumentos desenvolvidos a seguir estão estados nos dados levantados por Antônio Luigi Negro em *Linhas de Montagem* (2004), e por John French em *O ABC dos operários* (1995).

A fábrica em que o sindicato nunca entrou   69

móveis Willys-Overland do Brasil,[32] em São Bernardo do Campo.
Rodrigues acreditou ter encontrado nas atitudes dos trabalhadores da Willys aspectos gerais da classe trabalhadora brasileira, em
muito remoçando os argumentos levantados pioneiramente por
Juarez Brandão Lopes sobre a subserviência da classe trabalhadora
brasileira.[33] Segundo o autor, a origem rural da classe trabalhadora
brasileira das indústrias mais modernas (e que viam seu ingresso
nestas fábricas de tipo fordista-taylorista como ascensão social em
relação à sua anterior condição de trabalhadores rurais) os impedia
de desenvolver uma "consciência de classe" plena e os empurrava à
atitudes resignadas ante o discurso patronal. Todavia, ao interpretar
as peças deste argumento para além do quadro esboçado pelo sociólogo, outros aspectos surgem na análise.

A greve dos ferramenteiros ocorrida na Willys em 1963 foi visto
por Rodrigues como o resultado do "hábito comum" da direção da
empresa de conceder folga aos trabalhadores antes que os piquetes
sindicais pudessem trazer maiores problemas. Segundo seus argumentos, isso simbolizava o perfil resignado e ajustado da classe trabalhadora em relação às indústrias. Entretanto, essa greve não deve ser
desconectada dos eventos anteriores que remontam à greve dos 700
mil, dos 400 mil (1957) e dos 300 mil (1953). Nesse sentido, segundo
a análise de Antonio Luigi Negro a concessão de folga feita pela fabrica foi um "recuo tático" da empresa ante o temor da crescente agita-
ção grevista entre 1953 e 1963. Já análises como a feita por Leôncio
Martins Rodrigues conectam a aparente atitude resignada à falta de

---

32 A Ford assumiu a direção desta fábrica em 1967.

33 Ver *Sociedade Industrial no Brasil* (1971), de Juarez Brandão Lopes,
    especialmente o capítulo O *ajustamento do trabalhador à indústria:
    mobilidade social e motivação*. O livro foi originalmente publicado em
    1960 e pautou-se em pesquisa realizada em 1957.

70   Diego Tavares dos Santos

"consciência de classe" por parte dos trabalhadores, vendo qualquer evento grevista como resultado da ação de agitadores estranhos à classe trabalhadora brasileira (isto é, sindicalistas com interesses políticos escusos) que só logravam êxito caso apelassem à violência dos piquetes, de maneira que os trabalhadores apenas paravam se as empresas concedessem folga ou por temor à violência dos sindicalistas (RODRIGUES, 1970, p. 103).[34]

---

34   As pistas coletadas por Negro levou-me a perceber um insuspeita convergência de percepções no que se refere à tese da falta de consciência da classe trabalhadora brasileira compartilhada por alguns sociólogos, empresários, policiais, governo, observadores norte-americanos e até mesmo militantes comunistas e trabalhistas. A tese da incompletude da classe trabalhadora brasileira amparava-se no débil e tardio desenvolvimento industrial e apontava, assim, para a ideia da necessidade do aprofundamento da modernização capitalista acompanhada de um direcionamento da classe trabalhadora a partir de um elemento externo. Nesse sentido, a orientação das cúpulas do PCB e do PTB estava de acordo com o governo, a polícia, as empresas e os sociólogos quanto à caracterização da classe trabalhadora e, portanto, com a necessidade de direcioná-la, divergindo, é claro, quanto à postura política que deveria ser nela "insuflada". Por seu turno, governo e empresários, inspirados nos agentes norte-americanos, preferiam limpar os sindicatos da presença de comunistas e trabalhistas que buscavam subverter os "mansos" trabalhadores, visando substituí-los por sindicalistas confiáveis. Quanto aos sociólogos, lamentavam a situação da classe trabalhadora e, conquanto vissem no sindicalismo associativista a melhor alternativa ao sindicalismo populista, por variados fatores vertiam poucas esperanças de que este tipo de associativismo pudesse vingar no Brasil. Como se vê, apesar das diferenças, não havia quem concebesse a possibilidade de a classe trabalhadora ter voz própria, exceção feita aos militantes sindicais de base, comunistas e trabalhistas, que buscavam desvencilhar-se dos estribos colocados pelo MTIC, indo muitas vezes além das orientações das lideranças de seus partidos, colocando em dúvida as acusações levantadas pelos adeptos da tese do sindicalismo populista de que no período anterior a 1964 os sindicalistas estavam distantes das bases. Assim, apesar das posições cupulistas de PCB e PTB, seus militantes de base

A fábrica em que o sindicato nunca entrou 71

Assim, poder-se-ia dizer que o argumento segundo o qual a empresa tinha o hábito de conceder folgas é resultado de uma interpretação que deslocou a "concessão de folga" do fluxo de eventos que remontam às agitações grevistas iniciadas com a redemocratização em 1946 e que chegaram ao auge em 1963. Mais do que a concessão de folgas, o hábito comum das indústrias automobilísticas era a neutralização do movimento operário nas fábricas por meio de verdadeira aliança empresarial-policial que, embora sempre tenha permeado as relações de trabalho no Brasil, depois do governo Dutra ganhou fôlego renovado e, perpassando todo o período do pós-1946, desembocou no golpe civil-militar de 1964 e na repressão que a ele se seguiu. A aliança empresarial-policial tão destacada Negro é indicativa de que, além de relativas, as afirmações de Leôncio Martins Rodrigues acerca da subserviência dos trabalhadores da Willys não são universalizáveis, pois, se havia preocupação em combater a militância dos trabalhadores por meio da aliança empresarial-policial, é porque existia um constante e autêntico burburinho grevista entre os trabalhadores do ABC. Ademais, apesar de importantes, as montadoras ainda não ocupavam o papel central que viriam a ocupar nos anos do milagre econômico, de maneira que, antes de 1964, parte importante dos trabalhadores do ABC ainda não trabalhava nas indústrias

---

buscaram sindicalizar (e democratizar) as fábricas. Quando muito, seria mais correto afirmar que *apenas imediatamente após o golpe de 1964 é que*, devido às intervenções sobre os sindicatos, os escolhidos para substituir os dirigentes depostos tenham sido pelegos sem nenhum vínculo com as bases. O argumento que defendo aqui inspira-se no importante ensaio *Pensando a classe operária: os trabalhadores sujeitos ao debate acadêmico*, de Maria Célia Paoli, Eder Sader e Vera da Silva Telles (1983), em que os autores apontaram aspectos comuns de interpretações aparentemente antagônicas sobre a classe trabalhadora brasileira.

Diego Tavares dos Santos

automobilísticas, mas sim em empresas que nunca ofereceram os mesmos benefícios e as mesmas condições salariais dos trabalhadores das fábricas de veículos.[35]

---

35 Claro que com a crescente centralidade das indústrias automotrizes, as peculiaridades de seus trabalhadores fazia com que seus trabalhadores se tornassem elementos centrais de qualquer política sindical que almejasse êxito. De qualquer maneira, a Willys de fato não era um bastião da militância sindical, o que, entretanto, não significa que a empresa não tenha buscado neutralizar por meio da mencionada aliança empresarial-policial a existência da militância. Do mesmo modo, a General Motors, situada em São Caetano do Sul/SP, também muitas vezes valeu-se da aliança empresarial-policial para esterilizar as ações sindicais sem, contudo, conseguir eliminar completamente a presença trabalhista e comunista na fábrica. Em seus primeiros anos no ABC, outras automobilísticas também procuraram esquivar-se do movimento operário valendo-se dos benefícios econômicos, da disputa simbólica em torno da identidade dos trabalhadores e, especialmente, da aliança com a polícia (nesse sentido, pode-se citar a Simca, Scania-Vabis, Toyota, Volkswagem, Mercedes-Benz, Varam Motores e, com menos sucesso, a Companhia Distribuidora Geral Brasmotor, então licenciada da Crysler). Apesar da repressão, a greve dos 400 mil evidenciou a força do Pacto de Unidade Intersindical (PUI) – aliança de centro-esquerda entre PCB e PTB no sindicalismo paulista – que pôs em marcha o ativismo sindical e os piquetes em inúmeras empresas modernas do ABC, evidenciando a crescente influência sindical no chão de fábrica. Entre 1945 e 1964, estavam sob a influência sindical os trabalhadores das seguintes fábricas do ABC: Isam, Elevadores Otis, Pirelli, Fichet, STIC, Lidgerwood, Aços Vilares, Companhia Industrial de Material Automobilístico (Cima), General Eletric, Cofap, Pierre Saby, Laminação nacional de Metais (LNM), Alumínio Brasil, International Harvester, Companhia Brasileira de Cartuchos (CBC), Indústria Nacional de Armas (INA), Companhia Nacional de Artigos de Cobre (Conac), Mineração Geral do Brasil (MGB), Companhia Brasileira de Mineração e Metalurgia (CBMM), Mercantil Suíssa, Cerâmica São Caetano, Rayon Matarazzo, Rhodia, Elevadores Atlas, Firestone, Companhia Mecânica e Importadora, Indústrias Reunidas Francisco Matarazzo, Fiação e Tecelagem, Têxtil santo André, Valisère, Companhia Nacio-

A fábrica em que o sindicato nunca entrou 73

A notável quantidade de dados coletados por Negro em fontes policiais é indicativa da verdadeira malha policial tecida para coibir o movimento operário por meio de agentes infiltrados, espiões, além de apontar o livre acesso da polícia ao chão de fábrica e das empresas aos arquivos policiais. Se havia repressão policial contra trabalhadores comuns é porque havia ativismo, de modo que um olhar cuidadoso sobre os processos sociais por trás dos piquetes mostra outros tons da história apresentada pela tese do sindicalismo populista: enquanto os piquetes exerciam pressão de fora para dentro das fábricas, a pressão interna dos militantes de base legitimava o cerco feito pelos piqueteiros.[36] De fato, houve muitos anônimos que contribuíram para manter acesa a chama ativista dentro das fábricas por meio da distribuição de panfletos e jornais, da participação em comissões de salário e da luta por comitês de fábrica,[37] da frequência a células comunistas ou sim-

---

nal de Forjagem de Aço Brasileira (Confab), Prest-O-Lite, Laminação Pignatari etc. Ver: (NEGRO, 2004, cap. 1 e 2). Na verdade, a rede do movimento operário partia de São Paulo e do grande ABC e estendia-se em direção a Jundiaí, Campinas, Piracicaba, Ribeirão Preto, Taubaté e São José dos Campos (*idem*, p. 120).

36 Aliás, Negro também afirmou que não se pode desatar a violência dos piquetes da violência policial que funcionava como verdadeiro piquete organizado a partir da aliança das empresas com os milicianos com vistas a coibir grevistas. Contra a violência da cavalaria, restava aos piqueteiros usar a violência.

37 Negro mostrou que a luta por comissões de fábrica precedeu o novo sindicalismo e remonta ao movimento sindical anterior ao golpe civil-militar de 1964. Destacar a luta por comissões de fábrica do sindicalismo trabalhista e comunista é relevante tanto porque faz soçobrar os postulados que a viam como prática inovadora dos sindicalistas autênticos (aliás, fundando a autenticidade na própria experiência das comissões) – nesse sentido ver: Amnéris Maroni (1982) – quanto porque é sinal inconteste dos limites da tese do sindicalismo populista.

74 Diego Tavares dos Santos

plesmente engrossando os piquetes e aderindo ao movimento em nome do companheirismo. A noção de um sindicalista distante do mundo fabril oculta que havia militantes pecebistas e trabalhistas que, aliando-se ou não, foram verdadeiros elos que articulavam com muita dificuldade as necessidades dos trabalhadores às ambições partidárias.[38] Nessa medida, nem a ideia de que o novo sindicalismo recusava piquetes é correta – vide os piquetes nas greves de 1979 e 1980 –, nem o movimento sindical anterior a 1964 era totalmente distante das bases – afinal, valeu-se do ativismo de base, bem como das "greves brancas", isto é, de paralisações do trabalho realizadas *no interior da fábrica* – fórmula que seria repetida pelos sindicalistas autênticos em 1978 sem, contudo, que assumissem-na como herança das lutas passadas.[39] Em suma, o conjunto dos argumentos de Negro mostram que antes do golpe civil-militar de 1964, nem os sindicalistas ditavam, à força, a direção da vontade dos trabalhadores, nem, tampouco, estes deixavam de participar conscientemente das paralisações. Ao afirmar que as greves brancas e os piquetes eram dimensões indissociáveis da luta de classes do período, contribuiu decisivamente para desmontar algumas conclusões da tese do sindicalismo populista.[40]

---

38 A frente sindical pecebista e petebista gerou inclusive frutos eleitorais, elegendo vereadores e prefeitos (embora Armando Mazzo, eleito prefeito de Santo André/SP em 1947, tenha sido proibido de assumir o cargo em 1948). É possível destacar inúmeros dirigentes de base cujo ativismo foi muito diferente das acusações impingidas pelos defensores da tese do sindicalismo populista (entre eles, pode-se citar Armando Mazzo, Marcos Andreotti, Philadelpho Braz, Anacleto Potomatti, Orisson Castro etc). Nesse sentido ver: John French (*idem*) e Antônio Luigi Negro (*idem*).

39 Nesse sentido, ver: (NEGRO, *idem*, p. 204-212).

40 O significado dessa tática dúplice (piquete e greve branca) será a chave para a compreensão da postura dos trabalhadores da Termomecanica

A fábrica em que o sindicato nunca entrou 75

O movimento operário no ABC sempre foi notável e apenas nos primeiros momentos após o golpe de 1964 e nos piores momentos da aliança empresarial-policial do período anterior ao golpe é que as indústrias automobilísticas puderam contê-lo. Quanto ao sindicalismo que recrudesceu a partir de 1974, pode-se dizer que já não se sustentava na aliança de centro-esquerda entre PCB e PTB: o novo sindicalismo ergueu-se a partir de novas práticas que brotaram das transformações da classe trabalhadora ocorridas desde a instalação das indústrias automobilísticas, bem como das ruínas deixadas pela repressão militar. Todavia, a tradição de lutas não podia ser apagada, exemplo disso foram as eleições sindicais imediatamente posteriores às intervenções sobre os sindicatos que se seguiram ao golpe.

Antônio Luigi Negro indicou que as intervenções visavam redesenhar o sindicalismo, criando uma geração de dirigentes confiáveis. Isto é, dever-se-ia afastar dos sindicatos os militantes ligados ao PCB e ao PTB e colocar em seu lugar militantes mais conservadores. O governo buscou esses militantes no seio do ativismo católico, recrutando especialmente católicos marianos, membros dos Círculos Operários Católicos e militantes do Movimento Sindical Democrático (MSD) formados, junto com alguns católicos jocistas, nos cursos oferecidos Instituto Cultural do Trabalho, órgão ligado ao Ministério do Trabalho para forjar sindicalistas "confiáveis". Após a intervenção e a repressão do golpe, as correntes sindicais foram efetivamente redefinidas e os seguintes grupos disputaram as eleições: havia os interventores (ligados em geral

---

(objeto imediato deste livro) na greve de 1980. Este argumento será desenvolvido no segundo capítulo do livro.

76 Diego Tavares dos Santos

ao MSD); os chamados "novos democráticos";[41] e a oposição articulada por ex-membros do Comando Geral dos Trabalhadores (isto é, pecebistas e petebistas) associados a novos ativistas. Em 1965, nas primeiras eleições sindicais após o golpe, apesar de no Sindicato dos Metalúrgicos de São Caetano (bem como no Sindicato dos Metalúrgicos de São Paulo) ter vencido uma chapa de interventores, no Sindicato dos Metalúrgicos de Santo André a chapa apoiada pelos interventores apenas venceu depois de fraudar as eleições e no Sindicato dos Metalúrgicos de São Bernardo e Diadema venceu uma coalizão construída em torno dos "novos democráticos".[42] Isto é, em 1965, no sindicato de São Bernardo e Diadema venceram os católicos jocistas, ao passo que nos outros sindicatos venceram os católicos conservadores que haviam sido colocados como interventores.[43]

Dessas eleições destacam-se duas constatações curiosíssimas: em primeiro lugar é possível perceber como os primeiros sindicalistas autênticos foram formados no ventre do corporativismo sindical enquanto egressos do Instituto Cultural do Trabalho, convergindo pouco a pouco para posições mais radicais devido à

---

41 É no grupo dos "novos democráticos" que surgiram os católicos exaltados tipicamente definidos na figura do jocista que deram origem tanto aos sindicalistas autênticos do ABC quanto aos precursores da Oposição Sindical Metalúrgica de São Paulo (OSM-SP), isto é, as duas correntes sindicais que protagonizaram o nascimento do novo sindicalismo.

42 A coalizão construída em torno dos "novos democráticos" permitiu que nos anos seguintes os católicos mais exaltados tivessem, em São Bernardo do Campo/SP, um espaço mais propício para se desenvolver do que tinham os militantes de São Paulo/SP – onde o sindicato era dominado pelo lendário pelego Joaquim dos Santos Andrade, o Joaquinzão – restando aos sindicalistas autênticos paulistanos construir a Oposição Sindical Metalúrgica de São Paulo. Sobre a OSM-SP ver: (FARIA, 1986).

43 Ver: (NEGRO, cap. 6).

A fábrica em que o sindicato nunca entrou

necessidade de angariar legitimidade ante a base da classe trabalhadora, frustrando, portanto, as pretensões governistas de forjar um sindicalismo confiável;[44] em segundo lugar, é importante ressaltar que a luta dos "novos democráticos" contra os interventores em Santo André/SP e em São Bernardo do Campo/SP construiu-se a partir da aliança com antigos militantes do Comando Geral dos Trabalhadores, reforçando o argumento da marca indelével da aliança sindical de centro-esquerda na identidade dos peões do ABC e a importância comunista e trabalhista na articulação da memória dos trabalhadores da região.

Os sindicalistas que dirigiram as greves a partir de maio de 1978 formavam uma geração que formou-se entre o ICT e a herança inconfessa do velho comunista e trabalhista. Suas práticas evidenciam o legado: negociavam com os patrões sob o império da lei e com crescente viés político, apesar de adotarem uma retórica

---

44 Talvez as acusações de que os militantes comunistas e trabalhistas eram pelegos desvinculados das bases que apenas preocupavam-se em promover o sindicalismo populista devessem dirigir-se apenas aos sindicalistas treinados pelo Instituto Cultural do Trabalho que faziam a política do governo sem nenhuma intenção de organizar e sindicalizar as fábricas, tornando-se "confiáveis". Conforme pontuaram Negro e French, os militantes comunistas e trabalhistas buscaram a democratização dos sindicatos por meio da organização dos trabalhadores nas fábricas. De outras parte, deve-se reconhecer que apesar de afirmarem retoricamente o desejo de implodir o sindicalismo oficial, quando conquistaram o controle dos sindicatos – como no ABC paulista –, os sindicalistas autênticos atuaram de maneira a atrair as bases para o interior dos sindicatos. Desta maneira, talvez nem o novo sindicalismo tenha sido tão inovador, nem os militantes depostos pela ditadura militar fossem tão pelegos como muitas vezes se supôs. Sobre as rupturas e continuidades no sindicalismo brasileiro ver: (SANTANA, 1998).

78 Diego Tavares dos Santos

de abominação da politização e da partidarização da luta sindical;[45] apesar das reservas que alimentavam em face dos pecebistas e petebistas, criticados por suposta inautenticidade, é curioso notar que os novos sindicalistas recalcaram o fato de que seus imediatos predecessores foram interventores impostos pelo Ministério do Trabalho que agiam de modo talvez mais oportunista que os comunistas e trabalhistas que foram desancados do poder após a intervenção etc. Os sindicalistas de maio de 1978 tiveram de fundar sua legitimidade diante dos trabalhadores a partir do mito da completa inautenticidade dos militantes comunistas e trabalhistas, reduzindo todos ao epíteto de pelegos quando na verdade isso seria mais ajustado apenas à postura interventores católicos.

Em suma, o novo sindicalismo não nasceu sobre terra inculta, mas sim em terra que, revolvida pelo golpe civil-militar de 1964, antes tinha sido terra vermelha e trabalhista.

O resgate da dignidade

O golpe de 1964 impediu que a velha cepa de sindicalistas da aliança PCB-PTB tivesse chance de ajustar-se ao perfil renovado da classe trabalhadora.[46] Se o novo perfil dos trabalhadores por si impo-

---

45 Progressivamente os sindicalistas autênticos tiveram de retificar seus argumentos acerca da virtude da despolitização sindical. Era cada vez mais evidente a necessidade de um partido político; todavia, deveria ser um novo partido que desse voz aos próprios trabalhadores: seria criado o Partido dos Trabalhadores.

46 Este novo perfil a que me refiro é aquele dos trabalhadores que se empregaram nas empresas cuja organização do trabalho era de tipo fordista e que, em geral, produziam bens de consumo duráveis, notadamente automóveis e eletrodomésticos. Este tipo de indústria passou a ser a feição da economia brasileira após 1955, no governo de Juscelino Kubitschek.

A fábrica em que o sindicato nunca entrou 79

ria dificuldades aos sindicalistas antes do golpe, depois de 1964 a terra vermelha e trabalhista foi arrasada, restando principalmente dirigentes treinados pelo Ministério do Trabalho e militantes católicos que, embora trouxessem consigo a memória das lutas precedentes, buscavam dar seu próprio colorido ao aparelho sindical.

Enquanto a repressão destruía as lideranças sindicais constituídas, a industrialização acelerada com sua fome de braços atraía milhões de migrantes à região metropolitana de São Paulo e prometia uma ascensão social milagrosa. Dados econômicos frios talvez indiquem que houve uma melhoria no padrão de vida das classes populares no Brasil ao longo do século XX. Entretanto, a consideração abstrata da melhoria do padrão de vida precisa considerar o modo como as pessoas experimentam essa transformação.[47] Os peões do ABC abandonaram o mundo rural acreditando na promessa de ascensão, mas na cidade mal se integravam no consumo, viviam em precárias condições urbanas sem moradias dignas, sem hospitais, sem saneamento básico, sem transporte e até mesmo sem alimentação digna. Além disso, enfrentavam jornadas de trabalho extensas e intensas, a opressão dos chefes, a perda do poder de compra do salário (que se fundava no desajuste entre a inflação e a política salarial oficial controlada pelo governo militar e as empresas), os acidentes, a rotatividade, o desemprego etc. Não haviam migrado para suportar isso; a vida no campo era frugal, mas em seu tradicionalismo tudo mantinha-se mais ou menos sob controle, ao passo que a experiência da vida na ci-

---

Antes, a indústria brasileira produzia principalmente bens de consumo não-duráveis como resíduo da política de substituição de importações.

47 Essa preocupação inspira-se no debate entre historiadores economicistas e E. P. Thompson quanto ao padrão de vida durante a revolução industrial inglesa. Nesse sentido ver o capítulo 5 (*Padrões e experiências*) do livro II d'*A Formação da Classe Operária Inglesa* (THOMPSON, 2004).

Diego Tavares dos Santos

dade causava transtorno, sofrimento e infelicidade.[48] Acima de tudo, a superexploração do trabalho e a precariedade da vida na cidade foram percebidas como uma violência à dignidade do trabalhador.

A noção de dignidade vinculava-se à uma concepção de justiça que associava o cumprimento de deveres dos trabalhadores (como a responsabilidade, a honestidade, o bom comportamento, o conhecimento técnico etc.) à garantia de que seriam respeitados enquanto seres humanos e receberiam salários justos. De fato, a moral dos trabalhadores traduzia-se em uma espécie de "ética do provedor" cujo postulado central indicava que todo sacrifício justificava-se na medida em que o trabalhador pudesse prover a famí-

---

48 Mais uma vez recorro ao cancioneiro popular para apontar um exemplo da experiência de frustração e tristeza, nostalgia e resignação (que, na canção, vê a religião como a saída para o desespero). O título da canção é *Cidadão*, foi composta por Lúcio Barbosa e gravada em 1979 por Zé Geraldo:
"Tá vendo aquele edifício moço?/Ajudei a levantar/Foi um tempo de aflição/eram quatro condução/duas pra ir, duas pra voltar/Hoje depois dele pronto/olho pra cima e fico tonto/mas me chega um cidadão/e me diz desconfiado/Tu tá aí admirado/ou tá querendo roubar?/Meu domingo tá perdido/vou pra casa entristecido/dá vontade de beber/e pra aumentar o meu tédio/eu nem posso oiá pro prédio/que eu ajudei a fazer/Tá vendo aquele colégio moço?/Eu também trabalhei lá/Lá eu quase me arrebento/pus a massa fiz cimento/Ajudei a rebocar/Minha fia inocente/vem pra mim toda contente/Pai vou me matricular/Mas me diz um cidadão/Criança de pé no chão/aqui não pode estudar/Esta dor doeu mais forte/Por que que eu deixei o norte/Eu me pus a me dizer/ Lá a seca castigava mas o pouco que eu plantava/tinha direito a comer/ Tá vendo aquela igreja moço?/Onde o padre diz amém/Pus o sino e o badalo/enchi minha mão de calo/Lá eu trabaiei também/Lá sim valeu a pena/tem quermesse, tem novena/e o padre me deixa entrar/Foi lá que cristo me disse/Rapaz deixe de tolice/não se deixe amedrontar/Fui eu quem criou a terra/enchi o rio fiz a serra/Não deixei nada faltar/Hoje o homem criou asas/e na maioria das casas/eu também não posso entrar."

A fábrica em que o sindicato nunca entrou 81

lia do necessário à sobrevivência minimamente digna, estando sua respeitabilidade social ancorada exatamente em sua capacidade de cumprir seu maior dever moral.[49] Ainda que precariamente, a vida no campo permitia o cumprimento desta obrigação, entretanto, ao tornar-se proletário industrial a superexploração não apenas destruiu o convívio familiar como afundou suas famílias em um cotidiano humilhante que evidenciava a quebra de reciprocidade por parte do governo e dos patrões quando estes deixavam de cumprir deveres que a classe trabalhadora deles exigia. Ante a injusta violência à dignidade operária, a luta pelos direitos não tinha apenas um significado econômico; a greve era um dever moral, era a única resposta que restituiria o sentido da moralidade dos trabalhadores e, assim, lhes garantiria um lugar na sociedade. Era necessário resgatar a dignidade.[50]

O sentimento de dignidade violentada formatou o sentido que aos poucos transformou-se em uma linguagem articulada e circulante por meio de inúmeras ações promovidas pelos sindicalistas autênticos. No ABC o novo sindicalismo conseguiu enraizar-se no interior do sindicalismo oficial por meio de uma aliança hegemonizada pelos militantes católicos exaltados que para construir sua própria legitimidade enquanto líderes sindicais alinharam-se progressivamente com grupos sindicais de esquerda. Assim, os sindicalistas combinaram o antigo assistencialismo

---

49 Ver: (ABRAMO, 1999, p. 75-77).

50 Laís Abramo destacou o seguinte comentário de Lula sobre este aspecto: "É muito duro o trabalhador chegar em um domingo e não ter dinheiro para comprar um quilo de carne, trabalhando 16 horas por dia. E foi isso que levou os trabalhadores a fazer greve (LULA *apud* ABRAMO, 1999, p. 42). "Pouco acima, na mesma obra, ela destacou a frase de um grevista anônimo: "A greve estava mais pela honra do que pelo aumento (grevista anônimo, maio de 1978)".

Diego Tavares dos Santos

social e jurídico à uma defesa mais direta dos interesses da classe trabalhadora. Especialmente a partir da gestão de Paulo Vidal,[51] ao longo de vários anos os novos sindicalistas do ABC organizaram palestras, congressos, campanhas salariais e várias atividades que em suma buscavam fazer o sindicato reaproximar-se das bases.[52] Ante a política salarial e trabalhista do governo militar – que impunha aumentos oficiais que nunca acompanhavam o aumento do custo de vida e engessava a atividade sindical por meio de uma lei que inviabilizava a realização de greves –, as campanhas salariais tornaram-se o eixo capaz de articular a experiência da classe trabalhadora e sua moralidade peculiar em uma linguagem classista; o resgate da dignidade deveria passar pelo aumento salarial.

Assim, apesar de algumas interpretações sociológicas terem definido as revindicações econômicas como o elemento distintivo da explosão grevista dos peões do ABC após 1978, ainda que o elemento econômico estivesse presente e sistematizasse as demandas, não se deve descolá-lo da vida do trabalhador e de seus sentimentos. Portanto, embora as reivindicações tenham convergido para um aspecto econômico, elas tinham raízes profundas na experiência da classe trabalhadora. Além disso, o resgate da dignidade passava também pela crítica do sindicalismo oficial na medida em que a luta contra a política econômica do governo implicava na superação das instituições jurídicas e políticas que lha davam suporte, nascendo aí as reivindicações dos trabalhadores em defesa da democracia e independência sindicais. Nascia a proposta de uma nova relação do

---

51 Paulo Vidal foi presidente do Sindicato dos Metalúrgicos de São Bernardo entre 1969 e 1975.

52 Sobre o ativismo sindical imediatamente anterior às greves de 1978, ver: (ABRAMO, 1999), (FREDERICO, 1979), (HUMPHREY, 1982), (PARANHOS, 1999).

A fábrica em que o sindicato nunca entrou 83

sindicato com a classe. Conforme defendeu Eder Sader (1991), o novo sindicalismo significou uma reconfiguração no modo como a classe trabalhadora até então expressava-se politicamente: cabia construir não uma voz *para* os trabalhadores, mas sim amplificar a voz *dos* trabalhadores.[53]

A diferença entre uma *voz dos trabalhadores* e uma *voz para os trabalhadores* merece ser destacada. Neste capítulo procurei demonstrar que não é correta a tese de que os sindicalistas do PCB-PTB eram todos pelegos inveterados. Todavia, deve-se reconhecer que, apesar da combativa militância de base, o "velho sindicalismo" procurava traduzir as lutas numa linguagem nem sempre íntima dos trabalhadores. Deste modo, suponho que a originalidade do novo sindicalismo residiu exatamente em seu esforço de sistematização de uma nova linguagem que jorrasse mais diretamente, sem grandes traduções, da experiência de classe. Entretanto, o resgate da dignidade na explosão grevista iniciada em 1978 não significava que uma nova linguagem de classe já estava generalizada; na verdade, o levante contribuiu no sentido de estabelecer os parâmetros que deveriam ser considerados na futura formatação da linguagem de classe dos trabalhadores brasileiros.[54]

***

Neste capítulo discuti a trajetória grevista enquanto construção social da rebeldia. Entretanto, a condição da classe trabalhado-

---

53 Algumas características do jornal do sindicato evidenciam esta preocupação: havia uma seção composta de notícias das fábricas – ora relatadas diretamente pelos trabalhadores, ora contadas por personagens fictícios que procurava dar voz aos trabalhadores.

54 A história do Partido dos Trabalhadores (e a luta pela formação da CUT) pode ser vista como a luta entre as várias formatações dessa linguagem de classe nos últimos 35 anos.

ra é contraditoriamente marcada pelo latente traço da resignação. A música sertaneja de raiz muitas vezes deu o sinal: um trabalhador triste e desajustado, resignado à vida infeliz na cidade devido ao trabalho alienado, à exploração e à pobreza que, por isso, ou não vê saída ou deposita suas esperanças no governo, nos jogos de azar, no alcoolismo, na religiosidade conservadora etc. – os "clássicos" da sociologia do trabalho investiram nessa interpretação.

A explosão grevista a partir do maio de 1978 fez com que boa parte das análises sociológicas posteriores (bem como todo o esforço discursivo dos protagonistas do movimento grevista) iluminasse a construção social da rebeldia, deixando a resignação o tempo todo à sombra. Apesar disso, a identidade grevista será efetivamente compreendida apenas se iluminarmos também sua sombra. A resignação entre os peões do ABC permaneceu latente enquanto alternativa não trilhada, embora sempre tenha se mantido enquanto possibilidade e ainda hoje continue competindo pela articulação da linguagem dos trabalhadores. Por isso, inicio agora uma reflexão sobre a sombra da greve, sobre a empresa cuja singularidade foi impedir que a linguagem combativa articulada pelos sindicalistas autênticos deitasse raízes em seu grupo de trabalhadores. Em suma, escreverei sobre a fábrica em que o sindicato nunca entrou: a Termomecanica.

A linguagem paternalista: a greve de 1980 e o grupo de trabalhadores da Termomecanica

Mais de três décadas após a eclosão, em 1978, das famosas greves no ABC paulista, poder-se-ia dizer que houve uma saturação das pesquisas sociais sobre os trabalhadores dessa região. Todavia, o debate sobre os significados desse momento grevista ainda não se esgotou pois seus resultados ainda repercutem no trabalho e na vida dos trabalhadores da região, colocando em questão tanto nossas atuais relações industriais de trabalho quanto o sindicalismo brasileiro. A despeito da mudança de perfil econômico, do avanço da desindustrialização e das oscilações da última década, o ABC continua uma região industrial,[1] trazendo, contudo, as marcas econômicas, políticas

---

1 Como ilustração da trajetória industrial do grande ABC é possível indicar os números relativos à evolução do emprego dos trabalhadores metalúrgicos no período 1989 a 2011. Em 1989 havia 159,2 mil trabalhadores metalúrgicos na base do Sindicato dos Metalúrgicos do ABC (São Bernardo do Campo, Diadema, Ribeirão Pires e Rio Grande da Serra). Atualmente há 107,5 mil ao passo que, como efeito da reestruturação produtiva, esse número já foi de 78,3 mil (2003) e 79,1 mil (1999), evidenciando significativa retomada do emprego industrial após a forte queda ocorrida nos anos 1990 (DIEESE & SMABC, julho de 2011, p. 5).

86 Diego Tavares dos Santos

e sociais da reestruturação produtiva. Pode-se dizer que os trabalhadores conseguiram passar pelos duros anos da reestruturação produtiva tanto por uma alteração de suas ações sindicais – priorizando o acordo ao invés do conflito –, quanto por mobilizar no cotidiano uma memória de lutas – construído especialmente após o "maio de 1978" –, que pode ser vista como marco identitário, mostrando que o discurso da combatividade é um dos elementos definidores do que significa "ser metalúrgico no ABC".[2] Neste capítulo, proponho um retorno à experiência dos metalúrgicos do ABC, mas de um ângulo ainda inexplorado: revisitaremos os múltiplos significados da greve de 1980 no ABC do ponto de vista dos trabalhadores de uma importante indústria da região, a Termomecanica (TM).

A escolha dessa greve justifica-se na medida em que seus 41 dias de duração – e a consequente intervenção no sindicato e prisão dos líderes – transformou-a em um dos capítulos mais dramáticos da história da classe trabalhadora brasileira. Foi uma greve épica, verdadeiro marco da identidade combativa dos "peões do ABC"; o curioso, contudo, é que os trabalhadores da TM não participaram dessa greve, nem, tampouco, de qualquer outra. Se a combatividade é parâmetro para a construção da identidade dos metalúrgicos do ABC até hoje, quais teriam sido as causas da não participação dos trabalhadores da TM na greve de 1980 e que consequências isso trouxe? Essa é a questão que tentarei responder neste capítulo. A pretensão é ter em conta a linguagem paternalista tecida pela Termomecanica com vistas a debelar as investidas do movimento sindical e, nesse ínterim, iniciar sua decodificação.

Mas, porque a TM? A empresa está instalada em São Bernardo do Campo e foi fundada em 1942 pelo engenheiro Salvador

---

2   Nesse sentido ver: (TOMIZAKI, 2006 e 2007).

A fábrica em que o sindicato nunca entrou   87

Arena. Atualmente é administrada pela Fundação Salvador Arena que, seguindo os passos do fundador, mantém variadas atividades filantrópicas – à seus trabalhadores e à sociedade em geral – que interpretamos como práticas definidas por certo teor paternalista. Por sua política de altos salários e benefícios oferecidos, é alvo de desejo de muitos trabalhadores, como é possível perceber em conversas informais nos pontos de ônibus, nas igrejas, nos bares etc. do ABC. Dessa maneira, embora não tenha o mesmo poderio econômico das indústrias automobilísticas, é indiscutível o valor simbólico da empresa entre os trabalhadores da região. Em suma, é uma espécie de ícone da industrialização do ABC. Contudo, também é conhecida como uma empresa "difícil de o sindicato entrar"; daí ressurgir o espectro da greve de 1980.

A greve de 1980

A greve de 1980 ocorreu em um cenário de ascensão do movimento operário, fortalecido pelo rompante dos dois anos anteriores. Mais que nas greves precedentes, o sindicato preparou-se para o embate.[3] Por seu turno, tanto o Estado quanto o empresariado, receosos do "efeito-demonstração" da rebeldia dos peões do ABC, também se precaveram. Em fins de 1979, o governo lançou sua nova política salarial que previa, entre outros aspectos, o reajuste semestral e o estabelecimento de percentuais de aumento diversos entre as faixas

---

3 Os preparativos da greve levaram à realização de quase três centenas de assembleias nas portas das fábricas, chegando à marca de 80 mil metalúrgicos reunidos em assembleia geral. Foram preparados: 450 mil boletins preparatórios das três assembleias gerais que antecederam a greve, 600 mil suplementos da *Tribuna Metalúrgica* (jornal do sindicato), 62 mil adesivos, 19 mil cartazes e 20 faixas. Ver: (ANTUNES, 1992, p. 66).

88 Diego Tavares dos Santos

salariais. Como essas eram antigas reivindicações do sindicato devido a crescente inflação do período, o governo pretendia desmobilizar os trabalhadores. Entretanto, os trabalhadores estavam conscientes de que a nova política salarial não alterava as bases do arrocho salarial e tampouco reconhecia o direito de negociarem diretamente com as empresas o que, conforme acreditavam, seria o único meio de fazer valer seus interesses. Na assembleia geral de 30 de março de 1980, diante de milhares de trabalhadores no Estádio da Vila Euclides, os metalúrgicos de São Bernardo/SP e Diadema/SP decretaram a greve. Assim, no dia 1º de abril de 1980, foram à ofensiva.[4] Para que o movimento tivesse continuidade em caso de intervenção do governo sobre a diretoria do sindicato, preparou-se uma incrível mobilização da categoria: o movimento contou com um comando de greve de 16 membros, um escalão intermediário de 45 membros e uma comissão de mobilização composta de 446 membros.

---

4 A pauta de reivindicações exigia o reajuste com base no INPC mais 15% a título de produtividade, piso salarial de Cr$ 12 mil, estabilidade no emprego, redução da jornada de trabalho para 40 horas sem redução salarial, reconhecimento dos delegados sindicais, presença sindical nas fábricas e controle das chefias pelos trabalhadores, reajuste trimestral, reajuste dos admitidos após a data base igual ao do paradigma, salários de substituição iguais aos substituídos, horas extras com adicional de 100%, promoções acompanhadas de aumentos efetivos, quadro demonstrativo de salários em locais acessíveis, transporte gratuito, estabilidade de 90 dias para a gestante e do menor desde o alistamento até 30 dias após a liberação, preenchimento de vagas pelo sindicato, aviso prévio de 90 dias, estabilidade para os aposentados, envelope de pagamento com especificações, adicional de insalubridade de 30%, abono de faltas do estudante em dias de exame, quadro de avisos à disposição do sindicato, fim da contratação de mão-de-obra temporária, desconto assistencial em favor do sindicato, atestados médicos fornecidos pelo sindicato e multa quando houver infração de qualquer cláusula do acordo. (ANTUNES, 1992, p. 67)

A fábrica em que o sindicato nunca entrou   89

Por pressão do governo a greve foi declarada ilegal pelo TRT, em seguida houve intervenção sobre a diretoria do sindicato, prisão de seus líderes e proibição de manifestações nas praças públicas.[5] O Estado assumia a frente do combate contra os metalúrgicos para evitar o efeito-demonstração de uma vitória dos trabalhadores, inclusive garantindo os prejuízos que o empresariado sofreria com a greve.[6] Assim, apesar do caráter ofensivo e da passeata do dia 1º de maio, que reuniu em marcha 200 mil pessoas, não foi possível evitar o esgotamento da greve, que terminou em 11 de maio de 1980. Qual o significado da greve de 1980? Os trabalhadores saíram vitoriosos ou derrotados após os 41 dias? Segundo Ricardo Antunes

---

5   Não se deve esquecer que em 1980 o Brasil ainda vivia sob a ditadura militar e, a despeito da aparente descompressão e abertura política iniciadas desde o governo de Ernesto Geisel, a classe trabalhadora foi reprimida no momento mesmo em que se rebelou. Aliás, isso matiza a ideia de abertura e demonstra que, para os trabalhadores, a ditadura ainda exibia vigor.

6   Segundo Lula: "Na greve de 80 deu tudo certo, a única coisa que não estava na nossa previsão era que o governo proibisse as empresas de negociar... Os empresários enviaram uma carta para o governo dizendo que 10 dias de máquinas paradas significam muito mais do que o aumento que pedíamos. E o governo respondeu dizendo prá não darem o aumento porque o Banco Central e o Banco do Brasil bancariam o prejuízo... Nós acreditávamos que sozinhos venceríamos a classe empresarial do ABC, e é bom deixar bem claro que 90% dos dirigentes sindicais era contra a greve. O que não contávamos era que o Estado jogasse tão pesado como jogou em defesa das empresas, coisa que não fez em 79... A gente tinha a esperança de que o governo não iria bancar tudo sozinho. Mas ele bancou tudo do começo ao fim, desde o Tribunal do Trabalho até os helicópteros do Exército." (LULA *apud* ANTUNES, 1992, p. 91). No mesmo sentido afirmou Laís Abramo: "Durante a greve de 1980 no ABC vários empresários foram impedidos de concretizar sua disposição de firmar um acordo em separado com os sindicatos, em razão das pressões contrárias exercidas pelo governo e pelo Grupo 14 da Fiesp." (ABRAMO, 1999, p. 264).

houve uma "inegável derrota política do movimento operário".[7] Para ele, a ausência de uma "direção política consciente" acabou por fazer o movimento recair no "espontaneísmo" ditado exclusivamente pela vontade da massa de trabalhadores; como resultado, houve demissões em massa e quase nenhuma greve posterior que lutasse por readmissão. Antunes conclui que, ao interpretarem a greve como vitoriosa, os trabalhadores não tiveram nenhum ganho de consciência, uma vez que não reconheceram os erros cometidos durante o movimento. Por outro lado, poderíamos interpretar os eventos de 1980 inspirados na análise da greve de 1978 feita por Laís Abramo;[8] nesse sentido a greve de 1980 apontou para "algo mais" que baseava-se na sensação de injustiça experimentada pelos peões do ABC catalisada pelas péssimas condições de trabalho e pelos baixos salários corroídos pela inflação – especialmente quando comparados à alta lucratividade das empresas. Assim, ofendidos em sua dignidade enquanto trabalhadores, a greve teria significado um basta à situação (econômica, política, social e cultural) que enfrentavam. Nesse sentido, embora derrotada em suas pautas econômicas, a greve de 1980 poderia ser vista como um passo decisivo no sentido do resgate da dignidade operária. De fato, ao considerarmos o tom épico que marcou essa greve e o que representou em termos de identidade e força coletiva para os trabalhadores brasileiros, torna-se compreensível que no ano seguinte tenham sido conquistadas as comissões de fábrica na região:[9]

---

7   Ver: (ANTUNES, 1992, p. 96).

8   Devemos reconhecer que a interpretação de Laís Abramo (1999) refere-se apenas à greve de 1978. Entretanto, seus argumentos têm um caráter generalizante na medida em que apontam para o significado mais geral da onda grevista iniciada naquele ano.

9   A importância das comissões de fábrica no ABC (atualmente chamadas de comitês sindicais de empresa) é constatada em vários depoimentos

A fábrica em que o sindicato nunca entrou 91

No ano anterior, 1980, a categoria dos metalúrgicos de São Bernardo realizou uma das greves mais memoráveis do movimento dos trabalhadores em nosso país, durante 41 dias.

Os operários da FB [empresa estudada por Iram Jácome Rodrigues] só voltaram ao trabalho com o fim da greve, no dia 12 de maio de 1980; mesmo derrotados do ponto de vista de suas reivindicações, a greve de 80 representou um grande aprendizado para o conjunto dos metalúrgicos de São Bernardo e, em particular, para os operários desta fábrica. Isso porque essa paralisação contou com o apoio de movimentos sociais de todo o país, centralizado no Comitê de Solidariedade à greve; por outro lado, os metalúrgicos puderam ver que, mesmo com o alto nível de organização demonstrado por sua categoria no embate com os empregadores, não foram capazes de conquistar um acordo satisfatório; pelo contrário, com o fim do movimento foram feitas demissões em massa entre os trabalhadores do ABC. Esses aspectos, de certa maneira, levaram os trabalhadores a perceberem que há, normalmente, *uma dimensão mais ampla da política, que não se resume tão-somente à contradição capital/trabalho dentro dos muros da fábrica.*(RODRIGUES, 1990, ps. 51-52)

A greve de 1980 foi um divisor de águas para os peões do ABC e para os trabalhadores da TM; todavia, por razões diversas. Compreender isso permitirá o primeiro encontro com a linguagem paternalista tecida por Salvador Arena na Termomecanica. Para tanto, vale retornar a um fato ocorrido no 11º dia do movimento.

---

bem como nas bibliografia sobre o sindicalismo no Brasil. Normalmente elas foram compreendidas como um salto de qualidade na luta por melhores condições de trabalho. Nesse sentido: (RODRIGUES, 1990) e (ABRAMO, 1999). Vê-se, portanto, como a greve de 1980 contribuiu para consolidar o resgate da dignidade operária e, assim, abrir caminho para a conquista das comissões em 1981.

A TM no olho do furacão

Em 11 de abril de 1980, o sindicato assinou acordo com a TM,[10] comemorou o fato como uma "grande vitória". Segundo Ricardo Antunes, o acordo foi percebido pelo sindicato como uma prova de que as empresas tinham condições de atender as reivindicações e, por isso, cederiam à greve:

> Perseguimos um aumento de salário que signifique uma participação efetiva na riqueza que produzimos e nos lucros que proporcionamos aos patrões. Ficou absolutamente provado no acordo que celebramos com a Termomecanica que os patrões têm plenas condições para atender as reivindicações que formulamos (...) [trecho de *Ao Povo Brasileiro: Por que continuamos em greve*, documento da diretoria do sindicato dos trabalhadores, 15/04/80] (ANTUNES, 1992, p. 73).

Para Antunes esse evento teve um "forte sentido ilusório" tanto para a diretoria do sindicato quanto para o comando de greve; ao que parece, o desenrolar da greve confirmou sua interpretação. Em outras declarações oficiais no jornal *Tribuna Metalúrgica*, o sindicato colocou os trabalhadores da Termomecanica entre os grevistas de 1980, fato que fortalecia a ideia de que o acordo foi significativo:

> (...) no primeiro dia a nossa greve já apresentou um índice de paralisação que deve ter feito com que os patrões se

---

10 Segundo Ricardo Antunes, este acordo atendia todas as reivindicações dos grevistas: "Este acordo estipulava piso salarial de Cr$ 12 mil; aumento real de 12% para a faixa de até 5 s.m.; 8,5% para a faixa de 5 a 8 s.m. e 6% para salários acima de 8 s.m.; pagamento dos dias em greve; não punição dos grevistas; estabelecimento de, no máximo, 3 faixas de salário para cada função; antecipação salarial de 3% ao mês, cumulativamente. Este acordo beneficiou os 2 mil operários da empresa" (ANTUNES, 1992, p. 72).

A fábrica em que o sindicato nunca entrou   93

descabelassem. Nas grandes empresas, nas quais armaram-se esquemas de repressão preventiva com características de operação de guerra, a paralisação variou de 50% a cem por cento. (...)

Paralisação entre 50% e total:

As Brasil, Arteb, Autometal, Chrysler, Conforja, Enco, Fran do Brasil, Polimatic, Termomecanica, Gemeel, Volkswagen, Mercedes, Scania, Ford e Brastemp. (...) [grifo nosso]. (Tribuna Metalúrgica, Ano X, n. 57, abril de 1980, p. 5. *Produção parou toda no primeiro dia. Só funcionou escritório*).

Do mesmo modo, o *Suplemento Informativo da Tribuna Metalúrgica* de 1º de abril de 1980, afirmava que os trabalhadores da TM estavam em greve com os trabalhadores de outras fábricas.[11] Como se vê, algumas declarações oficiais do sindicato não apenas afirmam que os trabalhadores da Termomecanica fizeram greve, como os colocam junto dos grevistas das indústrias mais importantes da região. Todavia, a ênfase do sindicato nessa empresa pode ser compreendida como uma estratégia na luta de classes simbólica em disputa.

De fato, deve-se ter em conta que a luta de classes não é travada apenas econômica e politicamente, de maneira que há, também, embates pela definição dos vários significados da disputa. Há uma dimensão simbólica que não deve ser ignorada e a análise cuidadosa do que subjaz o referido acordo demonstrará isso. O sindicato efetivamente declarou que os trabalhadores estavam entre os grevistas, mas essa declaração, por demarcar uma posição oficial, deve ser compreendida no contexto da luta de classes simbólica.

---

11 Ver: (*Paramos, estamos em greve, Suplemento Informativo* da *Tribuna Metalúrgica*, n. 94, 01/04/1980, capa).

94 Diego Tavares dos Santos

Ao considerar isso, o acordo do sindicato com a empresa pode ser relativizado, bem como o impacto ilusório que teria ocasionado.

Nesse sentido, entre abril e maio de 1994, o jornal do sindicato cobriu entusiasticamente *a primeira vez* que ocorria greve na TM.[12] Ao relatar um dos episódios da greve na *Tribuna Metalúrgica* de 10 de maio de 1994 (isto é, o jornal comentava o fim da greve na Termomecanica, após vários ataques da empresa, que, ao invés de negociar, pediu ao TRT que julgasse a legalidade da greve), percebe-se uma afirmação que além de marcar a singularidade do evento, apresenta claramente uma contradição em relação aos relatos que o mesmo jornal fizera quatorze anos antes:

> (...) Os trabalhadores [da TM], porém, deram uma grande demonstração de maturidade e consciência política, acatando o encaminhamento feito por nosso Sindicato, para quem a decisão não representa o fim desta luta histórica. (...) (em 50 anos, foi a primeira greve na Termomecânica) [os grifos são meus]. (*Tribuna Metalúrgica*, n. 64, de 10 de maio de 1994, p. 2. *Suspensa a greve na TM*)

Ora, se "em 50 anos essa foi a primeira greve na Termomecânica", deve-se concluir que nenhuma greve ocorreu em 1980, sendo imprescindível, portanto, que o acordo mencionado por Antunes seja compreendido nesse contexto. A obscuridade acerca da greve de 1980 na TM torna-se compreensível apenas ao analisar o forte traço paternalista da gestão de Salvador Arena. Se seguirmos esta pista, entenderemos que, com as declarações oficiais de 1980, o sindicato tentava formalizar o discurso grevista, tentando, ao seu modo, sistematizar a experiência vivida pelos trabalhadores da

---

12 A análise da greve de 1994 e do desencontro das versões do sindicato, dos trabalhadores e da empresa será realizada no terceiro capítulo.

A fábrica em que o sindicato nunca entrou   95

empresa e, assim, contrapor-se à sistematização da linguagem que Salvador Arena articulava. O sindicato posicionava-se em uma luta simbólica que na Termomecanica ganhava aspectos peculiares. Em seu fazer-se histórico a classe trabalhadora não se esvai em miríades. Embora circule uma linguagem mais ou menos desarticulada haurida na experiência vivida,[13] há disputas pela sistematização dessas experiências visando consolidar como a classe trabalhadora se perceberá. Os vários segmentos da classe trabalhadora, a burguesia e o Estado (associado ou não à burguesia), bem como outros fragmentos de classe, podem disputar entre si a sistematização dessa linguagem desarticulada, procurando formatar a identidade da classe trabalhadora segundo seus próprios interesses.[14] O sindicato, ao referir-se a greve de 1980 na Termomecanica, tentava formalizar certo discurso sobre o movimento, contribuindo para a construção de uma linguagem articulada que ao mesmo tempo pudesse incentivar os trabalhadores da empresa a aderir à greve e lograsse fortalecer a combatividade entre os grevistas da região – afinal, seria uma greve na fábrica de Salvador Arena, o "bom patrão" que agradava seus trabalhadores com benevolências e assim impedia greves em sua fábrica. Portanto, a manipulação dos acontecimentos de 1980 nesta empresa não deve ser vista simplesmente como uma "mentira" do sindicato, mas como uma tentativa de consolidar uma linguagem capaz de dar sentido às lutas

---

13   Ver: (THOMPSON, 2004, cap. 3)

14   Há diversos exemplos históricos de sistematizações da linguagem desarticulada: os pobres ingleses, cuja identidade foi sistematizada pelo paternalismo na Inglaterra do século XVIII (THOMPSON, 2010, cap. 2); no caso brasileiro, pode-se citar os trabalhadores que, na primeira metade do século XX, cuja fala teria sido "roubada" pelo populismo (PARANHOS, 2007).

96 Diego Tavares dos Santos

passadas e indicar caminhos futuros.[15] O sindicato lutava para oficializar uma história épica dos metalúrgicos do ABC e, como toda epopeia vive da criação mitos, pode-se ver a luta simbólica acerca dos fatos de 1980 como um exemplo de invenção mítica.[16] No caso da TM esse estratagema fazia ainda mais sentido na medida em que Arena encarnava o mito paternalista.

Nessa luta de afirmação econômica, política e simbólica, o traço paternalista da gestão de Salvador Arena foi o contraponto das investidas sindicais. Em 1980, diante da singularidade do momento histórico e da realidade da força coletiva dos peões do ABC, Arena preferiu negociar a correr o risco de perder a ascendência sobre a experiência vivida por seus trabalhadores. Suas escolhas evitaram que o discurso da dignidade operária organizasse a experiência dos trabalhadores de sua empresa e, assim, impediram que uma linguagem classista entrasse em sua fábrica. Arena impediu a greve de 1980 e suas consequências por ter incutido lealdade e deferência em seu grupo de trabalhadores conquistadas por meio de um certo tipo de paternalismo industrial. Explorarei esse tom paternalista por meio de vários relatos que demonstram, no mínimo, a improbabili-

---

15 Conforme procurei demonstrar no primeiro capítulo do livro, o novo sindicalismo buscou cortar as ligações mnemônicas com o passado mais longínquo – isto é, as lideranças e a história do sindicalismo local anterior à ditadura –, procurando extrair sua força exatamente desta negação.

16 Seja como for, a "confissão" do sindicato em 1994 não é a única prova de que não houve greve na TM em 1980. Aliás, há outro elemento que insinua não ter havido greve na TM em 1980. Como disse, a vitória moral nessa greve foi essencial para que em 1981 os trabalhadores de várias fábricas conquistassem comissões de fábrica nas empresas em que trabalhavam. Na TM nunca foi estabelecida uma comissão de fábrica. Disso poderíamos concluir que um dos motivos para que não tenha sido conquistada a organização no local de trabalho tenha sido a ausência de uma vitória moral que servisse de alimento à luta dos trabalhadores.

A fábrica em que o sindicato nunca entrou 97

dade de que antes de 1994 tenha havido greve nesta empresa – aliás, muitos trabalhadores insinuaram a impostura inclusive dessa greve.

Buscarei decifrar a articulação da linguagem paternalista levada a cabo por Salvador Arena, indicando com isso que os trabalhadores da Termomecanica não aderiram à greve de 1980 simplesmente porque não estavam prontos para tanto.

A noção de paternalismo normalmente recebe muitas críticas por ser excessivamente ampla e, por isso, imprecisa. Assim, os traços gerais do conceito de paternalismo a que nos referimos se baseiam na obra de José Sérgio Leite Lopes e nas ideias do historiador inglês E. P. Thompson.[17] O conceito de paternalismo refere-se a uma relação social caracterizada por um tipo de dominação direta e pessoal, normalmente avalizada pela dominação econômica, política, cultural e até espiritual e psíquica. Normalmente a autoridade paternalista exerce um tipo de dominação "teatralizada"[18] que produz um efeito-demonstração de poder àqueles que estão submetidos à dominação. O resultado é a lealdade e deferência que, por outro lado, nunca são plenas pois sempre há espaço para a rebeldia que muitas vezes também se expressa simbolicamente, isto é, em forma de "contra-teatro".[19] O paternalismo depende do modo como é ativado pelos atores sociais, assim, se um contexto tradicional é propício para o desenvolvimento de relações de trabalho de tipo paternalista, em um contexto social moderno e industrial também podem ser ativadas tais relações em determi-

---

17 Ver: (LEITE LOPES, 1988) e (THOMPSON, E. P., 2010, cap. 2)

18 A dominação teatralizada tem forte dimensão simbólica. Ela é imposta por meio de gestos cuidadosamente articulados que visam ocultar a violência e evidenciar os gestos benevolentes daquele que exerce a autoridade.

19 O "contra-teatro", além de rebeldia no sentido objetivo, também é exercido por meio de gestos com forte dimensão simbólica.

nadas circunstâncias. A realidade social é um todo complexo que compatibiliza de algum modo o "velho" e o "novo" (o tradicional e o moderno). Todavia, em um contexto urbano e industrializado a deferência conquistada pela autoridade paternalista será evidentemente menor do que a lealdade alcançada nos momentos históricos – em geral pré-capitalistas – em que essa relação de dominação foi mais vigorosa. Nesse sentido, as investigações acerca do padrão de dominação "fábrica com vila operária" e "company towns"[20] foram tomadas prioritariamente como fonte de problemas e inspiração teórica, afinal, há evidentes limites na comparação do ABC e da Termomecanica com os casos relatos por estes pesquisadores.

Em suma, procurei pensar a existência de práticas paternalistas no mundo contemporâneo não como resquícios do passado, mas, inclusive, como meio de aprofundar a modernização e a racionalização do trabalho. Para sustentar este argumento, começarei a decodificar a linguagem paternalista articulada por Salvador Arena por meio da mobilização de trechos de entrevistas com antigos e atuais trabalhadores da Termomecanica, bem como por meio da análise critica de sua biografia oficial.[21]

---

20 Nesse sentido merece destaque: (LEITE LOPES, 1988) e (*idem*, 1976).

21 Muitas informações foram coletadas numa biografia impressa pela Fundação Salvador Arena e redigida por Francisca Stella Fagá Alves (2000). Embora tenha considerado a idealização do patrono consignada nessa síntese biográfica "oficial" do fundador da empresa, trata-se de importante documento que sistematiza a linguagem que a TM faz de si e que tenta incutir tanto em seus trabalhadores quanto na comunidade exterior a TM. Além disso, as passagens laudatórias não impedem que se evidencie a teatralização da dominação e o estilo paternalista de gestão industrial de Salvador Arena. Se efetuarmos uma análise relativizadora desse "discurso oficial", podemos perceber os meios pelos quais a biografia seleciona e oculta informações sobre Arena e, assim, notar nuances e sutilezas reveladoras.

O homem, "o cara", o mito

Salvador Arena foi uma figura ao mesmo tempo comum e peculiar. Nasceu em 15 de janeiro de 1915 em Trípoli, capital da Líbia que, então, estava submetida à Itália. Filho único de pais italianos, tinha cinco anos quando a família imigrou para São Paulo. Viveram modestamente em uma chácara na Vila Prudente – bairro paulistano então habitado por imigrantes italianos – em que seu pai mantinha uma oficina mecânica. Na maior parte da infância Arena esteve metido na oficina do pai e no futuro orgulhou-se de ter começado a trabalhar já aos oito anos. A ética do trabalho ascético se completa e se evidencia por sua admiração a Henry Ford, cuja vida conhecia em detalhes.[22] Em 1936 formou-se engenheiro na Escola Politécnica da Universidade de São Paulo e em 1937 empregou-se na Light, empresa canadense produtora de infraestrutura de energia elétrica. Decidiu deixa o emprego e apostar naquilo que acreditava ser sua vocação: uma trajetória de *self-made man*.[23]

A TM foi fundada em 1942 em São Paulo e só em 1957 concentrou suas atividades em São Bernardo do Campo/SP, no bairro dos Meninos – hoje Rudge Ramos –, que, à época, ainda era uma pouco

---

22 Segundo a biógrafa: "Se quisesse, poderia ter parado de trabalhar vinte anos antes de morrer. Viúvo, sem herdeiros, viveria regiamente e ainda assim sobraria dinheiro para uma nova encarnação, se outra houvesse. Mas trabalhou até o último dia." (ALVES, 2000, ps. 10 e 11).

23 Em sua biografia há passagens como: "Cada novo produto que [Salvador Arena] desenvolvia, cada novo desafio que vencia no campo da mecânica pareciam reforçar sua determinação de fazer conquistas semelhantes em sua própria vida. Forjar uma peça dava-lhe a sensação de poder sobre o próprio destino e – porque não? – sobre o destino dos que estavam à sua volta. Desejava que todos compartilhassem o seu mundo." [os grifos são meus]. (*idem*, ps. 11 e 13).

Diego Tavares dos Santos

urbanizada. O número de funcionários cresceu continuamente até estabilizar-se, no início da década de 1970, em torno de dois mil. O processo de valorização, entretanto, não cessou.[24] Não apenas a ética do trabalho ascético e a fé liberal no *self-made man* compuseram a personalidade de Arena: seu peculiar traço paternalista é destacado por todos que com ele conviveram direta ou indiretamente.

É evidente que por estar instalada no polo industrial mais moderno do Brasil, seria impossível que o paternalismo de Arena tivesse a mesma força relativa dos casos em que a dominação de classe transcendeu o espaço fabril e dirigiu-se ao lazer, à vida doméstica e às relações privadas dos trabalhadores. Dadas suas especificidades, seria impossível o insulamento da TM, entretanto, Salvador Arena inspirou-se nos padrões de dominação "fábrica com vila operária" ou "company towns" e ensaiou algumas dessas práticas paternalistas concedendo casas ao redor da fábrica as quais destinava a alguns trabalhadores – geralmente aqueles que eram agraciados com cargos de chefia – que em contrapartida deviam dedicar-se integralmente ao trabalho.[25] De qualquer maneira, a manutenção de uma vila operária não foi a principal forma por meio da qual o paternalismo industrial estabeleceu-se na Termomecanica. O estilo paternalista de Salvador Arena constituiu-se especialmente por meio de sua habilidade em teatralizar a conces-

---

24 Apesar do abandono da experiência de expansão da produção para Poços de Caldas, em Minas Gerais, e para Jaboatão, em Pernambuco, a TM tornou-se líder de mercado. O crescimento da empresa permitiu que, nos últimos anos, sua expansão chegasse à Argentina e o Chile.

25 Alguns aspectos da concessão de imóveis aos trabalhadores serão discutidos no último capítulo do livro. Seja como for, a indissociação da esfera do trabalho e da esfera doméstica pode ser percebida na própria vida privada de Salvador Arena: "Mantinha um pequeno apartamento mobiliado dentro da fábrica, onde com frequência passava as noites. Acordava de madrugada e fazia inspeções noturnas." (*idem*, p. 76)

A fábrica em que o sindicato nunca entrou 101

são de benefícios que oferecia como "graça". Para decifrar o mito paternalista, abordarei a seguir alguns aspectos da linguagem articulada por Salvador Arena com vistas a enfatizar o sentido geral e a eficácia de suas estratagemas de dominação simbólica.

Desde a escolha dos chefes Arena procurava criar em torno de si uma aura de benevolência intangível. Muitas vezes a definição dos chefes seguia a lógica das vontades idiossincráticas do patrão e não os critérios típicos da racionalização do trabalho encontrados em outras fábricas de porte semelhante a TM. Sua biografia e as entrevistas confirmam que nem sempre contratava chefes por suas qualificações, ao contrário, tinha predileção pelos mais trabalhadores mais humildes:

> Arena não dava a menor importância para diploma nem fazia questão alguma de contratar engenheiros. Até evitava. O perfil ideal para ele era o empregado dedicado, que se dispunha a aprender coisas novas e rapidamente. Escolhia a dedo os que se destacavam para chefiar seções e departamentos. Um dia chamou um mecânico-fresador e disse: "Vou treinar você para tomar conta da fábrica". O funcionário ficou dois anos na fundição, três na laminação, quatro na mecânica, três na trefilação, três nas rotativas, fez cursos e estágios. Uma formação de vinte anos, método Arena de ensino em estado puro. Tornou-se chefe geral da fábrica. Formalmente, tinha apenas um curso técnico de desenho. (ALVES, 2000, p. 81)

O método de escolha dos funcionários é confirmado pela trajetória de um ex-supervisor da fábrica:

> Entrei [na TM] como ajudante geral, trabalhei um ano e sete meses, só que assim que eu já entrei já também iniciei um curso de ajustador mecânico, ferramenteiro no Pentágono [escola técnica privada da região] e na Continental. No Pen-

tágono depois eu até voltei pela empresa né, fazer um curso técnico em mecânica. Mas aí, até pela dificuldade do tempo que a gente tinha, não consegui acompanhar porque a gente não saia de dentro da fábrica, tal. E acabou perdendo muitas matérias e acabei parando no meio.

Com um ano e sete meses eu já fui pra "Mecânica" [setor da fábrica], comecei como meio-oficial, com seis meses após já estava como mecânico de manutenção, trabalhei muitos anos de mecânico de manutenção. Depois passei a líder de manutenção e depois supervisor de manutenção.

Entretanto, alguns trabalhadores compreenderam muito criticamente a pretensa "benevolência gratuita" do patrão, trazendo ao primeiro plano outras dimensões da graça concedida por Salvador Arena:

Ele [Salvador Arena] pegava um peão lá do meio do chão de fábrica e colocava como diretor da empresa. Se pegasse um camarada que tivesse estudo, cultura e tivesse uma certa formação e colocasse lá, o camarada não iria agir do jeito que ele queria que agisse. Quanto mais burro pra trabalhar na área de direção, melhor. Ele pegava um camarada lá que estava, vamos supor, passando óleo nos rolamentos velhos lá para não enferrujar ele pegava esse camarada e colocava de diretor. O cara era ajudante geral e ele colocava de diretor. Aí é o seguinte, ninguém ia reclamar de aumento porque muitas vezes o diretor ganhava menos de que um técnico de eletrônica, entendeu? – assim, de início né. Então ninguém ia falar nada. O Dr. Arena controlava todo mundo com dinheiro e com... Enérgico e dinheiro. Tinha muitas pessoas lá que ele deu prédio para o camarada. De vez em quando ele cismava com um camarada – o camarada era chucro, lá embaixo, trabalhava de ajudante geral –, ele colocava de diretor, depois dava casa para o camarada, dava prédio. Mas

A fábrica em que o sindicato nunca entrou   103

> o mesmo cara que ele ajudou, ele mandava embora. *(ex-técnico em eletrônica na TM)*

> O Arena, primeiro pegava muita gente do interior. Segundo: essas mesmas pessoas ele transformava para níveis de chefia, entende? Então ele nunca teve uma chefia, vamos falar assim gerência científica, enfim... hierarquia, com supervisão, com áreas determinadas. Ele botava e tirava ao sabor do gosto dele, de uma coisa bem feita ou mal feita...se ele ia com a cara ou não ia com a cara. Então existia um clima de medo. *(ex-lubrificador na TM)*

Vê-se nos trechos a dominação paternalista, evidenciada pelo método de promoção baseado menos em critérios racionais do que na graça outorgada por Arena. O controle direto[26] e, portanto, pessoal de Arena muitas vezes levou-o a ignorar as funções profissionais intermediárias que mediavam sua relação com seu grupo de trabalhadores, de modo que sua autoridade exclusiva igualava abaixo de si tanto chefes quanto subordinados. Pretendia erigir um "mundo fundido, torneado, ajustado, construído enfim à sua maneira" (ALVES, 2000, p. 10):

> Não acreditava em consultores, jamais contratou um executivo. Somente engenheiros muito especiais mereciam a sua admiração, mas mesmo assim preferia trabalhar com projetistas e treiná-los pessoalmente. Assumia praticamen-

---

26 Segundo sua biógrafa: "Controlava tudo praticamente sozinho, cada tijolo assentado, cada prato preparado no refeitório da fábrica, onde fazia questão de almoçar e jantar junto com os empregados, mesmo quando recebia visitas." *(idem*, p. 17). Claro que reconhecer o controle pessoal não significa se iludir e concordar plenamente com a afirmação de que "controlava tudo praticamente sozinho". Importa aqui menos a veracidade da informação e mais o significado que ela imprime à administração personalista de Salvador Arena.

Diego Tavares dos Santos

te sozinho a administração da empresa. Definia estratégias, vislumbrava novos mercados, desenvolvia produtos, cuidava da comunicação à sua maneira singular, como aliás tudo o que fazia. (*idem*, p. 66)

A identidade dos trabalhadores da TM foi plasmada pela presença pessoal e teatralizada de Salvador Arena, cuja figura foi idealizada enquanto mito onisciente e onipotente, que tudo prevê e provê:

> O primeiro grande salto ocorreu com a viagem [de Salvador Arena] aos Estados Unidos. Desde então a Termomecanica nunca mais parou de crescer. Terminada a Segunda Guerra Mundial, estava em curso uma completa renovação do parque industrial norte-americano. Isto significava uma superliquidação de máquinas e equipamentos de segunda mão. Arena comprou o que podia: fornos, plainas, frezas, tornos. Comprou também a sua primeira extrusora, pequena, de quinhentas toneladas, tão simples que era preciso retirar manualmente o material processado. (*idem*, p. 34)

> Velhas máquinas compradas como sucata na bacia das almas eram recuperadas por Arena e se transformavam em equipamentos de eficiência comparável ao que havia de mais moderno, numa estratégia econômica de atingir resultados com pouco investimento (*idem*, p. 62).[27]

---

27 É interessante notar que as entrevistas mostram que a TM preferiu não aderir plenamente à onda de reestruturação produtiva das indústrias no ABC paulista ocorrido entre meados dos anos 1980 e 1990. A reestruturação da fábrica iniciou-se apenas muito após a morte de Salvador Arena. Sua biógrafa afirma que: "Cedo identificou – e combateu com energia – o fenômeno que chamava de 'endeusamento do computador', um superdimensionamento das máquinas sem retorno de produtividade. Preferia valorizar o cérebro das pessoas, de quem exigia criatividade, atenção e, principalmente lógica. Graças a isto, realizou em grande escala o que ou-

A fábrica em que o sindicato nunca entrou 105

A onisciência se expressa além da antevisão e flerta com uma imagem de "gênio tecnológico" – contradizendo, aliás, a noção de que Arena valorizava seu "capital humano" ao invés de preocupar-se com o maquinário da fábrica. Entretanto, a força do mito onisciente atingia mesmo os trabalhadores que mantinham alguma interface com o sindicato:

tras empresas só conseguem com maciços investimentos em tecnologia de ponta: flexibilidade no atendimento, a última palavra entre os gurus de executivos no mundo inteiro." (*idem*, p. 66). Segundo um técnico em eletrônica, ex-trabalhador da empresa já aposentado: "Ele [Salvador Arena] valorizava mais a mão de obra. Achava que a parte de tecnologia ele não conhecia muito, você entendeu? A turma iria conseguir enganar ele um pouco. Tudo que fazíamos lá ele queria também conhecer. Por isso que ele não queria evoluir a tecnologia. Em 2006 ele já tinha falecido né, aí já estava o pessoal da Fundação e investiram pesado mesmo em tecnologia. Aí era a mentalidade correta, né? Estava antiquado demais a TM...". A recusa de investir em tecnologia aparece como parte do discurso paternalista teatralizado para produzir uma imagem de onisciência patronal que valorizava o "cérebro das pessoas". Por um lado pode-se imaginar que o discurso patronal de aversão à tecnologia esteve associado ao ideal fordista de "fábrica vertical": Arena tentou fazer de sua empresa uma "fábrica de fábricas", estando atento às inovações descobertas por seus trabalhadores quando projetavam e construíam as próprias máquinas da Termomecanica. Por outro lado é necessário relativizar os relatos de que Arena recusava-se a aderir ao desenvolvimento tecnológico: é mais adequado supor que ele hesitava investir em tecnologia apenas inspirado por modismos. Sua formação enquanto engenheiro politécnico, seu profundo conhecimento do processo de trabalho de sua empresa e o tipo de dominação de classe que ele logrou construir, permitiram que o investimento em tecnologia fosse pautado apenas por aquilo que incrementaria de modo sensível a produtividade de sua fábrica. Essa citação permite, ademais, que não se perca de vista a precariedade do parque industrial brasileiro, que inúmeras vezes contou com maquinário de segunda mão. Esses aspectos serão mais cuidadosamente refletidos no quarto capítulo deste trabalho.

Ele [Salvador Arena] veio de uma família humilde também né... foi quando ele teve essa iniciativa, essa ideia de fazer a fábrica e máquinas que (...) já tem mais de 60 anos e funciona até hoje! Era um cara que pensava muito além do seu tempo, né? *(trabalhador da TM)*

Outro aspecto de encantamento em relação à onisciência patronal referiu-se às peculiaridades dos produtos feitos pela fábrica. A biografia e vários relatos demonstraram que, além de produzir parte de seu próprio maquinário, a TM foi uma indústria que, muito antes da difusão dos princípios pós-fordistas, entendeu as vantagens de produzir a partir das especificações dos clientes, puxando seu processo produtivo do fim para o começo, evitando, assim, estoques e outros pontos de perda de capital:

> Alguns equipamentos eram únicos. Saíam da prancheta de Arena, passavam pela singular linha de montagem da Termomecanica e transformavam-se nos instrumentos que possibilitavam aceitar encomendas com especificações que as concorrentes não poderiam sequer pensar em atender (ALVES, 2000, p. 62).[28]

A aura onisciente reforçava os gestos de onipotência direcionados ao grupo de trabalhadores da fábrica.[29] Vários relatos levan-

---

28 No quarto capítulo desvelarei as ancoragens sociais que fundamentaram essa peculiaridade tecnológica da TM, tanto para reafirmá-la quanto para relativizá-la. Assim, tal peculiaridade será avaliada no quadro composto pela trajetória de Salvador Arena como engenheiro formado pela Escola Politécnica, pela relação de Arena com seus concorrentes e, consequentemente, a conquista, pela TM, de uma posição quase monopolista etc.

29 Como relatou em outro trecho de sua entrevista o ex-trabalhador que atuava como lubrificador na TM: "Ele [Salvador Arena] era uma cabra onipresente."

A fábrica em que o sindicato nunca entrou 107

tam elementos indicativos de que esses gestos teatralizados tinham forte efeito-demonstrativo do poder de Salvador Arena sobre seu grupo de trabalhadores. A teatralização da dominação paternalista se estabelecia na associação do poder de controle do capital sobre o trabalho às idiossincrasias patronais. Disso resultaram histórias pitorescas que importam menos pela veracidade e mais por contribuírem para a construção de uma representação social sobre Salvador Arena. Embora tenham fortes tons míticos, a existência de várias histórias ressalta traços confiáveis da representação social sobre o fundador da TM, bem como reforçam sua figura de mito paternalista. Abaixo segue uma coleção desses casos que evidenciavam a força da dominação paternalista na Termomecanica:

> Certa vez teve um cara que matou uma peça lá. Aí, o líder falou: "Pô, mas você matou a peça e tal". Aí o Arena estava chegando próximo né... se aproximou e disse: "Que está acontecendo?"... "O rapaz matou a peça aqui" O velho Arena falou: "Está vendo essa peça que você matou? Você vai ficar alisando ela com a mão até a hora de ir embora e nem almoçar você vai. E o cara ficou de manhã até...! Se não ficasse era demitido! *(trabalhador da TM)*

Esse tipo de caso mostra que, visando à produtividade, o cuidado que Arena exigia de seus trabalhadores era imposto por meio de agressiva violência simbólica. De modo teatralizado, Arena exibia o poder de sua autoridade paternalista e alcançava visível efeito-demonstração na medida em que gestos desse tipo perduram na memória de trabalhadores que sequer o conheceram – como o operador de máquina cujo relato foi acima destacado. O trabalhador deveria ter pleno cuidado com seu trabalho: para aprender a tornar-se zeloso, deveria demonstrar enorme cuidado com a peça, alisando-a.

108 Diego Tavares dos Santos

A teatralização da onipotência de Arena dirigia-se não apenas ao trabalho realizado na fábrica, mas também sobre parte da vida e do destino de seus trabalhadores:

Teve uma vez um acontecido – eu não testemunhei, mas foi o que aconteceu. Um afiador de ferramenta tava lá afiando ferramenta tal, num esmerilho, ele [Salvador Arena] passando... ele viu... não gostou: "Não sabe afiar a ferramenta". Mandou o cara embora: "Tá demitido". Aí não demitiu ele [o trabalhador]. O cara ficou uma semana em casa e ele [Salvador Arena] falou pra chamar o cara de volta de novo. *(ex-lubrificador na TM)*

Uma vez ele [Salvador Arena] suspendeu a empresa inteira lá. Sabe por quê? Chegou na fabrica 2, tinha um ajudante de pedreiro tava empilhando uns bloco. Em vez de empilhar o bloco em pé, tava empilhando o bloco deitado. Ele chegou lá assim e, nossa rapaz, virou um demônio! Mandou a empresa inteirinha de gancho. Deu três dias de gancho. Porque o servente tava empilhando os bloco deitado e se empilhar muito acaba quebrando, né. *(ex-técnico em eletrônica na TM)*

Lá embaixo tinha um moinho que ele [Salvador Arena] recuperava a borra da fundição. Então passava lá no moinho, esquentava lá, tal, e moía aquela borra. Era a borra que sobrava do processo de queima do produto. Aquela borra era tipo uma montanha de terra que ia formando com o tempo. Então ele queimava e aquilo lá servia como base de adubo com "x" porcentagem de cobre que ele vendia pra fazer base desses adubo químicos. Conforme moía, ficava um pó danado, ensacava e botava lá na fábrica. Um dia o caminhão tava lá carregando, a empilhadeira, e aquilo fazia pó. Ele [Salvador Arena] chegou nesse dia lá. Chamou o gerente,

A fábrica em que o sindicato nunca entrou 109

que era um desses cara que era um encarregadozinho de um setor lá – era um torneiro que virou encarregadozinho desse setor de tornearia, depois ele promoveu o cara pra gerente da fábrica. Mandou todo mundo embora pra casa. Nesse dia parou a fábrica e falou: "Vai embora". Porque tava fazendo muito pó ele achou que tava incorreta aquela operação. O cara era *o cara. (ex-lubrificador na TM)*.

A suspensão de toda a fábrica, a demissão sumária em um caso isolado e o trabalhador cujo destino oscilava ao sabor das vontades patronais, tudo isso indica, por meio do efeito-demonstração, a imagem onipotente do patrão que concedia a graça ou a desgraça sem critérios objetivos que pudessem ser controlados criticamente pelo grupo de trabalhadores da empresa – mesmo daqueles que tinham alguma ligação com o sindicato. Aliás, os trabalhadores simpatizantes do sindicato tinham o seguinte destino:

> Conforme a gente ia tentando fazer algum trabalhinho [sindical], é claro que isso vaza porque você vai conversando com as pessoas, tudo, né. Uma das coisas que fez sempre o Arena ser considerado bonzinho é que ele dava uns dinheiro a mais pra peãozada lá, tipo uns abonos, né. As outras empresas não tinha participação nos lucros [nos anos 1980]. Nós começamos a ter nas montadoras "participação nos lucros" quando o pessoal começou no final do ano batalhar por 14º salário, 15º salário, tal. Que era tipo um abono para além do 13º que instituiu a PLR [Participação nos Lucros e Resultados]. Na TM, muito tempo já antes disso, o Arena dava assim... ele resolvia, entende? Nunca criou nenhum núcleo de representante de trabalhador. [Salvador Arena dizia]: "Vou dar 5 salários pra vocês". Cinco salários nominal do peão, seis salário, sete salário. Então você imagina, né... você imagina pra esse peão?. Então, o quê que aconteceu? A

partir do momento que ele descobriu que começou ter essa ação maior nossa de cobrança de melhoria de condição de trabalho, etc., eu, mais esses dois meninos (o João e o senhor de Osasco) [dois outros trabalhadores], eles [TM] cortaram esses abonos pra mim, pro João e pra esse senhor eles pararam de dar. Não demorou muito tempo esse senhor aderiu à empresa. Nós conversamos com todo mundo lá embaixo: "Porque que não estão dando o dinheiro, qual que é a explicação?". Toda a chefia: "Não é comigo, vem lá de cima". Aí um dia o Arena tava lá, não desceu do carro nesse dia, aí fui conversar com ele: "Dr. Arena, queria saber do senhor, eu e o João não estamos recebendo o dinheiro aqui, o quê passa?". Esse homem, antes de sair cantando pneu: "Não está satisfeito, tchau, a porta está aberta!". Aí foi meu segundo gancho. Logo depois que ele foi embora, já veio o guardinha atrás de mim me buscar que eu estava suspenso. Nesse dia foi o segundo gancho.[30] *(ex-lubrificador na TM)*

Nesse relato evidencia-se a autoridade paternalista mesmo sobre o trabalhador que se dispunha à militância sindical, que para resolver seus problemas recorria à autoridade pessoal do patrão. Há, aliás, outra história pitoresca – e com desfecho incrível – sobre o recurso à autoridade pessoal de Salvador Arena:

Termomecânica dá chá de cadeira na mulher doente:

Depis [Depois] de uma delicada operação na baxiga [bexiga], a esposa de um companheiro da Termomecânica quase tem uma recaída por causa da falta de respeito e descaso da chefia e da própria empresa.

Após receber alta do hospital na semana passada, a paciente tentou se comunicar com o marido, que àquela hora da

---

30 Na terceira punição esse trabalhador foi demitido.

A fábrica em que o sindicato nunca entrou

manhã, às oito e meia, trabalhava na empresa. Ligou para a Termomecânica e deu o recado ao supervisor Eliseo Marana: era para o seu marido buscá-la no hospital e levá-la para casa.

Pois bem, depois de esperar em pé, mais de quatro horas, a esposa do companheiro comunicou-se novamente com a empresa. O supervisor recebeu o recado e, mais uma vez, não avisou o operário. À tarde, sem medicamento e sem alimentação, houve mais um contato telefônico com a Termomecânica, mas sem que o supervisor tomasse nenhuma providência.

Depois que a enfermeira da empresa ficou sabendo é que o senhor Marana tomou uma atitude. Nessa altura, o operário já havia ido embora. Então o Marana pegou o seu carro e foi até o hospital e ao invés de levá-la até em casa, disse que a deixaria num ponto e de lá pegasse um táxi. Nisso, já eram oito e meia da noite.

No dia seguinte, quando soube do ocorrido, o companheiro foi direto à sala do senhor Salvador Arena e contou todo o caso. Arena disse que a culpa não era do supervisor, e sim de um colega de seção que não deu o recado. E disse ainda: "você tem a minha autorização para dar uma porrada nesse seu colega". O trabalhador retrucou que não era nenhum colega que havia recebido os telefonemas, mas sim o supervisor. Depois de muita discussão, o operário foi para a sua seção trabalhar. Em seguida veio o senhor Eliseo Marana com a sua cara de pau, entregar ao empregado a sua demissão.

Na verdade a cara de pau é da Teromecânica que tem como proprietário uma pessoa demagoga, qu e manda o operário sair aos muros com outro. Esse Salvador Arena nunca enganou os trabalhadores de São Bernardo e Diadema…

Diego Tavares dos Santos

(*Tribuna Metalúrgica*, Ano XI, n. 60, junho de 1981, p. 4. *Termomecânica dá chá de cadeira na mulher doente*).[31]

Diante de um problema, o trabalhador recorreu à autoridade pessoal de Salvador Arena e foi "autorizado" a agredir um colega; tendo resistido, acabou demitido. Vê-se em casos como esse que a autoridade paternalista de Arena conseguiu ir além da compra da

---

31 Procurei manter os erros de grafia originais do documento. Pode-se notar que esta notícia é 1981. A referência a uma notícia de 1981 para refletir sobre um evento ocorrido pouco mais de um ano *antes* justifica-se na medida em que a mobilizo como um meio de exemplificar a força da autoridade paternalista de Salvador Arena sobre os trabalhadores da Termomecanica. Este trabalho valeu-se da memória dos trabalhadores e das disputas em torno da rememoração com vistas a compreender a identidade que tem sido construída pelos trabalhadores da TM. Por isso, são necessárias algumas ponderações acerca da memória. Em muitos momentos a pesquisa que deu suporte empírico aos argumentos do livro debruçou-se sobre a memória dos trabalhadores. A memória não é um transbordamento em estado puro das experiências vividas. Na verdade, ela é o resultado de um processo de seleção que inclui e descarta as experiências vividas a partir de um ponto social do presente, tornando a memória uma leitura do passado a partir de questões do presente. No processo de inclusão e descarte das experiências vividas que comporão a memória há, muitas vezes, situações em que são conjugados elementos que não necessariamente tenham ocorrido no mesmo momento histórico. Ou seja, há aquilo que os estudos sociológicos e historiográficos da memória chamam de projeção e transferência, isto é, práticas em que se projeta ou se transfere um evento de um momento do tempo histórico para outro com vistas a construir memórias coesas e homogêneas. Evidentemente que nem sempre estas bricolagens são realizadas deliberadamente, antes expressando a idealização que o agente social faz de si mesmo. Tudo isso implica por parte do investigador atenção crítica às fontes mnemônicas, especialmente em um caso como a TM em que o patrão paternalista articulou uma memória que muitas vezes serviu como meio de dominação simbólica. Para maiores detalhes sobre o estudo da memória, ver: Bosi (1983); Halbwachs (1983); Meneses (1992); Pollak (1992) e (1989) etc.

A fábrica em que o sindicato nunca entrou 113

força de trabalho consignada em contrato e invadiu outros contextos de ação dos trabalhadores, indicando como deveriam resolver seus problemas e ostentando o poder patronal para além das atribuições profissionais.[32]

Além da imposição para que o trabalhador "alisasse" a peça danificada para que pretensamente exercitasse um trabalho zeloso e eficiente, a busca por produtividade instilou outros casos de teatralização da onipotência. Segundo um dos trabalhadores entrevistados:

> Qualquer coisa errada que você fizesse lá dentro [da TM], seu nome ia lá pra, ficava no mural. Dedurava pra fábrica inteira! Se você até errasse tecnicamente, se você fizesse um material errado, ele [Salvador Arena] colocava 'o setor fulano, os fulanos lá do setor tal fizeram isso' e deixava a carga, o material com defeito, na amostra lá vários dias pra todo mundo ver. Aí depois ele falava assim: 'Então esse ano eu não vou dar os abonos que eu pretendia dar.' *(ex-técnico em eletrônica na TM)*

A exposição pública do trabalhador violentava a sua dignidade; entretanto, feita de modo teatralizado, desarmava a indignação na medida em que ocultava a violência acenando com a promessa do tão sonhado abono. Isto é, mesmo a concessão de benefícios e o pagamento de salário e abonos eram plasmados pela lógica teatralizada da dominação simbólica paternalista. Enquanto nas outras empresas o abono e outras conquistas consagradas no acordo coletivo foram progressivamente percebidas como conquistas que

---

32 Há relatos de que Arena mobilizava os trabalhadores da TM para construir barcos de sua propriedade. Além disso, indicava exercícios físicos àqueles que julgava estarem fora de forma e orientava dietas pautadas em suas crenças nutricionais.

Diego Tavares dos Santos

resultaram da luta coletiva, na TM isso aparecia como "favor" e "benevolência patronal". De fato, o direito é conquistado pela luta e supõe um sujeito que o reivindica como exigência, ao passo que o favor funciona como uma graça concedida sob a contrapartida da lealdade e da deferência, podendo ser retirado ao sabor dos interesses e idiossincrasias da autoridade paternalista. Salvador Arena sempre foi muito consciente e sensível para a necessidade de transformar o direito em favor, apagando a dimensão da luta de classes.[33]

> O finado Arena era claro: "Pode ir trabalhando que se o sindicato der 8% eu dou 8,5%." *(ex-supervisor da fábrica)*

> Toda época que o sindicato ia falar: "Estamos reivindicando 20%." Aí o Dr. Arena reunia nós e falava: "O que o sindicato der eu te dou 10% a mais e ainda vou te dar 3 salários a mais no final do ano." *(ex-técnico em eletrônica na TM)*

Como se vê, enquanto a baixa produtividade podia motivar a perda do favor, a deslealdade ocasionava a perda da graça patronal, como atesta o destino do ex-lubrificador simpatizante do sindicato. Os trabalhadores, contudo, não deixaram de explorar as possibilidades incutidas nos gestos teatralizados do patrão e, ainda que jogassem defensivamente o jogo paternalista construído pela patrão, evitavam o confronto aberto com vistas a futuramente obter alguma vantagem no caso de a graça patronal tornar-se novamente favorável:

---

33 Muitas vezes, nos embates mais radicalizados entre patrões e trabalhadores, os relatos indicam que Arena dispensava seus trabalhadores até que as coisas se "acalmassem", demonstrando sua sensibilidade para a importância da desconstrução do conflito coletivo entre os muros de sua fábrica.

A fábrica em que o sindicato nunca entrou

> O pessoal não ia reivindicar porque mesmo sendo demitido o cara tinha esperança de um dia vim trabalhar, de um dia vim apresentar um filho. Não ia contra porque amanhã ou depois posso precisar. E o Dr. Arena dava. Muitas pessoas trabalhou duas vezes lá. Mesmo demitido, foi e voltou de novo. No meu modo de pensar isso eu já acho que era uma política dele, de mandar o cara embora e depois admitir um ou outro. O pessoal ficava naquela esperança. *(ex-técnico em eletrônica na TM)*

Por outro lado, os trabalhadores não apenas evitavam o confronto por alimentar a esperança de que a graça patronal voltasse a lhes tocar; no limite, tinham a sensação de que não era justo revindicar contra o patrão:

> Eles [os peões] tinham um certo afeto com Arena, né. Eu acho que eles gostava do Arena: 'Esse homem é bom, apesar de ele ser ignorante, apesar desse regime, mas ele é um homem bom porque ele dá salário'. O pessoal era leal mesmo com o Dr. Arena. A peãozada trabalhava lá com a camisa molhava de suor e falava assim: 'O Dr. Arena é um homem bom'. *(ex-técnico em eletrônica na TM)*

> [os trabalhadores não processavam a TM] Porque na época dele [Salvador Arena], ele dava muito dinheiro pra turma, então a turma saia e achava injusto processar um cara que ajudou, mesmo tendo direito. No passado o pessoal não ia atrás de reivindicar seus direitos porque já tinha recebido suficiente. Também não fui atrás na época. *(ex-técnico em eletrônica na TM)*

O "endividamento moral" é recorrente entre trabalhadores submetidos à gestão paternalista industrial.[34] Aliás, a questão do en-

---

34 Nesse sentido, ver: (LEITE LOPES, 1988)

Diego Tavares dos Santos

dividamento moral e suas consequências em termos de lealdade e deferência do trabalhador para com a autoridade paternalista é um tema clássico na sociologia do trabalho. De fato, os autores "clássicos" da sociologia do trabalho brasileira, hauridos pelo clima político posterior ao golpe civil militar de 1964 e por certas referências teóricas, enfatizaram que a origem rural de nossa classe trabalhadora implicava em uma incontornável resignação; de outra parte, especialmente a partir da década de 1980, da abertura política, da explosão do novo sindicalismo e da mobilização de novas referências teóricas, os sociólogos do trabalho fizeram o acerto de contas com o passado e apontaram novas direções de pesquisa. À primeira vista, o tom tradicional e carismático da dominação paternalista industrial da TM permite um retorno aos clássicos da sociologia do trabalho em seu esforço de marcar o tradicionalismo que cruza nossas relações de classe; ao mesmo tempo, a experiência dos trabalhadores da Termomecanica permite perceber que a deferência não derivou imediatamente de condições sociais preexistentes, mas resultou de uma luta de classes no plano da linguagem em que Salvador Arena explorou simbolicamente a origem rural e a difícil inserção na vida urbana e as atrelou à benemerência e ao favor para forjar o endividamento moral.

> Voltei para o Paraná e tirei a famosa "carteira branca".[35] A TM, a base dela principal de trabalhadores, principalmente trabalhador fabril não qualificado – não de área técnica –, é um trabalhador que vem do meio rural. Vem dos interior. Eu fiquei sabendo disso. Antes de entrar lá fiquei sabendo

---

35 "Carteira branca" era a carteira de trabalho sem nenhum registro, isto é, de trabalhadores que nunca tiveram contrato formal de trabalho. Muitos trabalhadores recorriam ao expediente da carteira branca para apagar os registros de sua trajetória instável devido à militância sindical.

A fábrica em que o sindicato nunca entrou   117

disso [de que a TM gostava de contratar paranaenses]. Já tinha amigos do Paraná que vários deles trabalhavam lá. Tinha uma política objetivamente de não contratar pessoas da Volks, da Ford, da Arteb. Sabendo dessa condição e sabendo que eu tava com a minha carteira "meia complicada", eu tirei a carteira branca pensando estrategicamente na TM. Eles gostavam de pegar pessoas de carteira branca. *(ex-lubrificador na TM)*

Aparentemente para evitar a influência sindical sobre seu grupo de trabalhadores, a TM preferia contratar recém-chegados do meio rural que dependiam totalmente do emprego na fábrica. Diante das dificuldades da vida na cidade e do trabalho industrial, seus trabalhadores encontraram vantagens econômicas e assistenciais que marcaram suas memórias e lhes incutiram gratidão. Diversos trabalhadores afirmam que Salvador Arena lhes deu tudo o que têm:

Cheguei receber seis salários numa pancada só. Pra quem não está esperando, né? Tudo o que eu consegui, tudo, foi da Termomecanica. Então eu vim sem nada, eu vim pra São Paulo sem nada. Hoje, graças a Deus... *(ex-supervisor da fábrica).*[36]

O endividamento moral se intensificava na medida em que a graça patronal oferecia estabilidade aos trabalhadores leais:

Arena não gostava de demitir. Em períodos críticos de queda de encomendas dava um jeito de arrumar serviço para todo mundo. Punha o pessoal para pintar a fábrica e as máquinas, formava mutirões para a construção de casas para os próprios funcionários. Mas não mandava ninguém embora.

---

36   Esse ex-supervisor começou como trabalhador subalterno. Quando da entrevista relatou ter três imóveis urbanos e uma pequena propriedade rural.

Diego Tavares dos Santos

Dava oportunidade a todos e deixava claro que tudo dependia do esforço de cada um. A faxineira virava recepcionista, o peão virava chefe de seção. (ALVES, 2000, p. 90)

> Teve uma época, ele [Salvador Arena] reuniu todos os funcionários, bem na época daquela crise lá do Collor, ele falou assim: 'Olha pessoal, pode ficar tranquilo vocês aí, não precisa ficar preocupado, não vou mandar demitir ninguém, se a empresa ficar cinco anos sem produzir um quilo de cobre, vocês estão com o salário de vocês garantidos perante os cinco anos.' *(ex-técnico em eletrônica na TM)*

Não se deve esquecer, conforme demonstrei em relatos anteriormente destacados, que o trabalho, a estabilidade e os benefícios tinham como contrapartida a lealdade e deferência. A própria biógrafa resume: "Severo, cobrava muito, não admitia deslealdade. 'A fidelidade era tudo para ele', resume um antigo funcionário" (*idem*, p. 94). De qualquer modo, Salvador consolidou uma imagem de "benevolência desprendida" que se fortalecia à medida em que envolvia a comunidade para além dos muros da fábrica:

> Ele [Salvador Arena] tinha sacadas: Plano Real:[37] tá faltando cimento, cimento caríssimo! Ele ia lá comprava o cimento: "Pessoal, quem tá construindo, precisando de cimento?" Ele vendia mais barato a preço de custo que ele comprava direto da Votorantim; Frango: aconteceu não sei o quê, ele ia lá,

---

37 Aqui o entrevistado associa a época da inflação descontrolada ao Plano Real, quando, na verdade, a estabilização econômica e o controle inflacionário ocorreram exatamente depois dos ajustes neoliberais combinados neste plano econômico. Este lapso é tanto um equívoco do entrevistado quanto sinal de sua vinculação política: este trabalhador foi militante do PT em São Bernardo do Campo/SP e, ao remorar, associou as agruras vividas pela classe trabalhadora como resultantes da ação política de seus adversários.

A fábrica em que o sindicato nunca entrou 119

comprava. Ele comprava resto de "coisa" da Light, da Eletropaulo, de cabeação e ele reprocessava para fins de fundição. Aí ele negociava com a Clock: "Vou mandar "x" tonelada de resíduo para você retrabalhar". Aí, vinha não sei quantos jogos de panela e ele vendia a preço de custo pra peãozada. Ele ganhava todo mundo. Tinha ali uma relação de compadrio. *(ex-lubrificador na TM)*

Na época da crise, que estava um desemprego total, ele mandou cada funcionário apresentar um trabalhador lá e ganhava uma cesta básica hoje num valor assim de uns 400 reais [valor equivalente imaginado pelo entrevistado]. Apresentar um cara desempregado. Podia apresentar um amigo meu e esse amigo meu ia ganhar uma cesta básica. No meu ponto de vista ele fazia a propaganda da empresa dele pra quem estava fora [da empresa]. *(ex-técnico em eletrônica na TM)*

Com o tempo, o desordenado e rápido desenvolvimento da região [de São Bernardo] atraiu um grande número de favelas para os bairros vizinhos. A resposta de Arena foi pronta: mandou fazer um levantamento das condições dos moradores das favelas e, constatada a desnutrição provocada por alimentos pobres em proteínas, especialmente nas crianças, mandou servir almoço grátis para todos. Servia uma sopa com alto teor proteico, preparada no próprio restaurante da Termomecanica, segundo os mesmos padrões de higiene e qualidade adotados para os funcionários da empresa. (ALVES, 2000, p. 42).

Oportunidades de emprego para migrantes sem qualificação, salários e abonos altos, além de práticas assistenciais teatralizadas – tanto para seus trabalhadores quanto para a comunidade mais ampla –, fortaleceram, ao longo do tempo, a imagem do patrão que tudo provê.

Um mundo meio isolado: o bloqueio da linguagem classista

À primeira vista alguns aspectos da TM se assemelham a alguns pilares do fordismo. Entretanto, a política do favor, a dominação pessoal, a teatralização, a proeminência da subjetividade patronal sobre a objetividade da racionalização do trabalho etc., indicam evidentes conexões com um modelo paternalista industrial de gestão do trabalho. Esta conexão entre fordismo e paternalismo industrial coloriu de modo peculiar as relações sociais de trabalho na TM e bloqueou a "entrada" de uma linguagem "classista" na fábrica, transformando a TM em um espécie de ilha:

> O pessoal [nas outras fábricas] vê que o mundo dele ali faz parte de um todo. Na TM, aquilo ali é um mundo meio isolado, não dá link [com o mundo externo] *(ex lubrificador na TM)*.

A consolidação de uma linguagem antissindical no coração do novo sindicalismo foi, indiscutivelmente, o maior feito de Salvador Arena que, assim, lançou sobre a TM uma manta simbólica que tornou-a um "mundo meio isolado" e a manteve à sombra das greves mesmo em momentos tão dramáticos como em 1980.[38] Vale, portanto, retornar a 1980, eixo narrativo deste capítulo.

---

38 Eu acho que [o sindicato] foi uma coisa inútil no mercado de trabalho. Só pra formar idéia, tentar colocar coisas nas cabeça do pessoal pra fazer piquete, achar que com eles era melhor, mas na verdade é nada mais que um órgão pra arrecadar algum fundos também. Às vezes eles vão lá e fazem aquele monte de coisa pra querer fazer uma revolução dentro de uma fábrica e por trás eles mesmos vão lá negociam com os patrão e levam o deles. *(ex-supervisor da fábrica)* [esse ex-funcionário entrou na TM como ajudante]

A fábrica em que o sindicato nunca entrou 121

Da mesma maneira que fizera em anos anteriores, Arena evitou a greve de 1980 e suas consequências de efeito-demonstração para seu grupo de trabalhadores.[39] Impedido de consolidar uma linguagem classista na TM, o sindicato percebeu a oportunidade de dar sentido aos fatos em busca de alguma vantagem simbólica, procurando vangloriar-se de que havia vencido uma batalha em uma fábrica especialmente importante, daí a enorme ênfase no acordo de 1980. Todavia, os dirigentes do sindicato não se iludiram com o acordo: sabiam que os trabalhadores da TM não estavam paralisados. O acordo de 1980 entre a Termomecanica e o sindicato não se fundou na pressão dos trabalhadores da empresa, mas em uma posição independente de Salvador Arena que, assim, fortalecia a imagem de patrão benevolente que "dava" mais do que o sindicato exigia.[40]

---

39 "(...) Na Termomecânica, cujos dois mil empregados não haviam entrado em greve [em 1979], não foi necessário piquete. O diretor da empresa, Salvador Arena, dispensou todos os empregados "até que a situação se normalize" e prometeu pagar todos os dias parados. Em seguida viajou, segundo informou um de seus assessores. (...)" (O Estado de São Paulo, 15 de março de 1979, p. 52, *Piquetes, a tática do ABC em São José dos Campos*)

40 Realizei entrevistas com dois grevistas que tiveram importante papel na greve de 1980: Wagner Lino e Djalma Bom. Em entrevista com o primeiro, atualmente subprefeito em São Bernardo do Campo/SP, Wagner disse-me que houve greve na TM em 1980 e que foi ele mesmo quem a conduziu. Já em entrevista com Djalma Bom, este disse-me que nunca houve greve na TM. Em algumas edições do jornal *Estado de São Paulo* é possível confirmar a versão de Djalma Bom e desanuviar a memória sobre a greve de 1980. De fato, os trabalhadores da TM não entraram em greve, isto é, não decidiram aderir por si mesmos ao movimento. Houve, na verdade, um enorme piquete liderado por Lino que bloqueou a entrada da TM, reeditando, no auge do novo sindicalismo, uma prática que, ironicamente, era renegada pelos sindicalistas autênticos porquanto a associassem ao passado supostamente dominado por sindicalistas pelegos guiados por interesses políticos escusos e alheios aos trabalhadores.

Diego Tavares dos Santos

Todavia, a vitória econômica do grupo de trabalhadores da TM – muito relevante se comparada à fragorosa derrota econômica da greve de 1980 nas outras empresas – denota ao mesmo tempo uma derrota. O acordo representou uma vitória econômica que por não ter sido conquistada mediante luta, foi apenas mais um momento de demonstração da onipotência da autoridade paternalista de Salvador Arena. Foi um favor. Nas outras fábricas da região, apesar da derrota da pauta econômica, a greve de 1980 foi percebida como indiscutível vitória moral e abriu espaço para o estabelecimento de comissões de fábrica nos anos seguintes. Arena blindou seu grupo de trabalhadores da influência sindical e impediu que articulassem uma linguagem classista dotada de instrumentos políticos e culturais capazes de organizar a luta de classes.

Atualmente, pode-se dizer que, além da morte de Salvador Arena em 1998, as bases materiais do paternalismo estão ruindo com a crescente concorrência. Dessa maneira, a postura antissindical dos funcionários poderia transformar-se. Todavia, enquanto os trabalhadores mais velhos ainda se recusam a colocar-se em oposição à TM, os jovens dispostos ao enfrentamento não encontram os instrumentos sindicais necessários para negociar com a empresa exatamente em um cenário em que se anuncia tardiamente sua reestruturação produtiva[41] – segundo os entrevistados tais transforma-

---

Seja como for, embora o acordo de 1980 não tenha resultado da pressão dos trabalhadores da TM, um dos fatores que certamente contribuiu para que Salvador Arena fizesse o acordo, foi a pressão coletiva exercida fora da TM pelos peões do ABC, evidenciando ao mesmo tempo a força coletiva dos grevistas e o receio de que sua fábrica fosse chamuscada.

41 Hoje na TM era pra implantar um sindicato, era pra ter uma comissão de fábrica, era pra ter um sindicato lá dentro. Não entra porque os caras não deixa, os cara não quer problema. Eles prefere mandar o cara embora ficar três, quatro anos brigando com a justiça do que se tivesse uma

A fábrica em que o sindicato nunca entrou 123

ções se intensificaram especialmente após 2005. Com a morte de Salvador Arena e o fim da benevolência, tornou-se evidente a violência patronal. A inexistência de canais de diálogo na TM rearma um aspecto da conjuntura do final da década de 1970, qual seja, a exploração sem quaisquer anteparos sindicais. Nesse sentido, a greve de 1980 reaparece como importante eixo analítico da experiência dos trabalhadores da Termomecanica: ao mesmo tempo em que os sindicalistas autênticos construíam sua greve mais épica e de enormes efeitos históricos e políticos, Salvador Arena se vangloriava da lealdade de seu grupo de trabalhadores.

---

comissão de fábrica. O sindicato iria lá fazer um acordo. Existe uma barreira. *(trabalhador da TM)*

A luta em torno da linguagem

Relatada pelos peões do ABC como epopeia, a greve de 1980 é uma das principais referências da identidade que foi por eles construída e, por isso, seu desfecho na TM demonstra quão singular foi a trajetória do grupo de trabalhadores leal à Salvador Arena. Ademais, apesar de as relações de trabalho na Termomecanica terem se estabelecido na sombra das greves ocorridas na região, sua análise sublinha certos elementos que, embora tenham constituído o universo de experiências de diversos trabalhadores, são continuamente ocultados pela linguagem de classe articulada pelos militantes do novo sindicalismo. Vistas em perspectiva, a trajetória dos trabalhadores da TM e daqueles engajados na construção do sindicalismo autêntico, relativiza tanto a resignação como o heroísmo classista enquanto traços essenciais.[1] Isto é, compreender *a*

---

1 Relativizar o traço rebelde da identidade combativa dos sindicalistas autênticos é importante na medida em que problematiza o discurso oficial destes militantes. Entretanto, essa relativização deve ser cuidadosa para que não sejam reproduzidas as interpretações sobre a classe trabalhadora brasileira que lha impingem uma natureza essencialmente resignada e, portanto, mais atenta à garantia do emprego do que concentrada na

126 Diego Tavares dos Santos

TM no ABC, ajuda a demonstrar que foi a combinação contraditória destas atitudes que caracterizou a experiência de classe dos trabalhadores da região.

De fato, a identidade de classe é resultado do tipo de articulação que se faz a partir da posição contraditória que o trabalhador ocupa nas relações sociais de produção capitalista – contradição que se explicita no fato de que o trabalhador tanto é parte resignada da sociedade capitalista quanto é um elemento rebelde que aponta para além dela. Nestes termos, torna-se imprescindível investigar o modo como foi articulada a linguagem de classe por meio da qual os trabalhadores percebem o mundo e a si mesmos.

Os eventos de 1980 na TM apontam fortes indícios acerca do tipo de dominação do trabalho que se desenvolveu nesta empresa ao longo de sua história. Entretanto, apesar do desfecho desta greve nesta fábrica, isso não quer dizer que a empresa esteve incólume ao conflito – ao contrário, ele brotava do chão de fábrica em meio a exploração característica do processo produtivo capitalista. A diferença, no entanto, é que este conflito permanecia desarticulado uma vez que não era percebido por meio de uma linguagem classista, mas sim pela linguagem tecida pelo patrão. Assim, na TM sempre houve trabalhadores que sofriam com a exploração e instigavam conflitos. De sua parte, o sindicato tentava sistematizar a experiência de exploração na fábrica tendo, contudo, que disputar a lealdade dos trabalhadores com Salvador Arena. Este capítulo trata das tentativas de sindicalização da fábrica, isto é, do esforço frustrado do sindicato no sentido de incluir os trabalhadores da TM na dinâmica da luta de classes do ABC.

---

luta em defesa do trabalho. Neste sentido: (LOPES, 1971); (RODRIGUES, 1970).

De olho na TM

Quando iniciei a pesquisa, procurei o sindicato para obter informações gerais sobre a TM, conseguir entrevistas e ter acesso ao arquivo do sindicato. Aos poucos conheci alguns militantes e dirigentes que, ao descobrirem meu propósito, faziam gestos, caretas e trejeitos que indicavam o caráter profano da TM. Os risos e caretas pareciam ocultar frustrações e tabus. Vale o registro etnográfico: logo no início da pesquisa, entrei na sala de um dos atuais dirigentes do sindicato, apresentei-me e disse que queria estudar a Termomecanica. Ato contínuo, ele combinou risos e caretas e socou três vezes sua mesa de madeira, dizendo: "Termomecanica? 'Isola!'" Este é um exemplo notável do que apresentarei a seguir, isto é, de como a TM transformou-se em um tabu para os sindicalistas autênticos, em uma empresa detentora de uma espécie de aura mágica que afasta e "protege" seus trabalhadores da influência sindical e que, portanto, parecia só poder ser combatida também no terreno mágico: socando a mesa e "isolando".

O sindicato sempre tentou se enraizar na TM. Os dados anteriores à década de 1970 são menos acessíveis, entretanto, as investidas sindicalistas sobre a TM remontam aos primeiros anos da Associação Profissional dos Metalúrgicos de São Bernardo e Diadema (APMSBD), fundada em 1959 e antecessora imediata do Sindicato dos Metalúrgicos de São Bernardo e Diadema (SMSBD). Vejamos parte do relato de Orisson Saraiva de Castro, ex-militante comunista destacado de São Paulo pelo PCB para sindicalizar o ABC, um dos principais articuladores da criação da Associação Profissional e, posteriormente, dirigente do sindicato:

Depois que eu fui eleito [para compor a direção do sindicato] ele [Salvador Arena] viu que eu era o homem que ele nunca devia ter contratado lá na fábrica dele. Ali que ele abriu o olho! Mas que ele fez? Ele não reagiu contra... Primeira coisa que eu fiz, eu fui lá e falei pro Moacir [ex-funcionário da TM que trabalhava no departamento pessoal]: "Moacir, quando eu for eleito, que eu tiver as garantia da Constituição, eu vou voltar aqui pra conversar com você." Ai eu fui lá e falei pro Moacir: "Eu quero ver o seu livro de empregado. Você vai me mostrar aqui quem é nordestino aqui!" Ele não teve como mostrar nada. Não tinha um nordestino. [A maioria] era tudo de São Paulo, de Minas, de qualquer lugar, menos do nordeste. Ele não pegava. Aí eu disse pra ele: "Cadê os nordestino aqui? Ta vendo? Eu vou fazer uma queixa pública de que vocês são racista". Eu falei! Falei com o Moacir: "Pode dizer pro teu patrão aí que ele vai ser chamado pra discutir o racismo dele aqui. E diga que fui eu que vim aqui e que verifiquei que não existe nem negro e nem nordestino aqui. Só tinha um [negro] que era o mascote do Arena. Nem negro, nem nordestino ele não pegava *(Orisson Saraiva de Castro, ex-dirigente do SMSBD e ex-eletricista da TM)*.

É significativo que um dos fundadores da Associação Profissional e do sindicato tenha trabalhado na TM. Orisson Castro foi admitido em 1959 e demitido apenas em abril de 1964, imediatamente após a intervenção no sindicato realizada pelo governo militar. Segundo ele, sua entrada na empresa deu-se por conta de uma carta de indicação elaborada por sindicalistas e que Arena apenas aceitou porque não queria ter problemas com o sindicato. Todavia, ao que parece, Salvador Arena desconhecia os pormenores da trajetória de Castro enquanto militante comunista que, de sua parte, aparentemente procurou não criar indisposições com a

A fábrica em que o sindicato nunca entrou 129

TM antes de conquistar a estabilidade garantida ao dirigente sindical. De qualquer maneira, a demissão deu-se na primeira oportunidade: após o golpe civil-militar de 1964, o governo militar interviu sobre os sindicatos e afastou seus dirigentes, assim, Castro perdeu a estabilidade e foi demitido.

Ademais, o relato de Castro é significativo porquanto demonstra que o conflito de classes no ABC não nasceu com o novo sindicalismo. Atualmente a bibliografia especializada é farta nesse sentido. Entretanto, já houve muitas divergências que ainda alimentam certas modalidades de senso comum sociológico que insistem em subestimar os conflitos que precederam o novo sindicalismo e sobrevalorizar os embates posteriores. Assim, a presença e a atuação de Castro na TM sublinham os argumentos de John French (1995) e Antonio Luigi Negro (2004) – pesquisadores mobilizados no primeiro capítulo – acerca da tradição de lutas dos trabalhadores do ABC e, consequentemente, relativizam a acuidade dos argumentos que reduziram o período 1946-1964 como uma era de pelegos, como a era do sindicalismo populista.

O interesse do sindicato em organizar os trabalhadores da TM continuou ao longo da década de 1970. Nesta década, em algumas edições da *Tribuna Metalúrgica* noticiou-se a existência de urnas na Termomecanica quando da realização de eleições sindicais:

> ONDE OS ASSOCIADOS VOTARÃO
> *Não deixem de votar. Compareçam às urnas e votem certo*
> Aos associados, eleitores nas eleições sindicais, a realizar-se nos dias 21, 22 e 23 próximos, que exercerão o seu direito de votar dentro das empresas. Para melhor esclarecer os companheiros, publicamos abaixo o número das mesas coletoras e os locais onde as mesmas funcionarão. Os associados, em gozo de benefícios do INPS, os que efetuam o pagamento de mensalidades, na sede do Sindicato ou, aqueles que trabalha-

Diego Tavares dos Santos

rem nas emprêsas que não constam da relação abaixo, deverão votar na mesa coletora n.º 1, a ser instalada em nossa sede social. Os demais, deverão aguardar a chegada das mesas em sua fábrica e, imediatamente se encaminharem à votação. *RELAÇÃO DAS MESAS COLETORAS E LOCAIS DE VOTAÇÃO* Mesa n.º (...) 13 – (...) TERMOMECANICA S. PAULO S.A. – Rua 13 de maio, 11 – SBC (...) [os grifos são meus]. (Tribuna Metalúrgica, Ano II, n. 7, fevereiro de 1972, p. 4, *Onde os associados votarão*)

Nas duas eleições sindicais que se seguiram a 1972 (isto é: 1975 e 1978), o jornal do sindicato noticiou o mesmo tipo de informação.[2] Deve-se ressaltar que no arquivo do sindicato referente aos jornais da década de 1970, há uma pequena quantidade de números da *Tribuna Metalúrgica*,[3] entretanto, ainda assim é possível notar que desde suas origens e mesmo durante a década de 1970 os sindicalistas não ignoraram o grupo de trabalhadores da Termomecanica, ao contrário, sempre lembraram de levar urnas à empresa.

De qualquer forma, a TM permaneceu, aparentemente, como uma espécie de ilha no contexto social de relações industriais no ABC. Poder-se-ia supor que o sindicato não se enraizou nesta fábrica porque deu de ombros à seu grupo de trabalhadores ou porque ali não havia conflitos que pudessem alimentar e legitimar uma lin-

---

2 Verificar as seguintes edições do jornal do sindicato: (Tribuna Metalúrgica, Ano III, n. 27, janeiro de 1975, p. 5. *Roteiro das mesas coletoras de votos*) e (Tribuna Metalúrgica, Ano VII, n. 45, fevereiro de 1978, p. 7. *Eleições no sindicato*). Em 1990, a *Tribuna Metalúrgica* volta a noticiar a existência de duas urnas na TM para coletar votos para as eleições sindicais: (Tribuna Metalúrgica, n. 1714, 25/05/1990, *Onde eu vou votar?*).

3 Nestas poucas edições preservadas contei cinco aparições de notícias sobre a TM.

A fábrica em que o sindicato nunca entrou 131

guagem sindical combativa. Contudo, para compreender as ancoragens sociais que fundamentam o tipo de dominação do trabalho construída por Salvador Arena, é preciso reconhecer as insistentes tentativas do sindicato – o que não quer dizer que estas tenham sido orientadas por táticas eficientes –, bem como admitir a existência de um conflito latente que, embora nascesse na produção e se espalhasse para além dela, nunca conseguiu organizar-se em uma linguagem antagônica à empresa.[4] A seguir, levantarei as inúmeras e malogradas tentativas do sindicato em sistematizar a experiência vivida pelos trabalhadores da TM. Cabe, contudo, apontar que, por ora, mobilizarei especialmente fontes que recuperam a representação do sindicato acerca da experiência vivida pelos trabalhadores da Termomecanica. É evidente que se tais informações chegavam à redação da *Tribuna Metalúrgica* é porque a retórica sindical encontrava alguma ressonância entre os trabalhadores da empresa. Ainda

---

4   Indiscutivelmente havia conflito na TM. Prova disso foi a constante interlocução que ela mantinha com a polícia política, de maneira semelhante à aliança empresarial-policial, mencionada no primeiro capítulo, que os industriais mantiveram entre os anos 1947-1964. No Arquivo do Estado de São Paulo é possível conferir documentos em que o DEOPS presta informações à Termomecânica (em 16 de fevereiro de 1970) acerca da atuação política precedente de dois trabalhadores (João Honório Alves e Orlando Ferreira). Neste sentido, ver as seguintes referências no Arquivo do DEOPS: (52Z, 000, 0024, p.) e (30C, 001, 19732). Além disso, há registro de que a TM forneceu o nome, a ocupação e o endereço de cinco trabalhadores ao DEOPS: Reinaldo Clementes de Oliveira (laminação), Geraldo Batista Dias (manutenção elétrica), Jario Dantas Pires (manutenção), Gerson Fornazieri (mecânica), Nelson Chaves da Costa (fundição). Neste sentido, ver: (Arquivo do DEOPS, 50C, 34, 491). Como se nota, também a TM manteve constante interlocução com a polícia buscando evitar, por meio da delação de trabalhadores militantes, que o conflito que brotava do processo de trabalho ganhasse conotação classista.

assim, o cuidado crítico com as fontes é importante para alcançar alguma objetividade no conhecimento sociológico, por isso, embora na TM certamente existissem canais pelos quais circulou a representação sindical do conflito na fábrica, deve-se reconhecer que tal representação não é idêntica à representação dos próprios trabalhadores. Ademais, a distinção entre as duas representações é uma exigência na medida em que a linguagem sindical nunca conseguiu enraizar-se ali. Sempre houve correntes subterrâneas que poderiam sustentar a construção social da rebeldia entre os trabalhadores da TM, entretanto, a manta simbólica tecida por Salvador Arena vedava a influencia sindical sobre a fábrica na medida em que silenciava a linguagem classista nos corredores da empresa. Deste modo, o que apresentarei na próxima seção é um esboço do conflito na TM pela ótica sindical, apesar dos referidos limites associados às peculiaridades desta representação.

Outro aspecto que resta destacar é o referente à utilização das fontes da *Tribuna Metalúrgica*. Poderia desenvolver a argumentação e mobilizar as fontes apenas como esteios das afirmações sustentadas. Contudo, isso implicaria em um recorte do material empírico que, sob a escusa da economia na demonstração do argumento, amputaria parte importante das fontes como também limitaria a multiplicidade de dimensões e vozes que se amarram na linguagem sindical destilada pelas fontes, tornando tais fontes opacas e, por isso, desperdiçando parte importante de seu viço. Por isso, em busca de uma consideração sociológica que efetivamente recuperasse as vozes dos sindicalistas, preferi saturar empiricamente a argumentação explorando exaustivamente o noticiário sindical sobre a TM. Isto não apenas por conta das exigências de objetividade, mas também para permitir que a linguagem do sindicato se expressasse com todo vigor e

A fábrica em que o sindicato nunca entrou   133

não se limitasse aos aspectos que de algum modo interessam à curiosidade sociológica.[5]

Após estas considerações metodológicas de passagem, agora sim, cabe retornar ao conflito para verificar como o sindicato sempre manteve os olhos sobre a Termomecanica.

A luta por uma linguagem de classe: os benefícios

Com a explosão grevista a partir de 1978, as investidas sindicais sobre a TM não apenas continuaram como se intensificaram. Na verdade, o sindicato sempre buscou contestar a aura benevolente de Salvador Arena, iniciando suas críticas a partir aos benefícios oferecidos aos trabalhadores pela empresa:

> *O feijão sumiu na Termomecânica*
> (...) Enquanto isso, a Termomecânica tirou o feijão do cardápio da empresa. O pessoal chiou e vai fazer uma reunião pra discutir o assunto e o que os companheiros decidirem a gente vai cumprir. (Suplemento Informativo dos Metalúrgicos, Repórter Metalúrgico, 13/11/1980, *O feijão sumiu na Termomecânica*)

Vejamos alguns relatos de ex-trabalhadores sobre a comida servida na TM:

> O conteúdo da posição do Arena, ele era paternalista, ele fazia aquilo pra agradar os trabalhador, dava uma série de vantagens. Ele tratava bem o trabalhador, dava uma cesta básica, tinha um restaurante da fábrica, trouxe cozinheiro francês pra cozinhar no restaurante dele, pra dar comida de

---

5   Oportunamente, farei o mesmo com os relatos dos trabalhadores da TM.

134   Diego Tavares dos Santos

primeira pros trabalhadores, ele dava guaraná, guaraná era livre! *(Orisson Saraiva de Castro, ex-dirigente do SMSBD e ex-eletricista da TM)*[6]

O que ele [Arena] não negava nunca era que o cara podia comer. Tinha lá no aviso lá: 'REPITA QUANTAS VEZES QUISER, MAS NÃO DEIXE COMIDA NO PRATO!', ta entendendo? A letra dele lá! *(torneiro que se tornou chefe na caldeiraria da TM)*

Aliás, este último relato quase que se confunde com a biografia oficial de Salvador Arena:

A comida no refeitório era farta e de excelente qualidade. Mas jamais admitiu que deixassem restos na bandeja. "Coma quantas vezes quiser, mas não deixe sobrar comida", [Arena] dizia em qualquer oportunidade. Uma vez recolheu os restos, juntou tudo e chamou os funcionários para verem a dimensão do desperdício. (ALVES, 2000, p. 18).[7]

Em seu embate contra a TM, a primeira estratégia dos sindicalistas foi concentrarem-se na representação social da comida

---

6   Neste ponto vale recuperar o saboroso mito de que em Paulista/PE a abundância proporcionada pela Companhia de Tecidos Paulista (CTP) encarnada na figura paternalista do Coronel Lundgren era tamanha que o leite jorrava dos chafarizes da vila operária (LEITE LOPES, 1988). Na TM, o leite foi trocado pelo guaraná.

7   Este é mais um trecho em que a teatralização da dominação alcança singular efeito-demonstração. A força simbólica reside justamente no fato de que Salvador Arena quis ensinar a austeridade e frugalidade exatamente por meio do recurso ao exagero que pretendia, simultaneamente, ensinar bons hábitos aos trabalhadores e ostentar o poder patronal. Esta história penetrou fundo na mentalidade do grupo de trabalhadores da TM, entretanto, foi além: ela é um dos elementos que compõem a representação social mais geral que circula no ABC sobre Salvador Arena.

A fábrica em que o sindicato nunca entrou   135

servida no restaurante da fábrica, ou seja, procuraram travar uma luta no plano simbólico da linguagem: contra a linguagem articulada em torno da figura mítica e paternalista de Salvador Arena, opuseram uma linguagem de conotação classista e crítica aos benefícios oferecidos pela empresa.

O sindicato apostava decisivamente em uma linguagem de viés classista em suas críticas à TM, por isso foi além da crítica à qualidade da alimentação servida pela fábrica e procurou denunciar as precárias condições de trabalho, o eminente risco de acidentes e a falta de equipamentos de proteção individual:

> *Termomecânica*
> O Sindicato dos Metalúrgicos de São Bernardo e Diadema vai solicitar mesa-redonda na DRT [Delegacia Regional do Trabalho] para discutir com os diretores da indústria Termomecânica S/A várias denúncias que vem sendo feitas pelos trabalhadores.
>
> Os operários informaram a direção do Sindicato que o pessoal que trabalha em turnos de oito horas não tem 60 minutos de refeição mas apenas de 15 a 20 e a comida servida pela empresa é de péssima qualidade. [o grifos são meus] (Suplemento Informativo da Tribuna Metalúrgica, n. 70, 25/02/1980, *Termomecânica*)

> *Operários reafirmam denúncias contra a TM*
> Apesar das afirmações em contrário, fornecidas por assessores da direção da empresa, os trabalhadores da indústria Termomecânica continuam reclamando da alimentação ali fornecida. Dizem que a empresa não está fornecendo feijão, alimento essencial na alimentação do operário, já que é a maior fonte de proteínas do cardápio que ali é geralmente servido. A empresa embora tenha assegurado que a alimentação servida aos trabalhadores é de boa qualidade, não fez

nenhuma referência ao corte do feijão nas refeições dos operários. Os funcionários da empresa, segundo o ex-diretor do Sindicato, Manoel Anísio Gomes, também continuam sem receber as luvas de proteção necessárias ao trabalho em vários setores para evitar queimaduras nas mãos com produtos corrosivos (...) (Suplemento Informativo da Tribuna Metalúrgica, n. 148, 03/11/1980, *Operários reafirmam denúncias contra a TM*)

Operários reclamam das empresas TM e Feba
Apesar das reclamações dos trabalhadores, a direção da empresa Termomecanica decidiu não atender às suas reivindicações. Os operários vinham reclamando da falta de fornecimento de feijão no almoço e da retirada de luvas de proteção, em alguns setores. O ex-diretor do Sindicato dos Metalúrgicos, Manoel Anisio Gomes manteve conversações com assessores da direção da empresa que, no entanto, se mostrou irredutível. Um dos argumentos apresentados pelos assessores é de que o feijão está muito caro e, no caso das luvas, não foi constatada nenhuma irregularidade. No entanto, os funcionários continuam insistindo em que a falta de luvas está provocando cortes e queimaduras em suas mãos. A ex-diretoria do Sindicato vai realizar reunião com esses operários sobre o assunto.
Feba (...) (Suplemento Informativo da Tribuna Metalúrgica, n. 153, 17/11/1980, *Operários reclamam das empresas TM e Feba*)

TM sem feijão e sem luvas
Na *TM*, além de perder o feijão da refeição, os companheiros tem que assar a mão, porque a empresa não fornece as luvas necessárias. Uma sugestão: vamos colocar o Arena ou um inspetor do trabalho para trabalhar sem as luvas para ver o que acontece. (Suplemento Informativo da Tribuna Metalúrgica, n. 157, 24/11/1980, *TM sem feijão e sem luvas*)

A fábrica em que o sindicato nunca entrou 137

Deve-se notar que as notícias acima destacadas cobrem o ano de 1980, isto é, o ano da greve dos 41 dias, o auge da rebeldia do sindicalismo autêntico – e cujo desfecho na TM foi interpretado no segundo capítulo. Neste período, o sindicato conduziu uma campanha contra a representação da TM acerca da comida servida no restaurante e contra as condições de trabalho na empresa, deixando registros desse esforço em seu jornal. Entretanto, não se deteve ao restaurante da empresa: atingiu também o modo de concessão de alguns benefícios, entre eles o atendimento médico[8] e a compra de alimentos na cooperativa mantida no interior da fábrica. Neste último aspecto, a crítica se dirigia não contra a existência da cooperativa – até porque se tratava de um benefício que poucas empresas ofereciam –, mas sim à lógica paternalista que regia seu funcionamento que tornava os trabalhadores dependentes do favor e arbítrio patronal que lhes exigia lealdade como a contrapartida do benefício:[9]

---

8   O sindicato tentou contrapor a percepção de alguns trabalhadores de que a enfermaria era uma verdadeira clínica que atendia satisfatoriamente os trabalhadores e suas famílias. O Suplemento Informativo do jornal do sindicato noticiou: *"Na Termomecânica... O pessoal não está nem um pouco satisfeito com o atendimento da enfermaria, pois o médico e a enfermeira não entram em acordo sobre o horário de atendimento e que sai prejudicado é o trabalhador e seus dependentes. Portanto, está na hora da assistência médica entrar nos eixos e se preocupar única e exclusivamente com um bom atendimento. Está claro?"* (Suplemento Informativo da Tribuna Metalúrgica, n. 536, maio de 1983, *Na Termomecânica...*)

9   Vejamos alguns trechos de relatos de trabalhadores sobre a cooperativa na TM. Segundo um ex-trabalhador que trabalhou décadas na empresa (ex- -caldeireiro e ex-montador das máquinas produzidas pela própria fábrica): "Às vezes [Arena ajudava] dano um biquinho pa nóis, uma mercadoria né, antigamente tinha tanta coisa, vinha com uma mercadoria, ficar dois meses sem comprar nada. Mercadoria de comer. [Arena] Dava [os

Diego Tavares dos Santos

Lei do cão na Termomecânica

Lá na Termomecânica o Arena, o dono da empresa, impôs
a lei do Cão... Na cooperativa só podem comprar uma vez

alimentos]. Não pagava nada. Ia na cooperativa, fazia sua compra lá o que
você pedia, vinha. Já vinha lá, fazia lista do que precisava, entregava lá,
fazia a compra, vinha trazer em casa. Desde quando começou a cooperativa, na cooperativa fiz muita compra. Depois passou pro mercado, né".
Outro ex-trabalhador (ex-torneiro mecânico e ex-chefe da metalurgia da
fábrica) indicou a "moeda" usada para trocar os alimentos na cooperativa:
"Pra compra do mês tinha na cooperativa (...) tinha "A, B, C". Então,
por exemplo: começou com letra A: era, vamos dizer, era cinco mil reais,
vamos dizer; letra B era quatro; letra C era três. Então tinha essas coisas
aí também. Um mês você ganhava a letra A, outro mês você... de quando você não ganhava nada também [risos]. No começou foi ele [Arena]
que explicou como ele queria, depois os encarregados é que fazia. Podia
comprar o quanto você quisesse, mas o que passava de cinco mil, você
pagava. De vez em quando ele [Arena] dava uma judiazinha ["judiada"]
nas pessoas também... viu?. Por exemplo: o corte do vale da cooperativa.
Então tinha lá: A, B, C. Então, quando você não pegava nenhuma dessa,
não pegava coisa nenhuma. Porque resolvia cortar. Às vezes ele cortava
pra tantos meses..." O benefício do vale na cooperativa não funcionava
como um direito pois poderia ser cortado a qualquer tempo ao sabor do
arbítrio e das idiossincrasias do patrão, bem como poderia variar segundo
o grau de produtividade e lealdade dos trabalhadores. Era exatamente
o mecanismo de concessão do benefício que o sindicato tentou – sem
sucesso – denunciar. Entretanto, é curioso notar que o sindicato não criticava o benefício, mas sim a relação social que o tornava possível. Por meio
da *Tribuna Metalúrgica* os sindicalistas exigiam enquanto direito o *favor*
que era concedido como graça pelo patrão, isto é, buscavam redefinir a
relação social que sustentava o benefício. A exigência de um direito a partir de um benefício auferido enquanto favor também pode ser notada no
brilhante exemplo de E. P. Thompson acerca da regulação dos preços do
trigo no século XVIII na Inglaterra. A plebe inglesa no século XVIII exigia
como direito a regulação tradicional dos preços que lhes era oferecida
por vezes como favor; na medida em que os plebeus exigiam este benefício como direito, ao mesmo tempo reforçavam o poder dos patrícios e
implodiam a submissão. Do mesmo modo, o sindicato também buscava
transformar o favor em direito.

A fábrica em que o sindicato nunca entrou 139

por mês. E nem se aparecer lá com dinheiro vivo ele permite que seja vendido alguma coisa. Outra coisa: em vários setores, perigosos por sinal, onde há necessidade de se u-ar [usar] luvas, a ordem é não dar...Cadê a CIPA? Uma grande piada, não! (Suplemento Informativo da Tribuna Metalúrgica, n. 231, 28/06/1981, *Lei do cão na Termomecânica*)

Na Termomecânica...
A Termomecânica está desativando a cooperativa dos funcionários. Em 1979 a empresa tentou fazer a mesma coisa, jogando a culpa no nosso Sindicato. Naquela época nós desmascaramos a TM e ela recuou em sua pretensão. Agora a Termomecânica vai mesmo acabar com a cooperativa significa piorar a situação de vida do trabalhador, que não recebe um salário que atende as suas necessidades. (Suplemento Informativo da Tribuna Metalúrgica, n. 312, 08/12/1981, *Na Termomecânica...*)

Portanto, não foi por falta de tentativas que uma linguagem classista não se condensou na Termomecanica. Entretanto, estas primeiras denúncias não ultrapassavam a crítica à maneira arbitrária de concessão dos benefícios e se caracterizavam pelo forte apelo moral. É verdade que o noticiário trazia não apenas este tipo de denúncia: a *Tribuna Metalúrgica* já apontava as péssimas condições de trabalho, a falta de equipamentos de segurança, bem como as arbitrariedades exercidas no processo de trabalho.[10] Contudo,

---

10 É notável que parte significativa da bibliografia em sociologia e história do trabalho que trata do ABC tenha mencionado – sem desenvolver – as peculiaridades da TM. Nesse sentido ver: (ANTUNES, 1992, p. 72-73 e 80); (NEGRO, 2004, p. 184); (CORRÊA, 1980, p. 52-53). No que se refere à percepção sociológica das arbitrariedades na TM, destaco especialmente o seguinte trecho de Laís Abramo (1999): "Outro castigo, ainda mais absurdo e humilhante: na Termomecânica, um trabalhador

era necessário repercutir estas arbitrariedades com vistas a desvendar o eixo que articulava a identidade do grupo de trabalhadores da TM e lhes tornava reticentes diante do sindicato. A afirmação do novo sindicalismo em 1978 não superou a manta protetora, a aura mágica e mítica que impedia que uma linguagem de viés classista deitasse raízes na fábrica de Arena.

As péssimas condições de trabalho: a culpa é dos chefes

A luta do sindicato pela conquista da lealdade dos trabalhadores da Termomecanica precisava alimentar-se das experiências vividas a partir das péssimas condições de trabalho e das precárias condições de vida. De fato, o sindicato repetia este padrão de atuação nas demais indústrias, de maneira que é provável que as denúncias observadas contra a TM em seu periódico não sejam infundadas. Assim, é provável que toda sorte de insatisfações circulassem de modo mais ou menos desarticulado no chão de fábrica, impondo, exatamente por conta disso, o desafio de condensar tal experiência difusa em uma linguagem articulada capaz de mover o grupo de trabalhadores.

A experiência vivida pelos trabalhadores da TM é semelhante àquela vivida pelos trabalhadores das demais empresas da região. O dilema, entretanto, era que isso não bastava para inflamar os corredores da fábrica. Para tanto, tais experiências precisariam

---

com oito anos de casa e a um ano da aposentadoria sofreu um acidente no qual perdeu parte da visão. A empresa obrigou-o a usar uma capa azul com a seguinte frase escrita: 'Eu perdi parte da visão porque não usei óculos'. O trabalhador recusou-se e foi demitido (Tribuna Metalúrgica, n. 23, janeiro, 1976)".

A fábrica em que o sindicato nunca entrou 141

ser percebidas a partir de uma linguagem de classe que nas outras empresas era sistematizada pelo sindicato. Entretanto, na fábrica de Salvador Arena, reinava a linguagem articulada pelo patrão. Nesse sentido, para tornar mais efetivo seu modo de atuação, aos poucos é possível notar no jornal do sindicato uma redefinição da crítica à TM. Ainda se fustigava a aura pretensamente benevolente da empresa, mas agora a denúncia ia além da crítica ao modo de concessão dos benefícios: o sindicato centrava seus ataques contra as precárias condições de trabalho. Os sindicalistas tentavam desarticular a linguagem que enaltecia a benevolência patronal por meio da explicitação da exploração sofrida pelos trabalhadores da empresa. A *Tribuna Metalúrgica* veiculou diversas notícias em uma de suas seções em que denunciava-se as irregularidades e abusos ocorridos nas fábricas:

Termomecânica

ABCD jornal

"Falta mesmo é vergonha na cara dos patrões lá da TM – Termomecânica", disse um dos operários da empresa depois de citar "apenas algumas das irregularidades" que existem dentro da fábrica.

Se quiséssemos publicar todas as denúncias, o ABCD Jornal seria muito pequeno para isso. Mas vamos relatar as mais graves: os trabalhadores são obrigados a levar material de trabalho de casa, porque a TM não oferece nem uma chave de fenda. Lá não existe equiparação salarial. Troca-se de luvas somente de 21 em 21 dias mesmo que elas estraguem bem antes desse prazo.

Tem mais. A empresa obriga os trabalhadores a receber o pagamento no horário do almoço (que é proibido por lei). Não fornece material de segurança. Na cooperativa falta grande quantidade dos produtos necessários. (Suplemento

Diego Tavares dos Santos

Informativo da Tribuna Metalúrgica, n. 66, 15/02/1980, *Termomecânica* [matéria recortada do ABCD Jornal])

TM

A Termomecânica não está cumprindo as normas de segurança no trabalho. Os operários que trabalham com chumbo não estão usando máscara e todos os aparelhos de proteção. Além disso não existe extintores na seção de fundição, onde mais de 300 operários estão sujeitos ao perigo do chumbo. Um alerta: O Chumbo no sangue pode matar em 6 meses qualquer pessoa que esteja diretamente ligado a ele. (Suplemento Informativo da Tribuna Metalúrgica, n. 73, 28/02/1980, *TM*)

Termomecânica faz sacanagem da grossa, vejam só!
Feijão, o Arena só dá quando quer; os panos pra limpar as mãos, parece teias de aranha de tanto buraco, quem quizer proteger as mãos tem que comprar.
É pra lá de cachorrada!
Essa TM, é uma autentica piada!! (Suplemento Informativo da Tribuna Metalúrgica, n. 179, 28/01/1981, *Termomecânica faz sacanagem da grossa, vejam só!*)

Exploração brutal de menor na Termomecânica
Quem pensa que a Termomecânica é uma boa empresa, está enganado. Ela tem, isto sim, usado de grande habilidade para aumentar seus lucros em até 300%. Veja, por exemplo, o que está acontecendo na seção 37 (tornearia de buchas): menores de idade, que sequer conseguem movimentar uma peça mais pesada, estão sendo treinados para substituir os adultos. Com isso, a empresa consegue economizar salários numa proporção de 30 a 35%. E os adultos terão de procurar outro emprego, ganhando bem menos do que ganhavam ali. Os menores, evidentemente, não têm culpa por essa preferência da empre-

A fábrica em que o sindicato nunca entrou   143

sa. Eles estão, isto sim, sendo usados em função da ambição de lucros da fábrica. Nós, os adultos, devemos exigir garantia no emprego e denunciar tais abusos patronais, que aproveitam da ingenuidade dos menores para explorá-los brutalmente. (Tribuna Metalúrgica, Ano VIII, n. 50, fevereiro de 1979, p. 11, *Exploração brutal de menor na Termomecânica*)

Assim, o sindicato aos poucos abandonou a crítica ao modo de concessão dos benefícios e se concentrou no processo de trabalho, isto é, na crítica à falta de equipamentos de proteção individual, na crítica ao ritmo de acelerado de trabalho, na denúncia dos acidentes e das demissões arbitrárias, na crítica à exploração de menores, ao trabalho insalubre, na pedida por equiparação salarial etc. O curioso é que, apesar de todos os esforços, a denúncia não bastava para fazer aflorar o conflito. Era necessário um antagonista contra quem lutar. De fato, todo conflito se alimenta de antagonismos, entretanto, nas fábricas fordistas o patrão quase nunca se apresenta pessoalmente, de maneira que aos chefes restou ocupar o papel do patrão. Como prepostos das empresas, chefes e supervisores acabaram tornando--se os espantalhos contra os quais ergueu-se a identidade de classe nas indústrias "fordizadas".[11] Assim, nas modernas indústrias do ABC, os chefes encarnaram o papel de exploradores dos trabalhadores. Deste modo, era natural que se usasse a mesma tática na TM: não bastava denunciar, a culpa deveria ser atribuída a alguém e, na Termomecanica, o sindicato tentou o mesmo que fazia nas demais fábricas: a culpa era dos chefes.

Na Termomecânica...
Outra vez voltamos a denunciar as atitudes do Osvaldo, conhecido lá na Termomecânica por GANSO, encarrega-

---

11   Neste sentido ver: (BEYNON, 1995, cap. 5 e 6).

do geral, que vem se portando como um autêntico chefe de campo de concentração nazista. O GANSO não deixa o pessoal em paz, chegando ao ridículo de ficar atrás das colunas vigiando a peãozada.

GANSO, o seu dia vai chegar, lembre-se do Nélio, chefe dos transportes, tão puxa saco como você, e acabou levando um tremendo pontapé na retaguarda.

Ainda na Termomecânica: o pessoal da laminação está fazendo horas extras direto, obrigatoriamente. Quando chega no final do mês a firma não paga, pois, o pessoal não bate o cartão de horas extras. Como é que fica Moacir? (Suplemento Informativo da Tribuna Metalúrgica, n. 303, 23/11/1981, *Na Termomecânica...*)[12]

Na Termomecânica...
Há dois anos que na seção Almoxarifado se trabalha de graça aos sábados lá na TERMOMECÂNICA. O chefe Rodolfo não permite que os companheiros batam o cartão nesse dia de trabalho, sem receber um tostão por isso. No último dia 26 esse Rodolfo obrigou o pessoal do almoxarifado a trabalhar no domingo, sem bater cartão.

Nessa história companheiros, precisamos é dar um basta nesse ditadorzinho e mostrar o seu lugar. De puxa saco os trabalhadores já estão cheios. De chefes patronais estamos pela hora da morte e ainda vem esse chefete obrigar o pessoal a trabalhar de graça! Vamos acabar com isso rapidamente.

---

12 Estes trechos foram retirados da coluna do "Sombra". Este foi um personagem que apareceu no jornal do SMABC entre o final da década de 1970 e o início da década seguinte. Em sua coluna no jornal do sindicato, este personagem denunciava arbitrariedades das empresas por meio de uma retórica caracterizada pelo humor sagaz e agressivo contra os patrões. Ao lado da notícia em destaque, há uma charge em que "Sombra" está esganando uma ave – um ganso – que traz consigo um medalhão com a suástica nazista.

A fábrica em que o sindicato nunca entrou 145

(Suplemento Informativo da Tribuna Metalúrgica, n. 316, 17/12/1981, *Na Termomecânica...*)

Coluna do Sombra
Lá na Termomecânica os trabalhadores estão fazendo uma vaquinha para alugar um avião e jogar o "GANSO", o chefe geral da noite, lá na guerra das Malvinas. Acontece que o pessoal não aguenta mais a perseguição desse chefe. Fica atrás das colunas olhando o serviço dos companheiros e depois deixa bilhetes sobre a mesa de seus chefes, entregando todo mundo. Suspende a moçada, sem ter motivo algum e ainda acha um modo de demitir os trabalhadores.
Vamos lá moçada! Eu, o sombra, ajudo nessa "vaquinha"...
(Suplemento Informativo da Tribuna Metalúrgica, n. 375 (?), 08/06/1982, *Coluna do Sombra*)[13]

Na Termomecânica...
O famoso GANSO, chefe-geral da noite, vive pressionando os mais novos na empresa a trabalhar mais rápido, dizendo a eles que se não fizerem isso não passam na experiência. Além disso, fica no pé de todo mundo e não respeita nem mesmo o horário de almoço do pessoal. Ele, como bom puxa-saco, almoça em 15 minutos, volta a trabalhar e quer que todos façam o mesmo. Que é isso GANSO? Vê se manera, que ninguém é de ferro. Se você está afim de ganhar um úlcera, o problema é seu. Mas pára com essa de perseguir os novatos e perturbar todo o pessoal. Guarde suas energias para brigar com o patrão. Quero ver se você é macho

---

13 Ao lado da notícia, há uma charge em destaque em que "Sombra" está organizando um rateio entre os trabalhadores da TM para enviar o chefe Ganso para a guerra das Malvinas. Na charge este chefe é novamente representado pelo desenho de um ganso.

mesmo! (Suplemento Informativo da Tribuna Metalúrgica, n. 509, março de 1983, *Na Termomecânica*...)

Na Termomecânica...
O pessoal da Termomecânica está de olho no Chicão, chefe da rotativa, pois ele vive xingando e ameaçando os companheiros. O que está acontecendo com você Chicão? Será que não tem educação? Não sabe que os companheiros devem ser tratados com o maior respeito? Portanto, ou você para com esse seu jeito patronal ou ainda alguém vai lhe ensinar boas maneiras... (Suplemento Informativo da Tribuna Metalúrgica, n. 543, maio de 1983, *Na Termomecânica*...)

Na Termomecânica...
Agora eu ["Sombra"] estou mesmo é no pé do Bentão, da laminação Termomecânica. Na verdade, a função desse rapaz é triste: é Auxiliar de Puxa-Saco do Patrão.

Fica no pé de toda a peãozada, entregando todo mundo, e dedurando para as chefias, ameaçando de demissão, atormentando os companheiros.

Na semana passada, o Bentão chegou ao ponto de demitir um companheiro que trabalhava na fresa, só porque o cara pediu aumento...

Escuta aqui, Bentão, vê se toma vergonha e muda. Você só pode melhorar sua vida se estiver junto com os seus companheiros, lutando. Puxando saco, a única coisa que você pode ganhar é um pé no traseiro. (Suplemento Informativo da Tribuna Metalúrgica, n. 549, junho de 1983, *Na Termomecânica*...)

Na Termomecânica...
O "Gijo", chefe do grafite na Termomecânica não passa de um malandro sacana. Como todo rato, ele vive se escondendo entre as colunas e os extintores para melhor vigiar

A fábrica em que o sindicato nunca entrou   147

os companheiros e denunciá-los para o patrão. Por causa do "Gijo", vários companheiros já foram demitidos. Além disso, ele é mestre em arrumar serviço no final do expediente, obrigando o pessoal a ficar até mais tarde na fábrica. Pois é, "Gijo", sua barra está muito pesada. Ou você passa a respeitar os companheiros ou qualquer dia eles passam por cima de você... (Suplemento Informativo da Tribuna Metalúrgica, n. 579, setembro de 1983, *Na Termomecânica*...)

Na Termomecânica

Dá até pra escrever um livro sobre as arbitrariedades acontecidas na Termomecânica. Vamos relatar quatro episódios recentes:

1) Um funcionário da Fundição, por motivos de estudo, foi até o Departamento de Pessoal e pediu para ser demitido. O rapaz foi demitido e a empresa, por vingança ou qualquer outra coisa inexplicável, demitiu também o pai do rapaz, que trabalhava há 17 anos na fábrica e ocupava o cargo de encarregado da Hidráulica.

2) Um funcionário conhecido como Padre foi tomar água, mas o bebedouro de sua seção não estava bom e ele procurou outro nas proximidades. Ele estava bebendo água quando um chefe perguntou o que estava fazendo ali. Só que o chefe não esperou resposta. Demitiu o trabalhador na hora.

3) O balanceiro de Sucata, chamado Nunes, levou um espingardinha de chumbo para a fábrica e começou a matar pombos. Embora quem trabalhe com ele já tenha pedido para largar de frescura, o atirador matou inclusive uma pomba que estava com dois filhotes no ninho. Os filhotes foram recolhidos por trabalhadores, para que não morressem de fome.

4) Até a chefia da fábrica não aguenta mais tanta pressão. Outro dia o senhor Schmidt, chefe da sucata, não aguentou tanta pressão e deu um grito de protesto dizendo que ia pedir as contas, depois de 25 anos de trabalho. E foi para casa. Só que

a empresa não quis liberar o Fundo de Garantia e o chefe foi trocado de setor. (Suplemento Informativo da Tribuna Metalúrgica, n. 641, março de 1984, *Na Termomecânica*)

É possível notar como o arbítrio dos chefes se estabelecia com vistas a impor a disciplina fabril ao grupo de trabalhadores para submetê-lo à lógica do capital. Diante disso, os sindicalistas buscavam construir uma representação a partir da coleta das insatisfações que circulavam desarticuladas no chão de fábrica, criticando a falta de equipamentos de proteção individual, o trabalho do menor de idade, as arbitrariedades dos chefes "puxa--sacos" etc. Aliás, no que se refere à crítica aos bajuladores há um aspecto que merece destaque: a critica aos chefes beirava à ameaça contra personagens como Ganso, Chicão, Bentão, Gijo etc. Este fato é relevante porquanto torna evidente que estando em questão o embate de classes, a violência e a ameaça contra os "inimigos de classe" muitas vezes são compreendidas como meios legítimos de pressão política,[14] especialmente ao considerar-se que Salvador Arena sabia valer-se tanto da dominação simbólica quanto de recursos milicianos. A violência latente na luta de classes repareceu em primeiro plano na TM quando o sindicato ousou contrapor-se ao domínio exercido pelo patrão sobre o grupo de trabalhadores aproximando-se dos portões da fábrica. Nesse sentido, um tumulto ocorrido em 1979 na portaria da TM é digno de registro.

---

14 Ademais, a violência e a ameaça muitas vezes são mobilizadas porquanto contribuem para tornar explícita a contradição entre o grupo de trabalhadores da empresa e o "outro", seu inimigo de classe que, neste caso, eram os chefes e Salvador Arena. O sindicalistas tentavam, assim, potencializar a construção de uma identidade classista entre os funcionários da Termomecanica.

A fábrica em que o sindicato nunca entrou

(...) HISTORICO

Ficou apurado neste plantão que as vitimas são diretores do Sindicato dos Metalúrgicos de S. B. Campo e nesta data quando foram a indústria TERMOMECANICA (local dos fatos) distribuir folhetos (como o que segue em anexo), ocasião em que foram agredidos por varios elementos (aproximadamente uns 20) que ali trabalham. As vitimas apos se safarem dos agressores, foram ao P.S.M. Central onde foram medicados e dispensados comparecendo a este plantão para elaboração do B.O. e sendo fornecida guia de IML aos mesmos. (...)

(...) Estivemos perquirindo sobre os acontecimentos ocorridos ontem por volta das 17,30 horas na firma em referência [Termomecanica]:

a – a respeito foi elaborado o B.O. 3.548, figurando como vítimas Djalma de Souza Bom e Expedito Soares Batista;

b – a firma emprega um total de 2.138 empregados em sistemas de turnos e ontem, por ocasião dos acontecimentos saíram 750 operarios. O menor salário da empresa é de cr$ 7.200,00 informações do sr. Moacir Messias Zanglemi, Dep. Pessoal e costuma conceder aumentos todos os meses, além da assistência médica, dentária, alimentação, etc. Por ocasião da última greve a direção da emprêsa dispensou os empregados, concedeu aumentos e também sem titubear pagou todos os dias em que os mesmos ficaram parados. Nada nos informou sôbre os agressores afirmando ser um grupo de cinquenta pessoas.

c – Adiantou-nos ainda que a empresa costuma afixar boletins do sindicato nos quadros mas que sente que no interior dela há um espirito pré-concebido de aversão aos dirigentes sindicais que de um modo geral não querem "nada" com eles;

d – ficamos sabendo que dos 2.138 empregados da firma sòmente 393 são filiados ao Sindicato dos metalúrgicos de S.B. Campo, e que nos dias 16 e 17 do corrente [julho] o sr.

Severino na parte da manhã andou distribuindo o boletim que segue a parte;

e – ontem pela manhã dia 17 o sr. Severino lá chegou sozinho e quiz fazer a distribuição do boletim quando foi impedido por três elementos (chefes de departamento da fábrica) que chegaram a toma-los (depois veio a recupera-los). Não sabe o nome dos três sendo um dêles, baixinho de bigode e ao que parece é o chefe dos transportes na emprêsa. Disseram que o boletim era subversivo tendo Severino (...) rechachado [rechaçado] alegando que não éra mais do que uma convocação. Rasgaram alguns boletins e falaram para o sr. Severino que se ele voltasse a fabrica o pau iria quebrar contra êle ou eles;

f – a tarde por volta das 17,30, de posse de uns 1.500 boletins os diretores sindicais Severino, Expedito, Djalma e Devanir foram a firma distribuí-los quando perceberam que por uma porta intermediária um guarda da segurança abriu uma porta e os viu vindo a seguir um grupo de 10 elementos tendo na frente o baixinho de bigode que deve ser chefe dos transportes e os outros dois que também ocupam cargos de chefes. O grupo passou a (...) agredi-los com socos e pontapés, tomaram os boletins;

g – a seguir saiu mais outro grupo da mesma porta, uns 10 elementos mais que chegaram em conjunto com o outro a persegui-los até o passeio e danificaram máquinas de reporteres [do jornal O Estado de São Paulo].-

h – mais tarde com a chegada de policiais os resporteres e êles foram escoltados até a Delegacia;

i – hoje as 16,00 horas haverá uma reunião com empregados na D.R.T., assunto afirmam diretores do sindicato referente ao Boletim;

j – soubemos que diretores do Sindicato dos Metalúrgicos tentaram por diversas vêzes, a pedido dos associados, marcar uma reunião na D.R.T. com dirigentes da emprêsa. Pro-

A fábrica em que o sindicato nunca entrou 151

curaram falar com o sr. Salvador Arena, mas informavam
que o mesmo estava viajando o que explicam que o mesmo
sempre procurou (...) esquivar-se afirmavam que o mesmo
estava viajando o que vieram a saber não ser verdade e como
sofressem solicitações de associados para a mesa redonda
e não conseguindo o intento com diretores da firma então
confeccionaram o boletim convocatório dos empregados
para a reunião.-
k – Era o que tínhamos a informar,

SBCampo, 18 – julho – 1979.-

Em tempo: – O grupo de 20 pessoas que investiu contra o
pessoal do Sindicato estavam todos usando uniformes da firma Termomecânica São Paulo S/A e parece ser um grupor de
recepção que já estava preparado pois a saída dos empregados
sendo pela porta principal às 17,30 horas quando o guarda
da segurança veio a espiar pela (...) citada porta intermediária Severino diz somente ter levado seus colegas para aquela
porta porque pensava que por ali também sairiam operários,
o que não se deu. A saída é as 17,30 horas mas quando a porta
intermediária foi aberta deviam ser mais ou menos 17,15 horas.- (Arquivo do DEOPS, 50Z, 341, 2457, p. 108-116, *Relatório Final, Delegacia Seccional de Polícia do ABCD*)

Apesar de sua extensão, este documento policial ilustra não
apenas os benefícios oferecidos pela empresa, como também o latente conflito no chão de fábrica, a política antissindical e o baixo
índice de sindicalização – cujo número é ainda grande perto do
número de trabalhadores que efetivamente estavam dispostos a
organizar-se junto ao sindicato. Aliás, o próprio teor do relatório indica uma luta fratricida entre sindicalistas e trabalhadores instados a

Diego Tavares dos Santos

atuar como "tropa de choque".[15] Os recursos milicianos mobilizados por Arena foram também registrados pela prensa d'*O Estado de São Paulo*, que havia enviado repórteres para fazer a cobertura jornalística do já esperado conflito. A matéria abaixo assim como outras tantas publicadas n'*O Estado de São Paulo* – bem como as notícias sobre a TM veiculadas na *Folha de São Paulo* – dão a medida da relevância simbólica da Termomecanica para um universo social ainda mais amplo do que meramente àquele dos trabalhadores do ABC:

> *Dirigentes sindicais agredidos no portão de fábrica no ABC*
> Quatro diretores do Sindicato dos Metalúrgicos de São Bernardo e Diadema, depois de uma discussão e empurrões, foram agredidos ontem a socos e pontapés por mais de uma dezena de chefes de seção da Termomecânica, em São Bernardo do Campo, e os repórteres do "Estado" tiveram de sair das imediações da fábrica escoltados por duas viaturas do Tático Móvel, para não serem também agredidos. A briga foi causada pelo fato de os diretores do Sindicato – Expedito Soares Batista, Djalma de Souza Bom, Severino Alves da Silva e Manoel Anísio – terem ido à portaria da fábrica distribuir boletins convocando os operários a se mobilizarem internamente para pressionar a empresa a melhorar as condições de trabalho.
> Severino Alves da Silva estivera pela manhã na portaria da empresa, para distribuir os boletins, e fora ameaçado por três chefes de seção, que lhe tomaram os panfletos e o ameaçaram de agressão, caso voltasse. A diretoria do sindicato resolveu, então, convocar a imprensa. Eram exatamente 17h36 quando apitou a sirene da fábrica e mais de dez homens,

---

15 Em outro trecho de sua entrevista o ex-torneiro e ex-fundidor da TM afirmou: "(…) O Arena falava que aqueles [alguns ex-funcionários] era a tropa de choque dele."

A fábrica em que o sindicato nunca entrou 153

vestidos com macacão da Termomecânica, saíram correndo do portão, tomaram e atiraram para o alto centenas de boletins. Os dirigentes sindicais reagiram e Djalma de Souza Bom e Expedito Soares Batista foram os mais agredidos. Em poucos minutos, centenas de operários saíram da fábrica, sem entender o que estava acontecendo. O fotógrafo Clovis Cranchi Sobrinho teve de correr para o interior de uma casa em frente à fábrica, porque o mesmo grupo ameaçava tomar-lhe a máquina. A repórter Valdir dos Santos teve seu caderno de anotações rasgado por um deles, que ainda a agrediu verbalmente. Os diretores da empresa já haviam saído quando ocorreu o incidente – segundo um dos porteiros. A diretoria do Sindicato dos Metalúrgicos reuniu-se à noite, discutindo que medidas tomará diante da agressão, a primeira dessa natureza nos 21 anos de atividades do sindicato em São Bernardo.

De acordo com o boletim do sindicato, os operários da Termomecânica reivindicam extinção das horas extras da fundição, porque é um setor insalubre e as horas extras são proibidas por lei, material de proteção e segurança, equiparação de faixas salariais, classificação de funções com efeito retroativo, condução para o retorno da fábrica, pagamento do adicional de insalubridade em alguns setores, ativação das Cipas, assistência médica no ABC para facilitar o atendimento, cooperativa de consumo, agência bancária no interior da fábrica, e melhor relacionamento entre encarregados e subordinados.

A Termomecânica – que fabrica materiais não-ferrosos para indústrias terminais – é conhecida entre os próprios operários do ABC como "uma das melhores empresas da região, que paga os maiores salários" se seu proprietário, Salvador Arena, é "cidadão sãobernardense" desde 1971, título concedido pela Câmara.

Diego Tavares dos Santos

Durante as últimas greves, dispensou os operários pedindo que retornassem somente quando a situação se normalizasse. Salvador Arena colabora com o serviço de Assistência Social da Prefeitura de São Bernardo e até há pouco tempo servia – diariamente – sopa aos pobres nas proximidades da fábrica. O poço artesiano da empresa mantém uma torneira do lado de fora do muro para fornecer água pura à população. Salvador Arena nunca deu entrevista à imprensa e sua secretária te instruções para barrar os jornalistas.

"As queixas dos operários só chegam ao Sindicato depois da demissão" – afirma Djalma de Souza Bom, diretor do Sindicato, que estranha o comportamento do dono da fábrica: "os trabalhadores tem medo até de apanhar o jornalzinho do Sindicato quando é distribuído na portaria, mas Salvador Arena faz questão de colocar um exemplar aberto no mural da produção, mesmo quando tem alguma nota contrária à empresa". (O Estado de São Paulo, 18 de julho de 1979, p. 28, *Dirigentes sindicais agredidos no portão de fábrica no ABC*)[16]

---

16 Em 19 de julho de 1979 *O Estado de São Paulo* ainda repercutia os eventos do dia 17, indicando a presença de do presidente do Sindicato "Luiz Inacio" na porta da TM, liderando uma manifestação do sindicato e tentando, sem sucesso, falar com Salvador Arena. Segundo o jornal: "(…) A concentração durou cerca de 40 minutos e, logo depois, já na sede do Sindicato, Luiz Inacio ditou uma declaração à imprensa: 'Falei com a secretária do Salvador Arena, por telefone, e ela me disse que o doutor Arena está muito orgulhoso. Disse que é uma honra para ele que alguns trabalhadores da Termomecânica tenham agido assim para defendê-lo. Isso é uma demonstração clara de que a cúpula da empresa está envolvida no incidente, insuflando alguns empregados bem remunerados a agredirem os representantes dos trabalhadores. Como ficou provado hoje (ontem) na porta da empresa, os trabalhadores não estavam querendo anarquia." (O Estado de São Paulo, 19 de julho de 1979, p. 39, *Termomecânica, já em paz, aceita delegado sindical. Em estudos os outros pedidos*). Já em 29 de julho de 1979 foi noticiado: "(…) Em São Bernardo, panfleto anônimo, defendendo a posição da Termo-

A fábrica em que o sindicato nunca entrou 155

Se até os jornalistas acabaram "chamuscados" pelo fogo patronal, era difícil para os sindicalistas combatê-lo. Por um lado, havia os benefícios aos trabalhadores, o fornecimento de água à população (que, no período, carecia de saneamento básico) e, até mesmo, a sopa aos pobres! Tudo isso fortalecia a imagem paternalista de Arena, o bom patrão, o socialista milionário. O título de cidadão são-bernardense é indicativo, se não de fortes ligações políticas, de que em São Bernardo do Campo sua influência pessoal transcendia os muros de sua fábrica. Como lutar contra isso? A experiência de luta nas demais indústrias não surtia efeito na TM e, enquanto isso, as arbitrariedades e os conflitos continuavam – e o "piquete patronal" de 1979 é prova disso. A benevolência ocultava a violência que, além disso, em último caso também era exercida para ocultar-se a si mesma! Trabalhadores, sindicalistas e mesmo jornalistas chocavam-se contra a manta mágica que cobria a TM. Entrevistas não podiam ser concedidas, máquinas fotográficas e anotações jornalísticas deveriam ser destruídas. O segredo não podia ser desvelado. O sociólogo também sofreu: a mim não foi nada fácil desencantar os passes mágicos deste mundo meio isolado no coração do novo sindicalismo.

---

mecânica e justificando a agressão feita a quatro diretores do Sindicato dos Metalúrgicos de São Bernardo e Diadema, foi entregue a dois mil operários da empresa, na sexta-feira e ontem. O manifesto critica a atuação do sindicato junto à Termomecânica, cujo resultado traria prejuízo aos dois mil funcionários e seus familiares, pois 'a empresa oferece boas condições de trabalho, o que não acontece na maioria das empresas daqui'." (O Estado de São Paulo, 29 de julho de 1979, p. 55, *Trabalhadores da Fiat podem aceitar proposta*)

Grupo de trabalhadores da TM: qual espírito solidário?

O sindicato não esmorecia. Procurou enaltecer a pouco crível solidariedade de classe entre os trabalhadores da TM por meio de notícias como a comemoração de mais um acordo com a empresa que teria resultado da força das imposições grevistas em 1985.[17] No mesmo sentido, noticiava que alguns trabalhadores da empresa teriam contribuído com o fundo de greve da Fiat no Rio de Janeiro, dando mostras "mais uma vez" de seu forte espírito solidário:

> *Solidariedade dos companheiros da Termomecânica*
> Os companheiros da Termomecânica deram mais uma vez uma lição de solidariedade. Na semana passada contribuíram com Cr$ 52.358,50 para ajudar os grevistas da Fiat do Rio de Janeiro. Como todos sabem, os operários da Fiat estão em greve para garantir o emprego de 250 companheiros que esta Multinacional demitiu há 30 dias atrás. (Suplemento informativo da Tribuna Metalúrgica, n. 223, 01/06/1981, *Solidariedade dos companheiros da Termomecânica*)

Apesar disso, em outra notícia o tom do jornal parece mostrar que a solidariedade não era exatamente unanimidade entre os trabalhadores da TM. Ao contrário, a conclamação ameaçadora do "Sombra" pareceu necessária naquele momento:

> *Na Termomecânica, na Villares, na Schuller...*
> Eu, o Sombra, vou ficar de olho em quem não comparecer no Estádio da Vila Euclides às 10 horas de domingo. Depois

---

17 Ver: (Tribuna Metalúrgica, Ano XV, n. 72, julho de 1985, p. 10, *Alguns números da greve*).

A fábrica em que o sindicato nunca entrou

não adianta dizer que não avisei. Falei e disse. (Suplemento
Informativo da Tribuna Metalúrgica, n. 515, março de 1983,
Na Termomecânica, na Villares, na Schuller...)

Solidários ou individualistas? Qual era, afinal, o espírito do grupo de trabalhadores da TM? Seja como for, antes de culpar os trabalhadores por sua falta de combatividade ou atribuí-la aos chefes, cabia culpar outra pessoa por tal postura resignada. Afina, se na TM havia apenas um senhor, a ele devia ser atribuída toda a culpa.

A culpa é do Arena

Uma das dificuldades impostas pela impessoalidade da dominação do trabalho nas indústrias fordistas-tayloristas foi a ausência de um antagonista contra quem a identidade classista pudesse erguer-se, isto é, de um "outro" de quem distinguir-se e contra quem fizesse sentido um "nós" e um "eu". Nesse contexto, muitas vezes os chefes imediatos tornaram-se os antagonistas contra os quais a luta de classes foi travada. Na TM, havia chefes tão arbitrários quanto nas demais indústrias, de maneira que aí também o sindicato tentou erigir uma identidade alimentada pelo antagonismo ante chefes intermediários e superiores. A diferença, porém, é que na Termomecanica era comum que a autoridade dos chefes se esvaziasse ante o único senhor da fábrica: Salvador Arena. Nas notícias que destaquei acima, as denúncias concentraram-se inicialmente nos benefícios oferecidos pela empresa para, em seguida, direcionarem-se contra as condições de trabalho, elegendo os chefes como os culpados. Havia poucas críticas diretas à Arena. Entretanto, os sindicalistas logo perceberam que a singularidade da TM residia no domínio incólume do poder patronal, sendo

158 Diego Tavares dos Santos

relativamente inútil centrar-se apenas nas críticas aos chefes. De fato, Salvador Arena sempre soube agenciar suas ações teatralizadas de maneira a tornar-se símbolo de benevolência, ocultando a violência e, quando necessário, pô-la exclusivamente sob a responsabilidade dos chefes intermediários, insinuando que a arbitrariedade era feita escusamente e contra a vontade patronal. Assim, se na TM tudo acontecia sob as ordens do poder total do patrão, restava ao sindicato denunciar os abusos da empresa, atacar sua aura benevolente e sublinhar as artimanhas demagógicas de Salvador Arena:

> *Na Termomecânica*
> Se alguém quiser saber o que é trabalhar sob o regime de escravidão é só arrumar uma vaguinha na Termomecânica, a fábrica do demagogo Salvado Arena. Ele fica dando uma de bonzinho, falando que está concedendo salário desemprego às vítimas do modelo econômico do governo, mas, na realidade, o seu objetivo é fazer demagogia em cima dos desempregados. Quem trabalha na Termomecânica sabe o que acontece neste campo de concentração particular, como cartas de advertência, demissão por justa causa, trabalhadores sem equipamentos de segurança e berros de chefes despreparados o dia inteiro. O que a empresa ainda não percebeu é que os trabalhadores não são bonecos e que estão dispostos a acabar com a escravidão e a exploração. (Suplemento Informativo da Tribuna Metalúrgica, n. 639, março de 1984, *Na Termomecânica*)

> *Na Termomecânica*
> A Termomecânica já provou, muitas vezes que não é a fábrica boazinha que diz ser. Ela também lança mão da rotatividade de mão-de-obra e de pressão sobre os trabalhadores. Em janeiro deste ano, a empresa demitiu 45 trabalhadores;

A fábrica em que o sindicato nunca entrou 159

em fevereiro, mandou embora outros 33, e, em março, (só na primeira quinzena), cortou 23 companheiros. São números altos se comparados com o total de funcionários (cerca de 1.800). As demissões são usadas pelos encarregados como exemplo para que todos tenham medo e trabalhem dobrado. Apesar disso, tem muito puxa-saco na fábrica. Todos os dias, os senhores Ramos, Chicão, João Ortigoso, Laerte e o famoso Ganso ficam perto do almoxarifado, local onde o patrão, Salvador Arena, tem que passar para estacionar o carro, para dar um sorriso e um "bom dia" para o patrão. Ocorre que Arena nunca responde. Nos dias raros em que responde, os puxa-sacos fazem até festa. (Suplemento Informativo da Tribuna Metalúrgica, n. 661, maio de 1984, *Na Termomecânica*)

Migalha não resolve

Vocês se lembram do Salvador Arena? Aquele dono da Termomecânica, que a grande imprensa costuma chamar de "patrão de esquerda" por causa das migalhas que ele distribui aos empregados?

Pois bem. No fundo, no fundo, ele não passa de mais um patrão, igual a todos os outros. Isto quer dizer que ele também é chegado à uma enrolação.

Vejam só. O Sindicato está negociando a redução da jornada de trabalho para o pessoal de turno e também para o turno normal. Os trabalhadores querem a redução da jornada; e não fazer horas-extras como está sendo feito. Querem também receber o atrasado desde o acordo coletivo da categoria.

E tem mais. Lá na Termomecânica as companheiras da cozinha não têm horário de almoço. Elas têm apenas o tempo de comer e voltar ao trabalho rapidamente.

Os absurdos são tantos que o patrãozinho impôs confinamento aos companheiros: ninguém pode sair da empresa na hora do almoço. E o gerente do Moinho pressiona para que a moçada faça apenas meia hora de almoço. Ele fala que depois pode sair meia hora mais cedo, mas tudo fica na mesma.

O Sindicato pede ainda ao pessoal olho bem aberto quanto ao auxílio paternidade, que é de 5 dias; e quanto às férias coletivas, que não podem ser divididas. Não abra mão de seus direitos em troca de migalhas. (Tribuna Metalúrgica, n. 1440, 07/12/1988, *Migalha não resolve*)

Trambique na Termomecânica
O "bom patrão" da Termomecânica continua enganando o pessoal de várias formas. Uma das mais graves é o salário diferente para trabalhadores com as mesmas funções. Esse tipo de sacanagem passa por cima do acordo coletivo, que prevê salários iguais para funções iguais. O abuso acontece tanto na fábrica 1 como na fábrica 2 da Termomecânica. O pessoal precisa ficar atento às cláusulas do acordo coletivo, senão acaba perdendo dinheiro pensando que o patrão é bonzinho. (Tribuna Metalúrgica, n. 1521, 31/05/1989, *Trambique na Termomecânica*)[18]

Termomecânica
Sentado, não pode
Neurótico e inconsequente. É dessa forma que os trabalhadores da Termomecânica estão classificando o patrão, por causa de suas atitudes.

---

18 Abaixo desta notícia há uma tirinha em que o jornal traz um diálogo entre um trabalhador e um patrão que tem almejado um capitalismo "civilizado". Segue o diálogo. "Patrão: 'Sabe seu Peri, tenho pensado nas possibilidades de um capitalismo mais avançado, mais civilizado...'; Seu Peri: 'Isto significa uma distribuição de renda mais justa com seus empregados?'; Patrão: Eu tinha pensado um relógio de ponto digital, num torno a laser... coisas assim...'."

A fábrica em que o sindicato nunca entrou 161

Vejam só. Outro dia ele suspendeu 22 companheiros que durante a hora do almoço estavam sentados na seção. Ele disse que as pessoas precisam ficar de pé. É mole? Outra sacanagem é que o dono da Termomecânica está pressionando o pessoal para que o almoço tenha somente meia hora. Esse tipo de pressão alcança níveis insuportáveis, com os chefetes dizendo o seguinte: "Quem planta pedra, colhe pedra". Isto é, quem não concordar vai se ferrar. O Sindicato, atendendo reivindicação dos companheiros, pediu fiscalização à Justiça do Trabalho e entrou com processo contra a redução do tempo de almoço. Enquanto isso, o pessoal não pode aceitar somente meia hora para refeição. Quem aceitar estará traindo toda a categoria, pois é uma antiga conquista dos trabalhadores. (Tribuna Metalúrgica, n. 1526, 08/06/1989, *Termomecânica. Sentado, não pode*)

Termomecânica

Arena sofre nova derrota

Lá na Termomecânica, o dono Salvador Arena não respeita nem mesmo a Comissão de Fábrica que ele inventou.

No ano passado, ele mandou embora um peão que participava dessa tal comissão, depois de 10 anos de empresa. Com isso, o Arena mostrou que não respeita nem mesmo quem se presta para ser seu capacho. O Departamento Jurídico do Sindicato recorreu da demissão e na última terça-feira ele foi reintegrado. Esta foi uma boa derrota do Arena.

Toda a história mostra que a comissão do Arena não representa ninguém; não faz trabalho de conscientização da peãozada; e só serve de para-choque do dono da Termomecânica. Tem outra coisa. Como foi ele mesmo que fez o Estatuto, não existe estabilidade de um ano depois que termina o mandato dos eleitos.

Olhaí moçada. O Sindicato entende que são os próprios trabalhadores que devem formar a sua Comissão de Fábri-

Diego Tavares dos Santos

ca, inclusive discutir o Estatuto. Senão vai dar no que deu. (Tribuna Metalúrgica, n. 1547, 14/07/1989, *Termomecânica. Arena sofre nova derrota*)

O que rola nas fábricas
Salvador Arena tenta enganar trabalhadores
[imagem de um panfleto da TM em que é anunciada uma vaga de emprego para "mecânicos experientes"]
Não foi a primeira, nem a segunda, nem a terceira vez que a Termomecânica tenta iludir e enganar seus trabalhadores.

Desta vez, o Salvador Arena, proprietário da Termomecânica São Paulo S/A, utilizou a velha tática do bom patrão colocando um anúncio de emprego mentiroso no Diário do Grande ABC. O anúncio pedia "Mecânicos Experientes" para trabalhar na empresa com um salário de NCz$ 6.000,00 por mês, além de reajuste mensal de acordo com a inflação. O maior salário desta função na Termomecânica, gira em torno de NCz$ 10,20 por hora, equivalente a NCz$ 2.200,00 por mês, quase três vezes menor que o salário prometido no anúncio. Com essas mentiras, a Termomecânica tenta atrair o maior número possível de profissionais para sua empresa, para depois comunicar que houve um "equívoco" e que o salário é menor. Isso demonstra um tremendo desrespeito pela figura do trabalhador, o que, aliás, é prática comum utilizada por esta empresa.

Vamos ficar atentos para este tipo de estratégia e denunciar sempre que ocorrer absurdos como esse. (Tribuna Metalúrgica, n. 1581, 19/09/1989, *O que rola nas fábricas. Salvador Arena tenta enganar trabalhadores*)

Após os primeiros anos da década de 1980 as notícias indicam que a representação social construída pelo sindicato sobre a TM procurou associar a figura de Salvador Arena às arbitrariedades, às más condições de trabalho, ao desrespeito aos direitos trabalhis-

A fábrica em que o sindicato nunca entrou   163

tas, à exploração e humilhação do trabalhador etc. Urgia desvelar a demagogia por trás da retórica do bom patrão, do "patrão de esquerda". Neste sentido, vale destacar um aspecto porquanto seja indicador do modo como os trabalhadores interiorizavam a dominação: em várias entrevistas pude notar nos trabalhadores um constante "ar de riso" difícil de transcrever enquanto relatavam algumas atitudes de Arena. O riso pode ser compreendido como evidência da confusão de sentido criada pelas peculiaridades e idiossincrasias do patrão, isto é, na medida em que a dominação era exercida de modo teatralizado, transformava a violência em chiste e contribuía para desarmar qualquer ímpeto de rebeldia. Para desmascarar Arena, o sindicato teve de mostrar ao trabalhador que ria da própria submissão a violência por trás da suposta benevolência patronal, isto é, teve de evidenciar as estratagemas simbólicas de dominação que eram ocultadas pelo ar cômico que envolvia a figura do patrão.

Apesar disso, em entrevista paradigmática dos argumentos aqui desenvolvidos, um ex-trabalhador da TM – que chamarei de Mário – mostrou não ter sido confundido pelo referido "ar de riso", ao contrário, a postura crítica orientou seu relato.[19] Na entrevista, Mário reforçou as denúncias noticiadas pelo jornal do sindicato e as associou ao poder incólume de Salvador Arena. Vejamos trechos de seu depoimento:

> Uma época eu até admirava a Termomecanica, mas sempre assim com um pé atrás, entende? Aquela época eu tava na

---

19 Estabeleci contato com Mário por meio de Adilson Gati, ex-trabalhador da TM que será destaque na próxima seção deste capítulo.

Light.[20] Quando eu tava na Light eu admirava um pouco a Termomecanica. Recebi uma proposta da Termomecanica e aí é que entra minha mágoa com o velho Arena. Quem me convidou pra trabalhar na Termomecanica me falou que foi a pedido dele [Salvador Arena]. Porque foi assim, tinha um tal de Serginho que era o comprador, ele viajava todo Brasil pra comprar sucata. Depois ele veio a falecer. Daí o chefe dele, um tal de "Seu"José Schiavon, um dia foi lá e eu lamentei a morte do Serginho. Daí ele falou: "Aproveitando, a gente tem que arranjar alguém pra substituir o Serginho e você é uma pessoa que daria certo. Daí eu falei: "Acho que eu não tenho como substituir o Serginho. O Serginho era uma pessoa de muita capacidade. Um homem com conhecimento de materiais. E eu estou restrito ao material aqui da Light, agora ele conhecia tudo". Ele falou: "Não, o que ele conhecia você conhece também, tenho certeza". Quando foi na semana seguinte ele voltou lá, falou: "Nós estivemos conversando lá e o Dr. Arena quer que você trabalhe com a gente". Dai eu falei: "Bom, aí já a coisa muda de assunto, né?". Ai eu falei: "Mas como? Eu tô trabalhando aqui [na Light], não posso sair daqui de uma hora pra outra. Eu ser empregado da Termomecanica?"... Aí eu tinha que fazer um bom estudo de várias coisas. Questionei a Termomecanica, que eu sabia que ali o empregado andou um pouquinho fora da linha ele era demitido, às vezes ele nem precisava andar fora da linha, quer dizer, ali era muito fácil ser mandado embora. Ali ninguém tinha estabilidade de nada, não tinha segurança, não tinha garantia. Daí eu questionei isso com ele [Schiavon] e ele falou: "Olha, quem é bom não tem com que se preocupar." Depois eu falei pra minha esposa. Depois ele me convenceu que podia vim trabalhar e

---

20 Na Light, Mário trabalhava fazendo a intermediação da sucata que era vendida pela Light à outras empresas, entre elas, a Termomecanica.

A fábrica em que o sindicato nunca entrou   165

tava garantido. Acho que eu nunca vou fazer uma coisa errada, jamais! Eu sempre procuro andar dentro da disciplina. E eu já sabia como era ali.

Então, daí 81 teve todo aquele questionamento... eu vinha, não vinha [para a TM]... Porque a proposta que eles fizeram era tentadora. Na época eu ganhava 25 mil cruzeiros que era meu salário na Light, mas eu fazia por mês umas 120 horas extras sempre, porque todos os sábados eu trabalhava e todos os dias ia até às 8 da noite. Aquilo já ficou rotina. Resumindo: com as horas extras que eu fazia tudo, então praticamente dobrava meu salário. Então eu praticamente dobrava meu salário, até um pouco mais. Então o "Seu" José Schiavon perguntou quanto eu ganhava lá, tal. Falei: "Eu ganhava 25". E ele falou assim: "Lá a gente vai te pagar 75". Eu falei: "Puxa vida, muito bom." Falei: Eu fazendo horas, trabalhando o sábado tudinho, indo até 8 hora da noite dava aí uns em volta dos cinquenta, cinquenta e pouco". Depois eu falei: "Eu vou conversar com a patroa [esposa], tal, vou conversar direitinho. É uma decisão importante na minha vida, tinha acabado de comprar um terreno lá [em São Paulo, onde vivia]. Então daí decidimos. Pensamos uns quinze dias, depois ele [José Schiavon] falou: "Como é, o senhor tá resolvido, num tá, como é que ficou? Inclusive, o velho [Arena] já mandou melhorar o seu salário. É 92 mil cruzeiros." Falei: "Puxa vida, agora num posso perder. Quer dizer, ia quase quadruplicar o meu salário base." Inclusive nesta oportunidade veio um engenheiro lá na Light e me proibiu de fazer hora extra, falando que era uma restrição do governo federal.

Então vim pra cá [para a TM]. Só que quando cheguei aqui... Quer dizer depois eu conversei com o Arena. Na base de uma hora nós conversamos.[21] Depois ele falou assim: "É então o seu salário você trata aí com seu pai espiritual [que era o José Schiavon].[22]" Fui falar com o "Seu" José e ele falou: "Bom, quanto foi que o senhor ganhava na Light mesmo?" Falei: "O senhor sabe, eu ganhava 25. Mas agora teve um reajuste, agora foi pra 45. Teve um reajuste bom lá, foi pra 45." Ele falou: "Você começa 45, mas logo logo a gente vai ver quanto que vai ficar." Quer dizer, [o salário de 92 mil cruzeiros] já ficou por menos da metade. Bom, aí já fiquei com um pé atrás também. Eu falei: "Bom, eu imaginava que já começasse já a receber os 92, por que não? Por que ainda discutir?" Daí quando foi na semana seguinte eu já cobrei, eu falei: "Vocês já resolveram aí o meu caso?" Ele falou: "É melhor você ficar quieto, você tá empregado, você não tá ganhando salário mínimo, você tá ganhando um salário até razoável, se for mexer com isso aí vai dar problema. Eu falei: "Nós tamo conversando como cavalheiro, não tamo brincando! Como é que é essa história que agora o senhor fala que ia ver e agora eu não posso tocar mais no assunto?!?" E não teve jeito. Nunca tive mágoa de ninguém, apesar disso aí ter sido doído pra mim que inclusive eu não sabia o que fazer da vida. Porque eu vim morar de aluguel [em São Bernardo do Campo]. Ele [Arena] exigiu, quando eu saí da Light e vim pra cá, ele exigiu que eu morasse pertinho da empresa. Então eu morei na frente da portaria. Inclusive ele sabia de quanto eu ganhava. Porque um dia ele [Arena] foi lá

---

21 Nesta conversa Salvador Arena decidiu que Mário não deveria trabalhar na compra de materiais, mas, devido às suas qualificações, gerenciaria a Fundação Salvador Arena.

22 Toda vez que Mário reproduzia as falas de Arena, ele as estilizava com uma voz gutural que transformava as falas do patrão em algo mais do que discursos; a estilização vocal feita por Mário parecia insinuar um patrão ranzinza e autoritário.

A fábrica em que o sindicato nunca entrou 167

onde eu estava trabalhando e falou: "Você está gastando um terço do seu salário com aluguel." Eu falei: "Doutor, o senhor exigiu que eu viesse morar aqui perto. Eu não encontrei outra casa com aluguel mais barato. Eu ia encontrar por aí nas periferia, mas aí o senhor não ia gostar que eu fosse morar longe. Então ele sabia quanto que eu ganhava, ele podia aumentar o meu salário se ele quisesse. Ele era uma pessoa que, isso aí é bastante subjetivo, mas ele não tinha diálogo com os empregados. Se alguém fosse pedir um aumento de salário pra ele, ele nem perguntava porque que a pessoa queria aumento. Ele simplesmente mandava embora. Ele não dialogava. Não respeitava [os direitos trabalhistas].

Na opinião dos empregado dele [de Salvador Arena], todo mundo achava que ele era um homem muito bom. Tanto é que comentava que ele ajuda tanta gente. Que ele ajudava as entidades [assistenciais] e ajudava pessoas também, alguns empregados dele mais pobres quando sofria um acidente ou uma doença ele ajudava também. Nesta parte de doação é bastante volume o que ele doava. Agora a questão tributária eu não sei como que funciona, eu imaginava que isso aí seria pra abater no imposto de renda. Só que uma vez deu um rolo, os conselheiros falava que isso não tinha nada a ver com o imposto de renda. Que era uma benevolência dele. Mas eu não acredito.

O "Seu" Fleche ele foi uma das pessoas responsáveis pelo crescimento da Termomecanica. Faleceu. Infelizmente ele faleceu, mas era um homem muito bom. Ele foi uma pessoa chave na construção, pelo menos da parte inicial, da Termomecanica. Então ele me contava assim, por exemplo: "Que no começo, muitas noites eu ["Seu" Fleche] e o "Seu" José Schiavon às vezes era noite de Natal, ele só ouvia aquele foguetório e a gente ali trabalhando de noite e atravessava a noite." E ele trabalhou 42 anos na Termomecanica. Depois que ele trabalhou, quer dizer, aí eu acho que o homem, o velho Arena, não tem..., eu falei que ele não tem diálogo, porque sensibilidade é uma coisa subjetiva, mas acho que ele não tinha também sensibilidade com ninguém. Porque o "Seu" Fleche, depois que ele saiu, ele se aposentou, né. Mas depois um dia ele foi lá na Termomecanica e queria fazer uma visita, quis visitar o velho, fazer uma visita. Chegou na portaria, o velho perguntou quem era, o guarda falou e ele [Salvador Arena]: "Não! Manda esse cara embora, pode mandar esse cara embora, não quero saber". Então o "Seu" Fleche ficou *muito magoado* com isso. Porque ele tinha no velho Arena assim um amigo também, além de ser um patrão, ele tinha um grande amigo. Ele fala que ele teve uma grande decepção com isso. Ele fala: "A gente já ta no fim da vida e queria ver ele mais uma vez na vida e ele não permitiu. Será que ele pensa que é só o dinheiro, só a riqueza?" Outra coisa foi com o próprio José Schiavon, que o José Schiavon se aposentou e foi trabalhar num sei do quê numa firminha aí. E quando o velho descobriu que ele tava trabalhando... Como ele era uma pessoa que ele era diretor do "Suprimentos", então o salário dele era um salário bom, né. Quando se aposentou, lógico que o salário dele ia cair. Daí (...) a Fundação complementava o salário dele. Só que quando o velho descobriu que ele tava trabalhando nessa firminha, tava trabalhando prum "concorrente". Que concorrente? Nunca que uma firminha daquela lá de "fundo de quintal" ia ser concorrente. Acho que era até cliente do velho! Daí [Salvador Arena] cortou a complementação do salário dele [de José Schiavon].[23] Sei que um dia eu encontrei ele lá pertinho da farmácia e falei: "E aí "Seu" José, como é

---

23 Entrevistei outro trabalhador, também aposentado, que ainda hoje recebe complementação salarial da Fundação.

A fábrica em que o sindicato nunca entrou 169

que vão as coisa?" Ele: "As coisas não tão boa não". Em seguida ele morreu. Depois daquele dia que eu falei com ele, dias depois ele morreu, diz que ele morreu de mágoa... morreu de mágoa de o velho ter feito isso.

Quando foi em 87, daí eles de repente puseram uma outra pessoa lá no meu lugar.[24] Falaram que eu não tava mais na Fundação e eu fui pra "Sucata".[25] Só que eu não fui fazer aquele serviço de comprador. Eles me puseram lá na produção, serviço pesado e tudo. Um dia me puseram na segurança. Daí quando eu tava na segurança não suportava o calor, né. Daí eu fui no sindicato pra verificar o quê fazer. Fui lá no Sindicato dos Metalúrgicos. Já tinha ido várias vezes lá. Ninguém [da TM] ia. Eles distribui aqueles jornaizinhos lá e eu pensava: "Bom, chegar lá vou encontrar um monte de gente da Termomecanica." Não tinha um! Eles [os peões da TM] achava que o sindicato só agitava, que não prestava. Porque naquela fase lá de ter muitas greves, dizem que antes de vim o reajuste dado pelo sindicato, dado lá pela convenção coletiva, diz que antes de vir, o Dr. Arena já dava o reajuste ia por conta, às vezes até mais ele já dava pros empregados.

[Era possível pagar salários acima daqueles conquistados pelo sindicato e ainda fazer assistencialismo porque] Ele [Salvador Arena] não tem concorrente. Tanto que o vendedor da Termomecanica, ele trabalha completamente diferente da maioria dos vendedores que tem por aí. O vendedor é assim, por exemplo, alguém tá interessado em comprar alguns produtos da Termomecanica, então o vendedor vai lá ver se aquela empresa interessada se ela tem condições de comprar. Quer dizer o vendedor não vai lá oferecer o pro-

---

24 Isto é, na gerência da Fundação.

25 A "Sucata" é o setor onde se prepara o material bruto que em seguida seria fundido.

duto. A função dele é ver se aquela empresa tem condições de comprar. Se ela tiver, se ele ver que é uma empresa que tem uma boa saúde financeira, tudo bem. Se não tiver, ela tem que dar garantias.

Depois eles falaram que eu tinha que ser preposto lá na Justiça do Trabalho.[26] E eu era preposto do lado da Termomecanica e aquilo me deixava muito chateado. Quando eu trabalhei na "Sucata", a gente sempre questionava lá as injustiças, isso e aquilo. Lembro que em 88, quando veio a Constituição Federal, daí com base na Constituição tinha que ter uma hora de almoço, né. O sindicato veio lá e falou que a Constituição tinha que valer ali também. Daí quando eu trabalhei na Sucata, os mais chegado, assim, a gente questionava alguma coisa, né, algumas injustiças que ocorriam lá. Por exemplo: tinha umas máquinas lá de... tinha um maquinário, tinha várias máquinas lá na "Sucata", como na fábrica toda, né. Então na hora do café da manhã ou da tarde, quem toma o café, por exemplo, a máquina tá ligada, tem que tomar o café e ficar ali alimentando a máquina e tomar o café, comer o pão, tal. Então, em geral, ninguém desligava a máquina, entende? Em geral não! Quer dizer, *ninguém* desligava a máquina... era ordem da empresa! E o pessoal do Mário Engler [escritório de advocacia que prestava serviços para a TM] dizia que eles [trabalhadores] tinham uma hora e meia, que eles tinham não sei quantos minutos na hora do almoço, tinham mais 15 minutos no café, de manhã, de

---

26 Como desde o início Mário não foi aproveitado para a função para a qual fora convidado (comprador), sua trajetória na empresa foi a seguinte: inicialmente gerenciou a Fundação Salvador Arena (embora ele mesmo tenha diminuído sua importância na medida em que todas as suas tarefas – mesmos cartas burocráticas – passavam pelo crivo de Salvado Arena); em seguida foi transferido para a "Sucata"; depois foi para a "Segurança" e finalmente trabalhou no "Departamento Jurídico".

A fábrica em que o sindicato nunca entrou 171

tarde. Eles [pessoal do Mário Engler] mentiam. Então eles diziam que a máquina era desligada. Na audiência de instrução isso aí era tudo era questionado, era apurado. Então, primeira audiência de instrução que eu tive, foi exatamente um cara que nós trabalhávamos junto, nós trabalhamos muito tempo junto lá na "Sucata". Lado a lado, né. Então o juiz perguntou se a máquina, se era desligada. Daí ele [o trabalhador que fazia a reclamação trabalhista] falou que não era desligada. Daí ele [o juiz] perguntou pra mim, que eu era o preposto: "Era desligada ou não?" Eu falei: "Eventualmente, sim." Quer dizer, eu tava ali a serviço da Termomecanica, né... mas eu não queria... Ele [o juiz] falou: "Eventualmente ou efetivamente?" Eu falei: "Eventualmente." Daí fui despedido. Falaram que eu falei a favor do empregado, que eu fui contra a empresa. De fato eu me senti assim... entre a cruz e a espada, entende? Não podia mentir, era um cara com quem eu tinha trabalhado junto. Quer dizer, "efetivamente" eu não ia dizer! Eu falei "eventualmente". Eu não queria mentir. Além do mais [o trabalhador] era meu amigo, né! Como é que podia ir lá trair ele. Depois eu me arrependi e devia ter dito que nunca era desligado. Eu devia ter dito!

Embora os trechos destacados não reproduzam integralmente todas as dimensões da entrevista, eles cumprem a tarefa de demonstrar que embora existissem contradições na fábrica e ali ressoasse a linguagem sindical, isso não bastou para que uma identidade classista se enraizasse na Termomecanica. No relato de Mário, é possível notar simultaneamente os conflitos que poderiam sustentar a constituição de uma identidade classista entre os trabalhadores da empresa, bem como os bloqueios à sua consolidação.

Ademais, vale destacar que os fatos relatados por Mário são uma reconstituição feita a partir de sua condição social atual. Desta maneira, tendo estudado Direito e se tornado advogado, é difícil verificar se o tom crítico do presente manifestava-se em sua prática cotidiana enquanto trabalhava na TM – especialmente se considerarmos que a maior parte de sua trajetória na empresa não foi no "chão de fábrica" como trabalhador da Produção. De qualquer maneira, sua trajetória errática sempre dependente da graça patronal confirma os dados obtidos em outras entrevistas e nas notícias veiculadas pela *Tribuna Metalúrgica*. O deslocamento de Mário da gerência da Fundação Salvador Arena para a Produção – especificamente em um setor caracterizado pelo trabalho braçal muito intenso – é o caminho inverso das histórias dos peões que viravam chefes, confirmando o poder total do patrão na definição arbitrária dos postos de trabalho e de chefia. No mais, são notáveis os trechos em que apontou a obrigação de residir nas imediações da fábrica, bem como a lealdade de dois de seus colegas para com Salvador Arena e a frustração experimentada por eles quando foram ignorados pelo pai-amigo-patrão. Por fim, os motivos de sua saída da empresa são muito relevantes do argumento centra deste capítulo: foi demitido devido à solidariedade para com outro trabalhador. Mário não pôde trair o colega e, assim, teve de assumir para quem guardava sua fidelidade. Ocorre que na TM a lealdade ao patrão era acima de tudo uma obrigação moral e a solidariedade de classe, sendo o alicerce de toda identidade classista, jamais seria aceita por Salvador Arena.

Por tudo isso, a deferência ao patrão na TM não deve ser compreendida como um fenômeno puro de contradições, de maneira que é provável que algumas vezes o conflito expressou-se de forma teatralizada ou velada (como na escolha das palavras: dizer ao juiz "eventualmente" ou "efetivamente"?), enquanto em outras expressou-se abertamente (casos que geralmente levavam à demissão). O relato de Mário é a condensação da benevolência patronal, das

A fábrica em que o sindicato nunca entrou   173

denúncias dos conflitos que eram silenciados, das malogradas iniciativas no sentido de sindicalizar a TM, das experiências sociais organizadas em torno do patrão e da perda de sentido de vida de alguns trabalhadores quando eram descartados pela empresa etc.

Antes de concluir esta seção, não posso deixar de retomar uma notícia da *Tribuna Metalúrgica* que, tal como a entrevista de Mário, conjuga todos os elementos mobilizados pelo sindicato, desmascara Salvador Arena e torna claro o campo em que dever-se-ia travar o conflito na TM: a luta deveria transformar o *favor* em *direito*.

Em 07 de dezembro de 1988, na notícia cujo título era *Migalha não resolve*,[27] o sindicato tentava desmitificar a figura de "patrão de esquerda" afirmando que Arena desrespeitava direitos trabalhistas e distribuía migalhas aos trabalhadores. Ao final o sindicato exortava os trabalhadores: "Não abra mão dos seus direitos em troca de migalhas". Aí a arbitrariedade era denunciada, associada à Arena e, ao fim, apontava para a luta por direitos ao invés da aceitação de favores (migalhas). O sindicato finalmente encontrava a luta que podia mover os trabalhadores da TM: a transformação das migalhas em direitos por meio da destruição simbólica daquele que, ao conceder favores, exigia em contrapartida a total deferência. Se a lealdade ao sindicato só poderia ser conquistada por meio da destruição da lealdade em relação à Salvador Arena, não bastava destruir o mito do bom patrão, era necessário que os trabalhadores negassem as migalhas e desejassem transformarem-se em sujeitos de direitos. De sua parte, a biografia oficial de Arena esclarecia sua posição neste embate:

> No passado, Arena cogitou legar a Termomecanica a todos os funcionários da empresa depois de sua morte. Chegou

---

27 Ver p. 85.

Diego Tavares dos Santos

> até a estabelecer os critérios para esse fim. Numa rara entrevista concedida à imprensa, e num raro desabafo público, queixou-se de que os funcionários não se envolviam com a empresa tanto quanto acreditava. Às vezes, acordava no meio da noite e percorria a fábrica para ver como as coisas estavam andando. Com frequência percebia falhas que poderiam ser evitadas com mais empenho e dedicação. Nesse período a economia do país passava por uma recessão. A Termomecanica sofria as consequências, com uma queda de produção de 40% em relação aos anos anteriores. Por isso, foi obrigada, pela primeira vez, a demitir cerca de quinhentos funcionários. Muitos deles iniciaram ações trabalhistas reclamando o pagamento de direitos que alegavam ter. Ninharias, segundo Salvador Arena. Reivindicavam o pagamento de minutos trabalhados na transferência de turnos e intervalos para refeições. (ALVES, 2000, p. 98-101)

Arena não compreendia como os trabalhadores poderiam lutar por direitos quando sua lealdade poderia ser agraciada com muito mais do que as "ninharias e migalhas" da cidadania.[28] Quanto ao sindicato, enfim encontrava um campo de batalhas mais fértil.

---

28 Em outro trecho da biografia destaca-se um Arena orgulhoso da lealdade de seus trabalhadores e fazendo troça dos sindicalistas: "Arena não se indispunha com os sindicalistas, embora às vezes criticasse ações que considerava radicais. Os empregados, satisfeitos com sua situação, nem cogitavam aderir a qualquer movimento de protesto. Talvez isso tenha inspirado reações adversas de alguns setores sindicalistas. Hoje os tempos são outros. Sindicalistas têm comemorado vitórias ao conseguirem garantir empregos em troca de redução de salários. E cada vez mais empresários adotam a política de participação nos lucros, como já fazia Arena muito antes de haver lei disciplinando o assunto." (ALVES, 2000, p. 98)

A fábrica em que o sindicato nunca entrou   175

Esboço de uma linguagem de classe I: os eletricistas, os cipeiros sindicalistas e a nova CIPA

Dono da Termomecânica perde máscara de bom
Em uma verdadeira operação terrorista, os gerentes da Termomecânica, de São Bernardo do Campo, estão dizendo aos funcionários da empresa que todos serão demitidos e substituídos por outros trabalhadores. As novas contratações começaram há duas semanas, na fábrica 2 – que fica em uma travessa da rua Vergueiro, próxima aos "três postos", em São Bernardo. Este seria o motivo das enormes filas que todos os dias se formam no local, chegando a juntar mais de 500 pessoas.

A denúncia partiu dos próprios companheiros da Termomecânica, durante reunião mantida ontem com diretores de nosso Sindicato. Eles mostraram que 307 trabalhadores já foram demitidos este ano – 15 em janeiro, 144 em fevereiro e 123 até ontem (mais 25 demissões que serão homologadas dia 30). Revoltados com a situação, vários funcionários protestaram e 31 trabalhadores foram suspensos.

Cai a Máscara
Até agora o Sindicato teve dificuldade para organizar os companheiros da Termomecânica. A empresa dirigida por Salvador Arena sempre teve fama de "boazinha", e os funcionários não davam atenção ao Sindicato [os grifos são meus]. A Termomecânica, por seu lado, sempre fez o que pôde para impedir a organização no local de trabalho. Seguranças da empresa chegaram ao absurdo de, em 1985, agredirem diretores na porta da fábrica.[29]

---

29 Conforme relatei acima, este episódio ocorreu em 1979.

Diego Tavares dos Santos

> Agora começa a cair a máscara da Termomecânica. Os "salários extras" vêm do acréscimo na jornada de trabalho, irregularidade que já obrigou a intervenção do Sindicato. O índice de acidentes graves de trabalho é muito alto. Apenas de janeiro para cá, um eletricista ficou gravemente ferido e um mecânico de manutenção recebeu um choque elétrico violento e saiu seriamente queimado. Para completar, no último sábado um companheiro perdeu dois dedos de uma mão em uma máquina.
>
> Por não suportar mais esta solução, os trabalhadores da Termomecânica paralisaram vários setores das fábricas no sábado e na segunda-feira e estão dispostos a colocar um fim a esta situação.
>
> Hoje o Sindicato realiza três assembleias na porta da Fábrica 1, localizada na Avenida Caminho do Mar, em Rudge Ramos. (Tribuna Metalúrgica, n. 2063, 26/03/1992, p. 2, *Dono da Termomecânica perde máscara de bom*)

A ameaça de demissão em massa novamente tira a invisibilidade da violência que a TM usava contra seu grupo de trabalhadores. Em 20 de setembro de 1992, a *Folha de São Paulo* noticiou que uma queda de produtividade de 35% a 40% teria feito com que Salvador Arena demitisse 500 trabalhadores. Segundo o periódico, Arena se frustrara pois acreditava que seus funcionários não trabalhavam com a intensidade e a paixão devidas. Para completar a desilusão do patrão, após as demissões os trabalhadores propuseram reclamações trabalhistas amparadas em direitos que Salvador Arena reputava, conforme disse acima, como "ninharias" e sinais de deslealdade. Desapontado, Arena teria alterado seus planos de legar a fábrica ao seu grupo de trabalhadores, preferindo deixar todo o capital da TM à Fundação Salvador Arena, definindo um corpo diretivo escolhido entre pessoas de sua confiança, conferindo aos dirigentes plenos

A fábrica em que o sindicato nunca entrou 177

poderes para que após sua morte pudessem gerir a Fundação e a fábrica. Salvador Arena não teve herdeiros, conforme asseverou sua biógrafa: *[Arena] Casou-se mas não teve filhos. Dizia que não queria vê-los brigando pela herança, tampouco ter a decepção de ter filhos com fraquezas e defeitos e de ver a sua empresa mal administrada. "O filho nunca é como o pai", dizia.* (ALVES, 2000, p. 31).[30] Após a demissão dos quase 500 trabalhadores em março de 1992 e ante a ameaça de demissão de todos os funcionários, em 16 de abril de 1992 a *Folha de São Paulo* noticiou que milhares de trabalhadores (6500 pessoas) foram às portas da TM ávidos por lá conquistarem emprego.[31] Estes eventos teatralizados demonstraram a força simbólica da empresa e sua capacidade de pressão, bem como denotaram as dificuldades de sindicalizar a Termomecanica.

Embora o sindicato assumisse as dificuldades de organizar os trabalhadores da TM, comemorava que, enfim, Salvador Arena perdia a "máscara de bom" que ostentava para seu grupo de trabalhadores. Conforme demonstrei, isso indicava um deslocamento no modo de criticar a Termomecanica: a estratégia de combater os benefícios havia ficado para trás, bem como a mera crítica aos chefes; agora Arena era o culpado e o campo de batalhas dar-se-ia em torno da cidadania. Especialmente a partir de 1989, o sindicato foi além das denúncias dos abusos, das péssimas condições de trabalho e das arbitrariedades de Salvador Arena. A crítica deveria ultrapassar a descaracterização do mito do bom patrão e centrar-

---

30   Salvador Arena ficou viúvo antes de ter filhos. Nesta passagem, o arroubo arrogante, pretensioso e um tanto quanto ridículo, demonstra bem a autoconfiança inabalável de Arena.

31   Ver: (*Folha de São Paulo*, 20 de setembro de 1992, Dinheiro, 2, p. 7, *Desiludido, empresário corta distribuição de lucro*); (*Folha de São Paulo*, 16 de abril de 1992, cidades, 7, p. 3, *Termomecânica não dá senha a candidatos*).

-se no ataque às idiossincrasias que Salvador Arena mobilizava como meios de ocultar a exploração do trabalhador e a ausência de cidadania em sua fábrica.

Neste sentido, o sindicato passou a enaltecer a luta por direitos contra os benefícios que eram oferecidos como migalhas, como favores do patrão em troca de deferência. Deste modo, passou a divulgar em seu jornal os resultados das lutas ocorridas na TM e a propor reflexões com vistas a dinamizar ainda mais o espírito reivindicativo de seus trabalhadores. Os sindicalistas acreditavam que assim desmascarariam Salvador Arena e retirariam o manto que bloqueava a influência do sindicato sobre o grupo de trabalhadores da Termomecanica. Procuravam, assim, construir, aos poucos, uma linguagem de classe.

Em 1989, a *Tribuna Metalúrgica* pela primeira vez cobriu exaustivamente o que chamou de "greve dos eletricistas da TM". Até então, o jornal do sindicato noticiava apenas supostas adesões dos trabalhadores da Termomecanica aos movimentos grevistas mais amplos – fato que, conforme discuti no segundo capítulo, deve ser relativizado. Todavia, como apenas em 1989 o jornal do sindicato acompanhou diariamente uma paralisação na TM, é provável que, quanto a este caso, a fonte seja fidedigna. Seja como for, o evento narrado pela *Tribuna Metalúrgica* foi, na verdade, uma paralisação de apenas alguns eletricistas – o que, de qualquer modo, era significativo, afinal tratava-se do primeiro registro confiável de uma paralisação na fábrica de Arena:

> Greve na Termomecânica
>
> Os eletricistas da Termomecânica entraram ontem em greve. Eles reivindicam turno de 6 horas, adicional de periculosidade e equiparação salarial. Querem também mais respeito, já que o patrão não aprendeu a tratar as pessoas.

A fábrica em que o sindicato nunca entrou 179

As reivindicações dos eletricistas estão em lei, mas não foram respeitadas até agora. Quem sabe, com a greve, o patrão obedece a legislação. Para quem oferece NCz$ 6.000,00 a mecânicos, não deve ser difícil atender as reivindicações dos eletricistas. Ou então o patrão está mentindo. Mais uma vez. (Tribuna Metalúrgica, n. 1582, 20/09/1989, *Greve na Termomecânica*)

O que rola nas fábricas
Arena, fora da lei
Mesmo não cumprindo a legislação, o proprietário da Termomecânica não admite reivindicação!

Até agora, o dono da empresa – que tem fama de excêntrico – não se dispôs a negociar com os 10 eletricistas que entraram em greve no dia 19. Os grevistas querem o que está na lei, querem o que está na Constituição.

Eles reivindicam turno de 6 horas, adicional de periculosidade e equiparação salarial. Mas o homem não quer saber de nada, e até tentou tirar do banco o vale do dia 25, que já havia sido depositado.

Enquanto isso, os 3 eletricistas que não cruzaram os braços estão com jornada de trabalho de 15 ou 16 horas, em mais um flagrante desrespeito às normas trabalhistas.

O dono da Termomecânica está fora da lei. (Tribuna Metalúrgica, n. 1586, 27/09/1989, *O que rola nas fábricas. Arena, fora da lei*)

Termomecânica demite grevistas por justa causa
A Termomecânica São Paulo demitiu ontem, por justa causa, todos os trabalhadores que estavam em greve desde o dia 19 de setembro. Os trabalhadores estavam reivindicando cumprimento do turno de 6 horas, equiparação salarial e pagamento do adicional de insalubridade.

> Mais uma vez a Termomecânica passou por cima dos direitos trabalhistas assegurados em lei, mandando embora trabalhadores que estavam exercendo um direito previsto na Constituição Federal: a greve.
> Amanhã, o pessoal demitido tem reunião importante no Sindicato. Será a partir das 15 horas, na própria sede da entidade, para discutirmos encaminhamento processual junto com os advogados do departamento jurídico. (Tribuna Metalúrgica, n. 1589, 03/10/1989, *Termomecânica demite grevistas por justa causa*)

É questionável se a paralisação dos eletricistas de 1989 pode ser chamada de greve. De qualquer maneira, pela primeira vez alguns trabalhadores ousavam levantar as vozes e tornavam visível o conflito oculto que se travava na TM. O embate de 1989 e o sindicato e porque se seguiu a ele tornou público a luta simbólica que opunha o sindicato à Arena pelo poder de articular a linguagem dos trabalhadores.

Como tenho tentado argumentar, a experiência vivida é caracteristicamente fragmentada e sua inteligibilidade depende de uma linguagem que a articule e lha dê sentido. Assim, se por um lado a experiência social dos peões do ABC – sentidas dentro e fora do trabalho – também eram vivenciadas pelos trabalhadores da TM, por outro a história de lutas que precedeu o novo sindicalismo e a avalanche após maio de 1978 não bastaram para arrebatar o grupo de trabalhadores de Salvador Arena. As táticas mobilizadas nas demais empresas não penetravam na realidade insular da Termomecanica e, após anos de tentativas frustradas, em 1989 o sindicato enfim conseguia, ainda que sem muito viço, articular uma linguagem classista. A experiência de exploração emanava da voz dos eletricistas numa linguagem que se condensou por meio da atuação sindical. Vale considerar de perto as

A fábrica em que o sindicato nunca entrou 181

novas estratagemas dos sindicalistas.

Ainda na esteira da denúncia da paralisação e subsequente demissão dos eletricistas, a *Tribuna Metalúrgica* noticiou a demissão de um cipeiro na TM. Na época havia uma tática sindical de ocupação das CIPA's (Comissão Interna de Prevenção de Acidentes) para valer-se da estabilidade e algumas garantias da função como meios de organizar os trabalhadores no local de trabalho; na TM, onde urgia a articulação de uma linguagem classista, esta tática também foi utilizada.

Poucos dias após ser desbaratada a paralisação dos eletricistas e demitidos seus protagonistas, rapidamente a empresa demitiu um cipeiro que sequer era eletricista – Adilson Gati. Este cipeiro foi um dos ex-trabalhadores da TM que entrevistei e que tinham vínculos com o sindicato. Gati era lubrificador de máquinas na empresa, função que o permitia percorrer toda a fábrica e, assim, lhe possibilitava coletar e articular as insatisfações dos trabalhadores. Adilson Gati, atualmente trabalhador da Volkswagem e militante conhecido entre os metalúrgicos de São Bernardo, já tinha fortes ligações com o sindicato antes mesmo de entrar na Termomecanica. Sua demissão denota como a TM buscava eliminar sumariamente – ainda que à revelia da estabilidade legal do cipeiro – o articulador da insatisfação dos eletricistas:

> *O que rola nas fábricas*
> *Termomecânica demite cipeiro por justa causa*
> A Termomecânica, não satisfeita em demitir por justa causa dez eletricistas que participaram da última greve, demitiu sexta-feira o companheiro Adilson Gat, vice-presidente da CIPA, também por justa causa.
> Além disso, a Termomecânica suspendeu por 7 dias um outro membro da CIPA, por indisciplina porque, os dois com-

Diego Tavares dos Santos

panheiros discutiam durante o expediente os problemas de segurança no trabalho, função para a qual foram eleitos diretamente pelos trabalhadores.

Mais uma vez, a Termomecânica passou por cima dos direitos dos trabalhadores, não respeitando sequer a Constituição do País que prevê estabilidade para os cipeiros.

Agora, o Sindicato, através do Departamento Jurídico, vai entrar com um processo para tentar reverter a demissão do companheiro cipeiro dispensado, bem como tomar as medidas jurídicas cabíveis para impedir que a Termomecânica obrigue os trabalhadores a prestarem horas extras no domingo. Olho vivo, moçada! (Tribuna Metalúrgica, n. 1608, 07/11/1989, *O que rola nas fábricas. Termomecânica demite cipeiro por justa causa*)

Adilson Gati era um militante testado e participara de greves nas empresas em que trabalhara antes da Termomecanica, de maneira que sua eleição para a CIPA é sinal inconteste de que a linguagem sindical encontrava alguma recepção no chão de fábrica da empresa. De sua parte, a empresa não apenas demitiu o militante sindical que atuava no interior da empresa como realizou efetiva operação de "purificação" da CIPA dos elementos sindicalizados. Após a demissão dos eletricistas e de Gati, a *Tribuna Metalúrgica* denuncia que na CIPA restaram apenas aqueles que faziam o jogo do patrão:

Termomecânica
Mais um acidente de trabalho
Manoel Pinheiro da Silva, de 22 anos, foi mais uma vítima do descaso patronal. Ajudante de produção na Termomecânica há apenas duas semanas, Manoel foi prensado contra a parede por uma empilhadeira e fraturou a bacia.
O acidente aconteceu na última sexta-feira, quando Manoel, auxiliado por um companheiro de trabalho, o Zezinho, la-

A fábrica em que o sindicato nunca entrou 183

vava o chão de um dos pátios da empresa. O serviço estava sendo fiscalizado pelo chefe de segurança, mas como uma empilhadeira estava estorvando o serviço, o chefe ordenou que Zezinho retirasse a empilhadeira do local. Mesmo não sendo habilitado para esta função, Zezinho cumpriu a ordem do chefe e quando ligou a empilhadeira, percebeu que a ré estava engatada e prensou Manoel contra a parede. O trabalhador acidentado foi internado no Hospital São Caetano em estado grave. Até o momento não há previsão de sua alta, mas os médicos já levantaram a hipótese de que Manoel poderá ficar inválido e carregar sequelas pelo resto de sua vida. Hoje, o Programa de Saúde do Trabalhador vai fiscalizar o local do acidente para apurar as causas e responsabilidades. Da mesma forma, o Sindicato já está estudando a possibilidade de se encaminhar um processo crime contra a Termomecânica. Mas, isso não basta. Quanto pode valer a vida deste companheiro? Para a Termomecânica não deve valer nada e tampouco para a CIPA desta empresa, que não está nem aí com a saúde dos trabalhadores. Para esta CIPA inconsciente e desmobilizada a única preocupação é fazer o jogo do patrão e abaixar a cabeça para a Termomecânica. (Tribuna Metalúrgica, n. 1644, 25/01/1990, *Termomecânica. Mais um acidente de trabalho*)

A demissão de Adilson Gati, o cipeiro sindicalista, significou, portanto, a "esterilização" da presença sindical na TM[32] exatamen-

---

32 A esterilização, contudo, foi além dos militantes sindicais. Em 1992, a *Tribuna Metalúrgica* noticiou alguns conflitos e paralisações na TM e a dura repressão da empresa. Em março de 1992 o jornal do sindicato registrou a luta contra as demissões (mais de 300) que passaram a ocorrer na empresa após a paralisação dos eletricistas. Devido aos protestos,

Diego Tavares dos Santos

te quando os sindicalistas procuravam articular uma linguagem classista a partir de um ponto especialmente sensível do ponto de vista dos trabalhadores: a saúde e a segurança do trabalho. Segundo os sindicalistas, na CIPA restaram apenas os inconscientes e desmobilizados, restando aos militantes expulsos da fábrica recuperá-la; para tanto combinaram a militância à alguns instrumentos de luta oferecidos pelos direitos de cidadania,[33] afinal, ante

na mesma semana a empresa efetuou duas levas de demissões: Inicialmente 31 trabalhadores foram afastados e, em seguida, outros 25 foram demitidos. Além disso, em tom de bravata, a empresa ameaçou demitir todos os 1741 funcionários, pois afirmava ter mais de cinco mil fichas de trabalhadores interessados em trabalhar para a TM. Ao final, a empresa cedeu e readmitiu grande parte do grupo, exceto seis trabalhadores que, identificados como os líderes do movimento, foram demitidos por justa causa. Inconformados, os trabalhadores demitidos acamparam na porta da empresa, e ameaçaram realizar greve de fome. Contudo, o máximo que conseguiram foi receber todos os direitos trabalhistas. A empresa não cederia em sua política de repressão. Sobre os seis trabalhadores, ver: (*Folha de São Paulo*, 01 de maio de 1992, economia/ cidades, 5, p. 3, *Demitidos vão manter protesto*). Para maiores detalhes sobre o ano de 1992, ver os seguintes números da *Tribuna Metalúrgica*: n. 2063, de 26/03/1992, p. 2; n. 2064, de 27/03/1992, p. 2; n. 2066, de 31/03/1992, p. 2; n. 2078, de 28/04/1992, p. 2; n. 2080, de 30/04/1992, p. 2; n. 2082, de 05/05/1992, p. 2; n. 2083, de 06/05/1992, p. 2; n. 2085, de 08/05/1992, p. 2; n. 2202, de 11/12/1992, p. 2.

33 O sindicato se valeu de instrumentos públicos como o Programa de Saúde do Trabalhador e a Delegacia Regional do Trabalho para recuperar seu espaço na TM:
Fiscalização na Termomecânica
O Programa de Saúde do Trabalhador, visitou a Termomecânica na última quinta-feira para apurar as responsabilidades e causas do acidente ocorrido com o Companheiro Manoel Pinheiro da Silva, que foi prensado por uma empilhadeira no último dia 19.
Mas, desta vez a fiscalização não foi comum, daquelas que são realizadas apenas para cumprir protocolos e burocracias. Desta vez, os trabalhadores, garantidos pela Constituição Estadual, conseguiram fazer

A fábrica em que o sindicato nunca entrou 185

o poder arbitrário do patrão, a condição de cidadão portador de direitos representava verdadeira subversão à peculiar dominação a que se submetia o grupo de trabalhadores da empresa. A luta pela recuperação da CIPA durou pouco mais de três anos até que em 1993 a *Tribuna Metalúrgica* voltava à carga, anunciando a eleição para cipeiros e convidando eventuais candidatos.[34] De sua parte, a empresa não observou passivamente a mobilização sindical. Interferiu no processo eleitoral e neutralizou a ação dos militantes sindicais. Diante do total arbítrio do patrão, o sindicato novamente tentava traduzir a luta de classes no léxico da cidadania. Para tanto, recorreu à Delegacia Regional do Trabalho:

> *DRT anula eleição da Cipa na Termo*
> Não houve acordo entre Sindicato e Termomecânica na mesa redonda realizada ontem, de manhã, na DRT (Delegacia Regional do Trabalho), em São Bernardo para discutir as

com que o Sindicato participasse também desta fiscalização para coletar mais dados sobre o acidente e acionar um processo crime contra a Termomecânica.
Só organizados nós poderemos fazer valer o nosso direito na prática.
(Tribuna Metalúrgica, n. 1646, 29/01/1990, *Fiscalização na Termomecânica*)

34 *Eleição de Cipa* (...)
Termomecânica
Dia 19 – O Sindicato está convidando todos os candidatos que querem ser apoiados pelo Sindicato para passar na sede de São Bernardo, no primeiro andar e procurar Hildo, Gonçalo, Dunga, Dirceu ou Socorro. (Tribuna Metalúrgica, n. 11, 17/03/1993, p. 2, *Eleição de Cipa. Termomecânica*).
Gonçalo foi um dirigente do SMABC no início da década de 1990. Uma de suas atribuições era coordenar a atuação sindical na área em que se localizava a TM. Seu destaque na reorganização da CIPA o transformou em um dos articuladores da greve de 1994 e rendeu a sindicalização de alguns trabalhadores da TM. Entrevistei Gonçalo no primeiro semestre de 2012.

irregularidades que envolveram a eleição da Cipa em 19 de março último. Diante da intransigência da empresa, o subdelegado da DRT, Miguel Aguani, anunciou que vai cumprir a lei e encaminhar à empresa aviso da anulação da eleição da Cipa e convocação imediata de novas eleições.

A empresa reconheceu que estava irregular e propôs que se mantivesse a Cipa até as próximas eleições (daqui a um ano), quando tudo será regularizado. Ela não aceita a participação do trabalhador Severino José de Lima, o Catinguelê, em novas eleições. Catinguelê, demitido da empresa, teve apenas 26 votos na apuração da empresa e foi o mais votado, com 152 votos, na eleição paralela, feita pelo Sindicato. O Sindicato não concordou com essa posição.

No final da mesa redonda, o advogado Maurício Soares, coordenador dos representantes da empresa, não quis dar entrevista à Tribuna. Ele avisou que a empresa vai recorrer na DRT para inviabilizar a anulação. "Se necessário, vou à Justiça do Trabalho", afirmou. Maurício Soares foi assessor jurídico do Sindicato e é ex-prefeito da cidade.

Esta foi a segunda mesa redonda realizada entre Sindicato e empresa. Depois da primeira mesa redonda, diante da negativa da empresa em reconhecer as irregularidades, o Sindicato pediu uma diligência na fábrica para apuração.

A diligência, feita em 4 de maio último, confirmou que a empresa descumpriu a legislação em dois pontos: existe uma única Cipa pata dois estabelecimentos distantes pelo menos 3,5 quilômetros um do outro (a unidade da senador Vergueiro e a da Rua Caminho do Mar) e os setores de maior risco, como a fundição, não têm representantes na Cipa. (Tribuna Metalúrgica, n. 18, 22/06/1993, p. 1, *DRT anula eleição da Cipa na Termo*)

A fábrica em que o sindicato nunca entrou 187

Mudanças na Cipa da TM

O Sindicato realizou três assembleias com os trabalhadores da Termomecânica, sexta-feira passada para informar sobre a anulação da atual Cipa e a realização, nos próximos sessenta dias, conforme determinação da Delegacia Regional do Trabalho (DRT) no início de julho. Nova eleição será por áreas (são 9 áreas na fábrica 1 e quatro na fábrica 2). A coleta e a apuração dos votos serão acompanhadas pela DRT. Os candidatos têm o poder de fiscalizar a eleição. Quem coordena e preside a eleição é a atual vice-presidente da Cipa.

Na assembléia, o diretor do Sindicato, Gonçalo Valdivino Pereira, conclamou os trabalhadores a começarem uma mobilização para garantir que a empresa cumpra os direitos trabalhistas.

Ele denunciou que, entre outros problemas, existe diversos salários, cada um mais baixo que o outro, para trabalhadores que exercem a mesma função; a empresa não paga o vale com reajuste, e não paga metade do décimo terceiro para os trabalhadores que tiram férias. Além disso, a Termomecânica obriga os trabalhadores do turno das 7h a trabalharem 18 minutos a mais. (Tribuna Metalúrgica, n. 26, de 27/07/1993, p. 4, *Mudanças na Cipa da TM*)

Eleição de Cipa na Termomecânica

Estão abertas as inscrições para a eleição da CIPA na Termomecânica, em São Bernardo. Os interessados podem se inscrever de hoje até o próximo dia 13. É importante que os companheiros de cada setor discutam a eleição para apoiar candidatos que tenham, efetivamente, compromisso com os trabalhadores. Todos têm direito a participar da eleição, ou seja, a empresa não pode criar nenhum tipo de dificuldade. A eleição está marcada para 24 de setembro.

188 Diego Tavares dos Santos

A realização de nova eleição na TM foi uma decisão da Justiça, depois que o Sindicato denunciou irregularidades no pleito realizado em março e posteriormente anulado. Gora, a eleição na Fábrica 1 prevê nove cipeiros, um para cada área, e na Fábrica 2, outros quatro cipeiros. Isto corrige uma das irregularidades apontadas pelo Sindicato: existia apenas uma CIPA para dois estabelecimentos distantes pelo menos 3,5 quilômetros um do outro. A DRT também vai estar presente no dia da nova eleição (Tribuna Metalúrgica, n. 48, 03/09/1993, p. 4, *Eleição de Cipa na Termomecânica*).

Após setembro de 1993 as notícias sobre a CIPA desaparecem da *Tribuna Metalúrgica*. Tudo indica que no fim de 1993 o sindicato recuperou seu posto no chão da fábrica, pois entre abril e maio de 1994 foram colhidos os frutos da paralisação dos eletricistas e da luta pelo controle da CIPA.

É curioso que o conflito na Termomecanica tenha explodido exatamente no momento em que arrefecia o ímpeto dos peões do ABC. Como afirmei no primeiro capítulo, o novo sindicalismo não se construiu apenas como um movimento de luta por direitos no cenário da ditadura militar. A experiência grevista iniciada em 1978 guardava em seu seio múltiplas possibilidades que poderiam, inclusive, ter superado os limites da "cidadania burguesa" em direção à uma "cidadania do trabalho". Independente da perspectiva política dos sindicalistas, a luta por direitos efetivamente foi um dos campos de disputa em que se travou a luta de classes no Brasil, seja a luta protagonizada pelos grevistas do após 1978, seja aquela travada por seus antecessores. Assim, é interessante que a ruína da autoridade de Salvador Arena tenha se iniciado exatamente quando o conflito latente que nascia no chão de fábrica foi traduzido no léxico da cidadania que havia sido construída em torno das lutas anteriores da classe trabalhadora brasileira.

A fábrica em que o sindicato nunca entrou   189

O marxismo clássico sempre compreendeu o Direito como um reflexo superestrutural da infraestrutura econômica da sociedade. Nestes termos, o Direito, a lei e a democracia eram vistos exclusivamente como instrumentos de dominação de classe. Com vistas a oxigenar a tradição marxista e impedir que ela fosse sufocada por dogmatismos, E. P. Thompson propôs uma releitura das percepções inspiradas no par *infraestrutura econômica/superestrutura* a partir de sua noção de experiência social multifacetada que tem por eixo a luta política – seguia, neste ponto, a tradição do marxismo inglês que contava com figuras como Raymond Williams e Eric Hobasbawm. Ao fazer isso, o historiador reconsiderou algumas interpretações marxistas clássicas, entre elas o papel da lei na sociedade burguesa. Ancorado em sólidas pesquisas empíricas, demonstrou como o Direito não é apenas um meio de dominação de classe sendo *também* um anteparo que os próprios dominados podem agenciar no sentido de proteger-se dos dominantes. Por mais que a lei seja um instrumento de dominação de classe e, nesse sentido, sirva como legitimação da dominação, ainda assim, para parecer ser legítima, ela não pode equivaler-se ao puro arbítrio e, por isso, sua aparência de legitimidade deve ancorar-se em alguma legitimidade efetiva. Noutras palavras, ainda que seja um instrumento de dominação de classe, para ter legitimidade a lei deve *parecer ser justa à todos* (e algumas vezes *ser efetivamente justa à todos*); isto é, para ter autoridade, ela precisa guiar-se por "critérios lógicos referidos a padrões de universalidade e igualdade" (THOMPSON, 1987, p. 353). A exigência destes critérios de universalidade e igualdade acaba, na prática, oferecendo margens para que os dominados troquem sua subordinação por compromissos dos dominantes de que a dominação não ultrapassará certos limites do que seja considerado justo[35] – ademais, a interpretação thompsoniana tenta construir uma noção de justiça móvel porquanto histórica e politicamente orientada.

Afinal, os dominantes não poderiam impor-se exclusivamente pela força na medida em que os custos da dominação seriam tão grandes que, no limite, por oprimir de forma arbitrária, acabariam colocando em risco sua própria existência – além do que, há também a necessária autoindulgência dos dominantes que precisam acreditar que efetivamente fazem o bem de todos.

De sua parte, os trabalhadores lutam pelo domínio da lei apesar dos instrumentos jurídicos pressuporem sua subordinação porque, aos "de baixo" é melhor viver sob o império da lei do que sob lei nenhuma. Isto é, para conquistar uma dominação hegemônica que prescinda do uso frequente da coerção, a burguesia precisa respeitar a lei que não apenas é um limitador ao seu total arbítrio, pois, eventualmente, para ser crível às vezes concede vitórias parciais à classe trabalhadora. Por isso, o Direito, a lei e a democracia não são meros instrumentos de dominação de classe, de maneira que os trabalhadores podem esgarçar os limites da cidadania no sentido de reconfigurar o acordo hegemônico que dá sentido à lei, exigindo cada vez mais por sua submissão, até que

---

35 São famosas as ponderações de E. P. Thompson (2004) de que a noção de "direitos do inglês livre de nascimento" foi agenciada pelos pobres ingleses do século XVIII quando lutavam contra o poder arbitrário senhoriais. Se por um lado a exigência dos direitos tradicionais os inscrevia num quadro de dominação, por outro a dominação só era possível se reconhecesse limites mínimos que não poderia ultrapassar. A própria dominação estaria ameaçada se estivesse pautada apenas na coerção e, assim, ultrapassasse os limites aceitos pela tradição do inglês livre de nascimento. Em seu estudo sobre a Lei Negra, Thompson procurou demonstrar que mesmo esta lei infame por vários aspectos não significou o arbítrio total dos "de cima" contra os "de baixo" (THOMPSON, 1987).

A fábrica em que o sindicato nunca entrou   191

tenham condições de propor um novo acordo hegemônico que esteja ancorado em seus interesses. Voltemos, contudo, à análise dos fatos ocorridos na TM. Salvador Arena dizia oferecer mais do que "as migalhas da lei" e em troca exigia a total deferência de seus trabalhadores.[36] Quando o conflito se traduziu na linguagem dos direitos de cidadania, os trabalhadores da fábrica perceberam aquilo que foi exaltado por E. P. Thompson: o império da lei é melhor do que o império patronal. De fato, alguns trabalhadores da empresa por muito tempo se beneficiaram economicamente da total submissão do grupo de trabalhadores ao arbítrio patronal. A graça concedida à alguns tinha como contrapartida a lealdade plena, assim, na Termomecanica os trabalhadores quase não podiam negociar as condições de sua dominação. Ao propor a linguagem da cidadania, o sindicato os fez sentir os ares da democracia que sopravam fora da TM. Assim é que a partir de 1989 os trabalhadores da fábrica preferiram submeter-se antes à lei do que à dominação paternalista do patrão. Ademais, talvez tudo isso explique porque uma lei como a

---

36   Segundo a biógrafa: *No passado, Arena cogitou legar a Termomecanica a todos os funcionários da empresa depois de sua morte. Chegou até a estabelecer os critérios para esse fim. Numa rara entrevista concedida à imprensa, e num raro desabafo público, queixou-se de que os funcionários não se envolviam com a empresa tanto quanto acreditava. Às vezes, acordava no meio da noite e percorria a fábrica para ver como as coisas estavam andando. Com frequência percebia falhas que poderiam ser evitadas com mais empenho e dedicação. Nesse período a economia do país passava por uma recessão. A Termomecanica sofria as consequências, com uma queda de produção de 40% em relação aos anos anteriores. Por isso, foi obrigada, pela primeira vez, a demitir cerca de quinhentos funcionários. Muitos deles iniciaram ações trabalhistas reclamando o pagamento de direitos que alegavam ter.* Ninharias [*o grifo é meu*], segundo Salvador Arena. *Reivindicavam o pagamento de minutos trabalhados na transferência de turnos e intervalos para refeições.* (ALVES, 2000, p. 98-101)

Consolidação das Leis do Trabalho (CLT) se mantenha há tantas décadas apesar de sua evidente disposição de subordinar a classe trabalhadora brasileira ao poder político: afinal, nas condições objetivas em que se desenvolveu o capitalismo brasileiro – que não conheceu quaisquer limites à exploração – a regulação da CLT seja um mínimo incompressível em nossas relações de trabalho.

Esboço de uma linguagem de classe II: a greve de 1994

Greve na Termomecânica
Trabalhadores saem em passeata, exigindo os 19% de aumento

Os trabalhadores da Termomecânica, de São Bernardo, romperam ontem antigos grilhões e deram um grito de liberdade. Em assembléia realizada pela manhã, com os turnos das 6h e 7h na Fábrica 1, eles aprovaram por unanimidade a decretação de greve pelo reajuste de 19%. Em seguida, saíram em passeata até a Fábrica 2, cujos funcionários deixaram o serviço para juntar-se aos companheiros.

"Todos lavaram a alma", disseram os diretores do Sindicato presentes à manifestação na TM, que faz parte do Grupo 8 e tem 1.800 funcionários. Já na assembléia das 6h, os trabalhadores mostraram sua disposição de luta, decidindo não entrar na fábrica e esperar o turno das 7h, para realizar uma assembléia conjunta.

Aprovada a greve, os trabalhadores saíram em passeata, percorrendo um percurso aproximado de dois quilômetros, passando pelas avenidas Caminho do Mar, Winston Chirchill e Senador Vergueiro. Chegando à Fábrica 2, ficaram aguardando a saída de seus companheiros. À medida que isso ia acontecendo, eles eram recebidos com palmas.

A fábrica em que o sindicato nunca entrou 193

Semente de democracia

Na avaliação dos diretores foi plantada uma semente de democracia na Termomecânica, empresa que sempre se caracterizou pela repressão interna e pelas péssimas condições de trabalho. Os trabalhadores perceberam ontem que liberdade e cidadania não vêm de graça – é uma conquista que se alcança apenas com muita luta.

Até ontem a TM não havia se manifestado. Desde a semana passada, a diretoria do Sindicato tem tentado manter contato com a empresa. Ainda na quarta-feira, o vice-presidente por São Bernardo, Luiz Marinho, procurou com insistência o diretor-superintendente da TM, Alfonso Buccheri. Além dos 19%, os trabalhadores querem negociar reposição de perdas dos Planos Bresser e Verão, restabelecimento do vale-compra e regularização da jornada de trabalho, que hoje é de 45h30 para o turno (?) [este trecho estava ilegível documento]. Hoje um trabalhador faz 18 minutos a mais por dia, aumentando em uma hora e meia sua jornada semanal. (Tribuna Metalúrgica, n. 59, 29/04/1994, p. 2, *Greve na Termomecânica*)

Em 3 de maio de 1994 a *Tribuna Metalúrgica* dava voz a Lopes Feijó, então presidente da CUT Estadual de São Paulo e diretor do sindicato, para quem a paralisação da TM, iniciada em 28 de abril de 1994, era uma vitória porque iria "quebrar uma relação de trabalho submissa". Na mesma notícia, o jornal do sindicato novamente comemorava a demonstração dos trabalhadores da empresa de sua "disposição de lutar por melhores salários e por uma relação de trabalho democrática e mais respeitosa por parte da empresa".[37] O entusiasmo dos sindicalistas se pautava menos na

---

37 Ver: (Tribuna Metalúrgica, n. 60, 03/05/1994, capa, *Companheiros da TM estão firmes na luta*)

conquista do aumento e na vedação dos abusos patronais e mais no desencantamento daquele mundo meio isolado no coração do novo sindicalismo. Mais do que comemorar a conquista de benefícios, dever-se-ia enaltecer o grito dos trabalhadores contra relações de trabalho submissas, contra noções de lealdade e favor; dever-se-ia comemorar o rompimento dos grilhões e a consequente democratização da fábrica. Em 1994 a greve da TM colocou o sindicato diante de seu passado recente justamente no momento em que o cenário político e econômico o direcionava à acomodação e à negociações desfavoráveis. Apesar do arrefecimento do ímpeto dos sindicalistas autênticos, as relações de trabalho na TM impunham um retorno da linguagem que enfatizava a luta ao invés da negociação.

Nos dias de greve, às portas da TM compareceram antigos militantes e também os dirigentes sindicais – como Gonçalo – que admiravam os primeiros frutos gerados pela semente que plantaram nos longos e duros anos em que disputaram a CIPA da Termomecanica. Todos faziam festa enquanto rememoravam os grandes dias. A greve de 1994 era uma oportunidade em que deixavam de lado o pragmatismo do presente e voltavam aos sonhos.

De sua parte, os trabalhadores pela primeira vez ousavam tornar público seu flerte com a identidade classista, retirando de seus rostos uma face que dissimulava a rebeldia com a lealdade à Salvador Arena.

A fábrica em que o sindicato nunca entrou

Tribuna Metalúrgica, n. 59, 29/04/1994, capa; fotografia de Januário F. da Silva

Os registros fotográficos da passeata flagram as altas torres – num inconfundível estilo panóptico – que davam visão interna e externa da empresa de onde os seguranças da TM filmavam a manifestação ao mesmo tempo em que ostentavam armas de fogo em seus coldres. Pensava-se que depois daqueles dias não seria mais tão fácil esterilizar os focos de rebeldia na empresa, pois ela havia transbordado a CIPA, ultrapassado os muros da fábrica e se assumido pública e coletivamente.

O panóptico da TM; fotografia de Januário F. da Silva feita em algum momento entre 29 de abril e 02 de maio de 1994

Assembleia realizada na porta da fábrica; fotografia de Januário F. da Silva

A fábrica em que o sindicato nunca entrou 197

Passeata na Avenida Caminho do Mar. Ao lado, a fábrica e seu panóptico; fotografia de Januário F. da Silva

Achacada, a TM valeu-se de velhos expedientes que, entretanto, não tinham mais o mesmo viço. Antes, Arena antecipava-se às greves e liberava os trabalhadores, concedendo licença remunerada até que as coisas se acalmassem. Em 1994 a concessão veio apenas alguns dias *após* a paralisação; a tática de Arena continuava sendo evitar a influência do sindicato sobre seus trabalhadores, furtando-se a qualquer tipo de negociação com os sindicalistas,[38] enquanto ganhava tempo e esperava o julgamento do dissídio no Tribunal Regional do Trabalho (TRT).[39] Apesar disso, os instru-

---

38 Ver: (Tribuna Metalúrgica, n. 61, 04/05/1994, p. 3, *Continua a luta pelos 19%*).
39 Ver: (Tribuna Metalúrgica, n. 62, 05/05/1994, p. 3, *Termomecânica pede o julgamento do dissídio*).

Diego Tavares dos Santos

mentos de engodo do passado estavam desmascarados e, conquanto a empresa quisesse transformar a greve em licença concedida como favor do patrão, o fato é que pela primeira vez os trabalhadores da Termomecanica aceitavam ser fotografados enquanto gritavam nas ruas de São Bernardo as palavras de ordem que antes não ressoavam além dos muros da fábrica. Enfim expressavam publicamente sua rebeldia.

Era a primeira vez que os trabalhadores desafiavam Salvador Arena com tamanha ousadia e, ciente de que o conflito aberto contribuía para o tão temido enraizamento de uma identidade sindical na fábrica, a TM preferiu levar a luta para o cenário mais confiável do Poder Judiciário, requerendo ao TRT o julgamento da greve. O curioso é que apesar de não admitir que seus trabalhadores estivessem efetivamente paralisados – para a empresa, os funcionários gozavam de licença remunerada –, a TM pedia o julgamento da greve, reconhecendo-a.

Apostando tudo na derrota total das reivindicações, a empresa recusou a proposta de conciliação do TRT. Com isso, enquanto aguardava ansiosamente o respaldo do TRT,[40] a empresa duvidava da força dos trabalhadores e testava a capacidade de organização dos sindicalistas – que de sua parte buscavam manter acesa a chama reivindicativa dos trabalhadores da empresa. No dia 09 de maio de 1994 os trabalhadores decidiram encerrar a greve iniciada no dia 28 de abril enquanto aguardavam a decisão judicial. Colocavam, assim, um ponto final nesta pequena epopeia que significou uma afirmação de sua dignidade e um resgate dos grandes momentos vividos há poucos anos pelos peões do ABC. Ao final

---

40 Ver: (Tribuna Metalúrgica, n. 63, 06/05/1994, p. 2-3, *TM não aceita proposta do TRT*).

A fábrica em que o sindicato nunca entrou

do processo, a empresa conseguiu que o Tribunal voltasse atrás até mesmo de sua primeira proposta de conciliação: a decisão decretou a greve como abusiva e concedeu um reajuste ainda menor do que o originalmente proposto.[41] Deste modo, Salvador Arena acreditava que imporia aos trabalhadores mais que uma derrota judicial, acreditava que lhes enfraqueceria o ímpeto rebelde. De qualquer maneira, ainda que economicamente derrotados na greve, os trabalhadores da empresa saíram vitoriosos. As relações de trabalho nunca mais seriam as mesmas na fábrica de Salvador Arena e, ainda que a manta que protegia os trabalhadores da influência sindical se mantivesse, ela seria como que um andrajo roto, pois agora os trabalhadores tinham algo para lembrar-se além da onipotência patronal: enfim haviam lutado e poderiam alimentar novos confrontos a partir das memórias de 1994.

Salvador Arena morreu em 1998. Entretanto, sua morte social deu-se antes. A greve de 1994 questionou sua autoridade e, com isso, se não atestou sua morte simbólica, certamente diagnosticou a doença terminal que relativizaria o mito do bom patrão. Enquanto isso, o sindicato comemorava a vitória que exultava por detrás da derrota da greve:

> *Suspensa a greve na TM*
> *Decisão foi consciente e não representa o fim da luta*
> Por esmagadora maioria, os 1.800 trabalhadores na Termomecânica, em São Bernardo, decidiram ontem suspender a greve iniciada no último dia 28, enquanto aguardam, trabalhando, que a paralisação seja julgada pelo Tribunal Regional do Trabalho (TRT).
> (...)

---

41 Ver: (Tribuna Metalúrgica, n. 65, 11/05/1994, p. 3, *Termomecanica: TRT volta atrás*).

Diego Tavares dos Santos

Os trabalhadores, porém, deram uma grande demonstração de maturidade e consciência política, acatando o encaminhamento feito por nosso Sindicato, para quem a decisão não representa o fim desta luta histórica (em 50 anos, foi a primeira greve na Termomecânica). "Estamos apenas começando e, se houver alguma demissão, vamos parar novamente", disse Luiz Marinho, vice-presidente por São Bernardo (...)

(Tribuna Metalúrgica, n. 64, de 10 de maio de 1994, p. 2, *Suspensa a greve na TM*)

Diante destes comentários da *Tribuna Metalúrgica* é impossível não relembrar o manifesto que pôs ponto final na greve de 1980:

A guerra continua...

Amanhã, dia 12 de maio, celebramos uma data histórica para os metalúrgicos de São Bernardo e Diadema. Fundado em 12 de maio de 1959, nosso Sindicato completa 21 anos de existência, atinge a plenitude de sua maioridade política. Foi também no dia 12 de maio de 1978 que, depois de 14 anos de silêncio, estourou o primeiro grito de revolta da classe trabalhadora, com a greve da Scania.

Pois bem, em pleno vigor de uma greve que já dura 40 dias, mais organizados do que nunca, fortes e conscientes, amanhã voltaremos às fábricas.

Que os patrões e o Governo saibam: atrás de cada máquina eles terão um trabalhador em guerra; voltamos apenas para evitar a repressão da política do governo face a face e desarmados; a guerra continua porque em nossos coração e em nossa alma carregamos a ira dos justos e uma eterna sede de justiça.

Em nosso coração e em nossa cabeça tudo está muito claro; o sindicato somos nós e hoje somos mais fortes do que nunca (...)

A fábrica em que o sindicato nunca entrou 201

> O importante é manter e aumentar nossa organização. Todos devem continuar unidos. Estas são nossas palavras de ordem; voltar a fábrica não significa produzir. Toda forma de boicote é válida. Nenhuma hora-extra. Ela é o fundo de greve do patrão. Marcha lenta. Reduzir a produção. Nenhuma peça a mais. Quanto menos melhor. Esculhambar a qualidade. Vamos arrancar a estabilidade na marra: companheiro demitido, máquinas paradas até a readmissão. A guerra continua até conseguirmos: todas as revindicações da nossa pauta; libertação dos nossos presos; devolução do nosso sindicato; reintegração da diretoria. Que ninguém, nunca mais, ouse duvidar da capacidade de luta da classe trabalhadora. (Boletim divulgado pelo Comando de Greve do SMABC em 11/05/1980, *apud* ANTUNES, 1992, p. 82)

A greve de 1994 na TM configurou a "vitória dos derrotados", ela foi o "1980" dos trabalhadores da Termomecanica. Ela representa a transição sem muitas mediações da preponderância da consciência resignada à preponderância da consciência rebelde, fenômeno recorrente em nossa formação social, caracterizada por uma contra revolução preventiva que sempre manteve excluída as camadas populares. Esta formação social implica que qualquer movimento por direitos básicos rapidamente se radicalize ante a impermeabilidade do Estado e da autocracia das fábricas.

A construção social
da resignação

No primeiro capítulo procurei discutir como construiu-se historicamente a linguagem classista sistematizada pelo Sindicato dos Metalúrgicos do ABC.[1] No segundo capítulo verifiquei como a linguagem articulada por Salvado Arena bloqueou – ainda que com fissuras, vide o terceiro capítulo – a consolidação da referida linguagem classista. Assim, neste capítulo adensarei a análise do tipo de dominação vivida pelo grupo de trabalhadores da TM. Contudo, é necessário ir além do delineamento da dominação simbólica e teatralizada – cuja tessitura tentei esboçar nos capítulos precedentes – e analisar alguns aspectos objetivos que

---

1 Além da articulação da linguagem realizada pelo sindicato e àquela feita por Salvador Arena, a sistematização da experiência em uma linguagem não depende exclusivamente de instituições, exemplo disso é a condensação imagética das experiências vividas pelos trabalhadores migrantes que está consignada nas músicas sertanejas de raiz, conforme tentei demonstrar no ensaio que abre este livro. Neste sentido, tentei demonstrar como a música sertaneja de raiz pode ser compreendida como um tipo de articulação das experiências vividas por parte da classe trabalhadora brasileira.

contribuíram para consolidar o tipo singular de dominação que efetivou-se na Termomecanica.

Na medida em que adensar-se a análise, tornar-se-á mais compreensível a enorme deferência do grupo de trabalhadores da TM para com o patrão. Todavia, para construí-la, tive de contornar algumas dificuldades impostas pelo peculiar campo de pesquisa que enfrentei: ao passo que me identificava como artífice de um desencantamento, o campo progressivamente se fechava. Em 29 de janeiro de 2013, na missa de rememoração aos 15 anos de falecimento de Salvador Arena, enquanto tentava, de forma um tanto desajeitada, conquistar informantes, um senhor aparentando uns setenta anos, afirmando ter trabalhado quase 30 anos na empresa, ofereceu-se para apontar vários contatos importantes. Não bastasse a simpatia, apresentou-me alguns ex-colegas e disse-me que ofereceria quantas entrevistas e conversas fossem necessárias. Registrei seu contato. Contudo, quando falamos ao telefone, ele foi surpreendentemente ríspido e desistiu de ajudar-me sob o argumento de que alguém da empresa, alguém "lá de cima", o proibira de conceder entrevistas. Fiquei definitivamente surpreso com a capacidade e a velocidade da TM para identificar "elementos indesejáveis" e, especialmente, com o tamanho da deferência deste senhor para com Arena, lealdade que submetia sua própria história de vida ao controle da empresa mesmo após sua aposentadoria e até mesmo após o falecimento do antigo patrão. Este relato permite imaginar as dificuldades enfrentadas em um campo de pesquisa em que nem as memórias do trabalhador já aposentado lhe pertencem totalmente – a não ser como favor daquele à quem deve eterna deferência. Assim, diante das dificuldades, desenvolvi a investigação de maneira que o desvelamento dos limites impostos pelo campo de pesquisa contribuísse para o andamento da análise do tipo de dominação verificado na Termomecanica.

A fábrica em que o sindicato nunca entrou 205

Sociologizando o self-made man

Salvador Arena procurou construir uma imagem quase mítica de *self-made man*. Evidente que sociologizar tal figura implica em desconstruí-la. Para delinear a trajetória da TM e da dominação de Arena sobre seu grupo de trabalhadores, é imprescindível desmontar a figura de empreendedor cujo gênio criador fez tudo nascer do nada; para tanto, é preciso recuperar as fundações sociais da personalidade do patrono pois, para desconstruir sua imagem mítica, é necessário levá-la a sério, afinal, na medida em que a dominação fez-se por meios personalizados, a pessoa importa.

Contudo não tenho qualquer pretensão de esquadrinhar psicologicamente a personalidade de Salvador Arena, mas compreendê-la como um senso prático, um jeito de ser e pensar que foi socialmente construído enquanto subjetivação das inúmeras experiências por ele vividas; experiências estas que foram a vivência cotidiana de tradições que desde há muito compõem a sociedade brasileira. Isto é, entre outros elementos, a singularidade da dominação que efetivou-se na TM dependeu muito do modo singular como Arena tornou-se ele mesmo. A análise de trajetória a seguir apresentada não teve, entretanto, um caráter exaustivo; apenas recuperei alguns elementos que considerei importantes na construção social desta personalidade que fez de sua própria peculiaridade um fator decisivo e objetivo para o êxito do tipo de dominação a que foi submetido o grupo de trabalhadores da Termomecanica. Além disso, não tratei a personalidade peculiar de Salvador Arena como uma excepcionalidade, mas sim como uma singularidade que resultou da combinação específica de traços sociais gerais, isto é, como um arranjo específico de elementos que compuseram a tradição social paternalista que era relativamente comum à época da constituição de sua subjetividade. Cabe, portanto, desatar o "nó social" que foi a personalidade de Arena com vistas a compreender como foi imprescindível ao tipo de dominação que se construiu em sua empresa.

Formação intelectual

Arena nasceu em 15 de janeiro de 1915 em Trípoli, capital da Líbia que, então, estava submetida à Itália. Filho único de pais italianos, tinha cinco anos quando a família imigrou para São Paulo. Viveram modestamente em uma chácara na Vila Prudente – bairro paulistano então habitado por imigrantes italianos – em que seu pai mantinha uma oficina mecânica. Na maior parte da infância Arena esteve metido na oficina do pai e no futuro orgulhou-se de ter começado a trabalhar já aos oito anos.

Iniciou os estudos primários apenas aos dez anos, pelas mãos de um padre italiano, amigo da família. Segundo sua biógrafa, o pequeno Arena sentia-se desajustado no convívio com as crianças mais novas, tendo, entretanto, contornado este desafio devido à destacada capacidade intelectual que o teria levado, enfim, ao curso ginasial no Colégio Mackenzie. De família católica, é provável que tenha sido sua passagem por um colégio presbiteriano que lhe inculcou a obsessão pelo trabalho, os inúmeros hábitos ascéticos de que tanto se orgulha-

A fábrica em que o sindicato nunca entrou 207

va[2] e a hipotética propensão a frugalidade[3] – atitudes que futuramente exigiria de todos os funcionários da TM. Fato importante de sua trajetória acadêmica foi sua passagem pela Escola Politécnica na primeira fase desta instituição de ensino, isto é, entre 1894 (ano de sua inauguração) e 1934 (quando ela deixou de ser um instituto independente e associou-se à recém criada Universidade de São Paulo).[4] Suponho que compreender o espírito que animou a fundação e a primeira fase da Politécnica de São Paulo é importante não apenas para demonstrar a origem de algumas atitudes de Salvador Arena, bem como para evidenciar a origem de um dos elementos que mais contribuiu para efe-

---

2   Segundo a biógrafa, Salvador Arena era: "Atlético, não fumava e não bebia, nem socialmente. Praticava vários esportes – tênis, natação, squash, remo. Fazia questão de ter uma alimentação saudável, com alto teor de proteínas. Nunca teve problema algum de saúde, exceto, quando mais velho, um desgaste no joelho que o impediu de praticar esportes. Era estudioso e pesquisador de dietas alimentares. Chegou até a publicar artigos sobre o tema." (ALVES, 2000, p. 31).

3   Segundo a biógrafa: "Uma vez [Arena] importou dois Cadillac, embora preferisse carros nacionais usados e confortáveis. Não queria chamar atenção. Os Cadillac foram importados quase por imposição dos funcionários. Usava-os pouco, às vezes para ir ao litoral. Mais tarde, os carros, um dourado e outro azul, em perfeito estado de conservação, foram doados um para o Fundo Social da Prefeitura de São Bernardo do Campo e outro para uma entidade assistencial.
Gostava mesmo era de pescar. (...) Sempre mandava peixe para os amigos. Fazia de tudo para agradá-los. Generoso, prestativo, dava presentes, interessava-se por seus problemas, em especial pela saúde, e fazia de tudo para ajudar. Chegava a alugar equipamentos hospitalares quando achava que alguém precisava de atendimento especial. (...)
Outra coisa que adorava fazer era jogar baralho, em geral tranca." (ALVES, 2000, p. 28-30)

4   Tomo como referência para definir a periodização da Escola Politécnica da Universidade de São Paulo o argumento de Milton Vargas, professor emérito do mesmo instituto que também realizou pesquisas sobre a história da engenharia no Brasil. Ver: (VARGAS, 1994, p. 11-30).

Diego Tavares dos Santos

tivar o tipo de dominação que efetivou-se na Termomecanica: o total conhecimento de Salvador Arena quanto ao processo de trabalho que era desenvolvido em sua fábrica.

A Escola Politécnica foi um dos frutos da união entre os cafeicultores liberais, os profissionais liberais e os interesses protoindustrialistas que despontavam na sociedade brasileira desde meados do século XIX, durante o Segundo Reinado.[5] A Escola foi inaugurada em 1894 e teve como seu primeiro diretor o homem que a concebeu e lhe propôs a criação, o deputado estadual Antônio Francisco de Paula Souza. O deputado Paula Souza foi um insigne símbolo da união entre os cafeicultores e os interesses liberais protoindustrialistas: seu avô paterno foi um proeminente político liberal paulista da época do Império (Francisco de Paula Souza e Melo) e seu pai (também chamado Antônio Francisco de Paula Souza) foi um defensor do abolicionismo;[6] quanto ao lado materno, seu avô (Antônio Paes de Barros) foi um dos iniciadores da lavoura cafeeira paulista. Como

---

5 A criação da Escola Politécnica é um exemplo dos vários pontos de articulação entre os interesses dos primeiros industriais e os interesses políticos da elite cafeicultora. A indústria, notadamente a paulista, recebeu os primeiros incentivos econômicos a partir dos excedentes acumulados com a exportação cafeeira (veremos que a articulação entre industriais e fazendeiros não foi apenas econômica, como também cultural). Tudo isso indica, se não uma associação umbilical, ao menos uma convergência de interesses (ainda que tensa em vários momentos) entre os setores agrário e industrial, aliança que perdurou pelo menos até o final da década de 1930.

6 O avô de Paula Souza, Francisco de Paula Souza e Melo (1791-1852) defendia desde 1821 a independência do Brasil, tendo sido candidato à constituinte de 1823, senador da Regência em 1833 e Presidente do Conselho de Ministros de D. Pedro II em 1847. Já seu pai, quando Ministro da Agricultura do Gabinete Marquês de Olinda, foi o primeiro a assinar um projeto de lei que visava extinguir a escravidão. É importante ressaltar que o liberalismo que eles (e outros membros da elite liberal

A fábrica em que o sindicato nunca entrou 209

outros jovens da elite paulista do período, Paula Souza foi enviado à Europa para fazer o estudo secundário e superior, mas seu destino não seguiu os passos da tradição bacharelesca brasileira: suas origens liberais, antiescravagistas e protoindustriais levaram-no, em 1861, à Alemanha para estudar em um dos famosos institutos politécnicos alemães, as *Technische Hochschulen*. Em meados do século XIX as escolas politécnicas alemãs atraíam estudantes do mundo todo pois representavam o que havia de mais moderno no desenvolvimento capitalista, isto é, a articulação entre ciência e indústria com vistas ao desenvolvimento tecnológico que permitia e reforçava a segunda revolução industrial.[7] Paula Souza formou-se em 1865 e sua passagem por uma das *Technische Hochschulen* foi decisiva porque esta instituição tornou-se o modelo que inspirou a criação da primeira fase da Escola Politécnica de São Paulo, dominando seus projetos pedagógicos.

Todavia, contrariamente ao desejo de Paula Souza, a pesquisa tecnológica não foi norma rotineira na indústria paulista, exceto na construção civil, fato que fez do curso de engenharia civil aquele que formava o maior número de profissionais (ainda que, à épo-

---

brasileira) postulavam não era em nenhum sentido libertário, mas sim de tipo paternalista e autoritário.

7   Segundo Harry Braverman, ao longo do século XIX as ciências teóricas puras se desenvolveram fortemente nas universidades alemãs devido a força do idealismo alemão que incentivava a especulação teórica. O resultado disso foi um enorme desenvolvimento das ciências teóricas que, em seguida, tornando-se ciências aplicadas, tornaram-se essenciais para o desenvolvimento do capitalismo monopolista iniciado com a segunda revolução industrial. Neste sentido, ver: (BRAVERMAN, 1980, p. 141). Ademais, pode-se dizer que o desenvolvimento das ciências puras e teóricas na Alemanha em grande parte deveu-se ao distanciamento dos intelectuais alemães de atividades práticas, especialmente as atividades políticas. Neste sentido ver: (RINGER, 2014).

ca, este número não passasse de algumas dezenas). De todo modo, os egressos da Escola Politécnica de São Paulo tinham sido treinados para projetar criativamente com vistas a desenvolver a indústria nacional; eram profundos conhecedores das artes industriais e de ciência; em suma, ao se formarem a partir do ideal de fusão entre ciência e técnica, transformavam-se em hábeis "resolvedores de problemas", habilidade essencial para uma indústria que nascia num cenário internacional cujo patamar tecnológico era definido pelos avanços da segunda revolução industrial, mas que tinha pouco capital disponível ao investimento, sendo, por isso, imprescindível aproveitar até o limite os parcos recursos existentes.

Deve-se destacar também que o nascimento da Escola Politécnica está associado à uma reforma geral do ensino superior, com vistas a ampliá-lo, e que iniciou-se com a reforma Benjamin Constant (decreto n. 1232, de 2 de janeiro de 1891). Segundo Sérgio Miceli (2001, p. 115 e ss.), as reformas perduraram ao longo da Primeira República e propiciaram um acirramento da concorrência por postos entre os profissionais liberais, além de terem levado alguns profissionais, como os engenheiros, a ocupar postos que antes eram exclusivos dos bacharéis em Direito. "Entre nós, ela [a década de 1920] se caracterizou pela presença do engenheiro no domínio dos estudos sociais. Por muito tempo, esses estudos normalmente estiveram reservados aos juristas. Houve neles depois uma incursão dos médicos, através da medicina social. A era dos 20 assinalou a presença dos engenheiros não chamados ainda a resolver problemas estritamente tecnológicos, como agora, mas atraídos pelo desejo de estudar e explicar os problemas sociais em todo o seu conjunto." (FILHO, Lourenço *apud* MICELI, *idem*, p. 117).

Foi nesse cenário marcado pela ambição de fusão pedagógica entre ciência e indústria – especialmente exitoso na engenharia civil

A fábrica em que o sindicato nunca entrou   211

–, por um clima cultural de intervenção de engenheiros em problemas sociais e por um clima político liberal, paternalista e autoritário, que Salvador Arena graduou-se, em 1936, como engenheiro civil na Escola Politécnica de São Paulo. Em item posterior, veremos como a formação acadêmica de Arena, que lhe proporcionou um profundo conhecimento (técnico e prático) das artes industrias, foi um elemento importante na efetivação e consolidação de um processo de trabalho bastante racionalizado, isto é, de um processo de trabalho caracterizado por forte controle gerencial dos trabalhadores e continuamente tensionado pelas soluções tecnológicas desenvolvidas por Salvador Arena – soluções estas que o desobrigava de ter de investir maciçamente em maquinaria.[8] Veremos também como tal formação politécnica combinou-se ao tipo de produto que a TM produz e ao grau de desenvolvimento tecnológico do período, engendrando uma fábrica tão produtiva que permitia que Arena mantivesse altos salários e vários benefícios ao seu grupo de trabalhadores, fato que o distinguiria de seus concorrentes.[9] Contudo, por ora, continuarei esboçando os elementos que se combinaram na constituição da personalidade singular de Salvador Arena e que, por isso, são essenciais para compreender a força de sua dominação pessoal.

A tradição paternalista industrial brasileira

A consideração que venho construindo sobre a TM e Salvador Arena não tem nenhuma pretensão maniqueísta e tampouco visa exorcizar a figura do patrão. Antes, procuro verificar as determinações objetivas que Arena não poderia confrontar sem negar sua própria

---

8   Neste sentido ver o item 4.2.
9   Neste sentido ver o item 4.3.

condição burguesa; nesse sentido, suas crenças e atitudes benevolentes devem ser compreendidas como resultantes destas condicionantes e não apenas como mera hipocrisia deliberada, afinal, Salvador Arena tinha fé sincera na justiça de seus propósitos e não os professava por mero oportunismo. É verdade que acreditar naquilo que conferia sentido e legitimava suas próprias ações e posição dominante foi, para Arena, tão fácil quanto lógico; seja como for, para que pudesse universalizar sua própria visão de mundo, ele precisava resolver em sua própria consciência a indissolúvel contradição que opõe o capital à classe trabalhadora. Para tanto, Arena exercitou a benevolência calculada como uma espécie de autoindulgência capaz de cumprir o duplo papel de organizar a experiência de seus trabalhadores – para efetivar a dominação – e ao mesmo tempo arrefecer-lhe as culpas sociais ao fazer-lhe crer que assim estava realizando o bem de todos. De qualquer modo, ainda que a visão de mundo de Arena lhe fosse oportuna, ainda assim acreditava sinceramente que ao fazer bem a si mesmo, fazia o bem de seu grupo de trabalhadores. Segundo sua biógrafa:

> Salvador Arena morreu na plenitude de seus 83 anos junto aos que mais amava: seu colégio, seus funcionários, suas máquinas, sua fábrica. Homem de convicções pessoais embasadas em teorias sociais, enérgico, austero, paternalista, visionário, obstinado, polêmico, sua mola propulsora era acreditar nas pessoas e em suas potencialidades, na dedicação e no amor ao trabalho. Sempre lhe sobrou ousadia, talento e suor para pôr em prática suas idéias ao longo de sua existência. E é assim que será lembrado por todos aqueles que tiveram o privilégio de partilhar seu convívio.

> Quando um velho amigo o convidou para fazerem juntos uma viagem ao exterior, Arena foi categórico com seu jeito italianado, gesticulando e apontando para a fábrica:

A fábrica em que o sindicato nunca entrou 213

"EU SOU FELIZ AQUI, POR QUE EU VOU SAIR? MEU
MUNDO É ISTO AQUI." [os grifos são meus] (ALVES,
2000, p. 116)

Arena tinha "convicções pessoais embasadas em teorias sociais". Mas, quais eram estas teorias? Quais tradições fundamentavam suas convicções? Tentarei aqui escavar as tradições que permitiram tal crença sincera. Afinal, para acreditar sinceramente em algo é necessário não apenas que a crença seja funcional, útil e oportuna, mas também que haja uma tradição que respalde sua razoabilidade e, portanto, que avalize a honestidade de qualquer adesão à tradição.

***

A tradição paternalista brasileira remonta à dominação de tipo pessoal exercida pelos grandes fazendeiros desde a época da colônia e por inúmeros processos de transmissão cultural no interior da elite brasileira foi legada à vários industriais da primeira metade do século XX que tinham fortes ligações com os cafeicultores (isso quando os fazendeiros ou seus herdeiros, não eram, eles próprios, industriais). Tal tradição remonta também à origem imigrante de parte da primeira classe industrial brasileira, que trazia consigo tipos de sociabilidade em que o paternalismo também deixou destacada sedimentação – refiro-me aos imigrantes italianos, portugueses, espanhóis etc.

São múltiplas as conexões, a partir do fim do século XIX, entre a elite cafeeira e a burguesia industrial paulista – pioneira da industrialização nacional. Além dos excedentes econômicos que permitiram o investimento na indústria, um dos vários legados dos fazendeiros aos industriais foi a transmissão de um senso prático, isto é, de uma habilidade em exercitar um tipo específico de

Diego Tavares dos Santos

dominação simbólica cujos traços principais remontam às mais antigas e tacanhas formas do patriarcalismo brasileiro.[10] Entretanto, para delinear os contornos da tradição paternalista industrial não retornarei aos primórdios da cultura paternalista que remonta à época da colonização e depois do Império nem, tampouco, farei uma genealogia dos traços paternalistas trazidos pelos imigrantes. Suponho ser mais econômico compreendê-la a partir das diferentes posições políticas assumidas pela burguesia industrial paulista ao longo de seus anos de formação (isto é, du-

---

10 Warren Dean (s.d.) demonstrou que a partir do final do século XIX os excedentes do café foram imprescindíveis para a industrialização paulista, bem como a circulação financeira ocasionada pelo comércio exportador acabou criando um mercado interno de muito potencial. Conhecedores da atividade comercial, os fazendeiros acabaram por se enveredar também pelos caminhos da importação com vistas a atender a crescente demanda do mercado interno brasileiro por produtos industrializados. Da participação em negócios de importação ao investimento industrial não demorou muito: uma vez que os fazendeiros (e especialmente seus herdeiros) conheciam o mercado consumidor, viram nele a possibilidade de investir na manufatura e tornarem-se industriais. Dean destacou também como muitas vezes os comerciantes importadores (que geralmente eram imigrantes italianos ou portugueses) acabaram se tornando industriais por também conhecerem o mercado consumidor. Foi da união entre os cafeicultores (e seus herdeiros) e os comerciantes imigrantes que se constituiu a matriz da primeira burguesia industrial brasileira; aliás, tal aliança foi além dos negócios e se consolidou até mesmo pelo laço do casamento entre membros destes grupos sociais: os imigrantes se aliavam às tradicionais famílias dos fazendeiros e, assim, nos excedentes do comércio exportador encontravam o crédito necessário para investir na indústria. Neste processo, formou-se mais do que a indústria paulista: se encontraram dois tipos sociais – o fazendeiro brasileiro e o imigrante italiano ou português – cujas consciências foram forjadas em meios em que o autoritarismo paternalista sintetizava o tom das relações sociais. Assim formou-se econômica, social e eticamente a burguesia industrial paulista.

A fábrica em que o sindicato nunca entrou   215

rante a Primeira República) e de sua primeira afirmação enquanto classe hegemônica (isto é, após a revolução de 1930 e especialmente após 1937). O objetivo é demonstrar como os anos de juventude de Salvador Arena – vale reiterar: nascido em 1915, graduado na Escola Politécnica em 1936 e tendo trabalhado na Light – foram inevitavelmente marcados pelos famosos "heróis da indústria" que por muito tempo pregaram uma forma extremada de "liberalismo paternalista". Em suma, creio que ao recuperar a tradição paternalista industrial brasileira, serão descobertas as raízes das crenças sociais que motivaram Salvador Arena a gerenciar sua fábrica da maneira como o fez e, assim, desmitificar a aura de benevolência descomprometida que Arena procurou construir, empalmando-a em tradições culturais e políticas nacionais bastante remotas.

О relativo sucesso da produção cafeeira voltada para o mercado externo incrementou a circulação de capitais no país e instigou a criação de um mercado interno que era abastecido por meio da importação de produtos industrializados. No cenário de acumulação de capitais oriundos do comércio agroexportador, a indústria tornou-se um segmento aberto a todos que tinham capital à disposição e algum conhecimento do mercado consumidor, afinal, a própria dinâmica econômica do capitalismo agroexportador criava possibilidades lucrativas no setor industrial. Assim, imigrantes importadores, fazendeiros, comerciantes distribuidores etc. se lançaram à atividade industrial que encontrava um ambiente propício no cenário político e institucional construído pela elite agrário-exportadora.

Com a crescente industrialização verificada em São Paulo desde o fim do século XIX e ao longo das duas primeiras décadas do século XX, a exploração da classe trabalhadora e a miséria em que se encontrava, tornaram-se questões sociais premen-

216   Diego Tavares dos Santos

tes e impulsionaram as primeiras ações de classe dos industriais paulistas.[11] Desde o fim do século XIX os industriais procuravam superar a competição autodestrutiva e constituir-se como classe para forçar o Estado a adotar políticas que lhes beneficiassem, tais como ações protecionistas, concessão de crédito, manutenção de juros baixos, estabilização monetária e, especialmente, um mercado de trabalho livre pautado no liberalismo individualista.[12] Deste modo, com vistas a enfrentar o crescente movimento operário e influenciar as políticas públicas de um Estado dominado pela elite agrário-exportadora, os industriais encetaram diversas tentativas de união das quais surgiram vários centros industriais.[13]

O Estado construído a partir da Constituição de 1891 era hegemonizado pela oligarquia agrário-exportadora que, para a consecução de seus objetivos econômicos, adotou uma retórica política e um desenho institucional fundamentados num tipo extremado de liberalismo individualista que justificava o federalismo e permitia que a dominação econômica regional exercida pelos fazendeiros não sofresse nenhum tipo de restrição por parte do governo central, garantindo, assim, a maximização dos lucros que auferiam com a exportação. Em suma, o liberalismo postulado pelos fazendeiros exportadores conduzia ao federalismo e à uma política livre-cambista bastante independente do governo central que facilitava a exportação.

---

11 Os principais argumentos a seguir foram articulados a partir das obras de Luiz Werneck Vianna (1999) e Warren Dean (s.d.) e John French (1995).

12 Nesse sentido ver: (TEIXEIRA, 1990), (DEAN, s.d.) etc.

13 As seguintes instituições foram importantes centros industriais desde o fim do século XIX até o Estado Novo: CIFTSP (Centro dos Industriais de Fiação e Tecelagem de São Paulo), CIFTRJ (Centro dos Industriais de Fiação e Tecelagem do Rio de Janeiro), CIB (Centro Industrial do Brasil), CIESP (Centro das Indústrias do Estado de São Paulo), FIESP (Federação das Indústrias do Estado de São Paulo).

A fábrica em que o sindicato nunca entrou 217

Por seu turno, os industriais paulistas levavam a cabo seu projeto industrialista na esteira do poder político exercido pela elite agrário-exportadora e ainda que almejassem controlar o Estado nunca alimentaram rupturas revolucionária contra a oligarquia. Muitas vezes acusou-se a burguesia industrial paulista de leniente por não projetar tornar-se uma classe hegemônica, associando-se tal postura cordial ao traço paternalista herdado dos fazendeiros. Esta crítica parte do pressuposto equivocado de que a oligarquia cafeeira era um grupo antiburguês que travava o desenvolvimento da burguesia industrial,[14] entretanto, a elite agrário-exportadora era uma facção social burguesa cujas atividades agrícolas voltavam-se exclusivamente para a autovalorização do capital investido. Nessa medida, em um ambiente político e institucional razoavelmente favorável, os industriais não tinham motivos para romper com os fazendeiros. Apesar disso, ainda que mera veleidade, os primeiros industriais tinham um projeto classista para se constituírem enquanto classe hegemônica que, contudo, não os punha em antagonismo com a oligarquia e a ordem social por ela construída.[15] A ordem política e institucional construída pela

---

14 Segundo Luiz Werneck Vianna, autores como Caio Prado Jr., Florestan Fernandes e Warren Dean, entre outros, esposaram a tese da ausência de um projeto político e de uma consciência de classe entre os industriais brasileiros (1999, ps. 124-126). Ainda que suas preocupações fossem de outra natureza, acho que esta tese também foi pressuposta por Fernando Henrique Cardoso (1964). A rigor Florestan Fernandes em sua maturidade parece ter abandonado a tese da incompletude e indicado a incrível capacidade de a burguesia brasileira acoplar-se ao conservadorismo e fazer acertos no interior da ordem para evitar a eclosão da luta dos trabalhadores e qualquer ameaça a sua hegemonia (FERNANDES, 2006). É na chave interpretativa aberta por Florestan Fernandes que a análise que sustenta este livro se inspira.

15 Segundo Werneck Vianna: "(...) o segredo da compatibilidade dos industriais com os agrários, no que concerne à configuração da ordem,

Diego Tavares dos Santos

elite agrário-exportadora oferecia o ambiente desejado pelos industriais: um mercado de trabalho alicerçado no individualismo liberal e portanto livre da intervenção estatal. As turbulências da Primeira República implicaram em algumas alterações da ordem liberal inaugurada em 1891. O Estado brasileiro, diferentemente do que por muito tempo se pensou, de um momento inicial em que efetivamente pouco interviu no mercado de trabalho, cada vez mais passou a influenciá-lo. De fato, com a crise econômica, política e social que se intensificou ao longo da década de 1920, na medida em que a classe trabalhadora tornava-se politicamente organizada e exigia direitos, a questão social tornou-se uma questão crucial para o Estado. Assim desde os primeiros anos da década de 1920 construiu-se de forma tímida e vagarosa uma legislação social que, todavia, não impediu que o Estado, incitado pelos industriais, tratasse os rebeldes como casos de polícia. De qualquer modo, na medida em que o Estado alterava ligeiramente suas posições ante a questão social, a burguesia industrial reiterava seu projeto hegemônico atrelado à oligarquia. Vejamos os traços do projeto de dominação hegemônica da burguesia industrial que foi postulado pelo menos até meados da década de 1930 e que propunha uma idílica sociedade industrial liberal e paternalista. Comecemos pelo elemento liberal:

consiste exatamente no liberalismo ortodoxo que a oligarquia foi compelida a criar para legitimar a idéia de federação. Afinal, o Estado dos interesses agrário-exportadores se apresentava como altamente compatível com o desejado pela ordem da burguesia industrial. Sendo assim, a questão do controle imediato do aparato estatal, afora a pendência do protecionismo, não se coloca como um desafio, sobre cuja resolução dependesse a expansão da facção burguesa industrial. Nessa medida, o empresário pode se manter no continente da fábrica, desobrigado da árdua descoberta do que é fazer política. (...) nada a impelia a um confronto radical com o Estado oligárquico." (1999, ps. 97-98)

A fábrica em que o sindicato nunca entrou 219

> O domínio integral da burguesia (domínio mais direção da vida social) requer um sistema de organização da vida das classes subalternas. Crenças, valores, formas de lazer e conduta instintiva são questões a serem resolvidas, no sentido de adequá-los à ordem em curso. A burguesia industrial brasileira, afirmando sua pretensão hegemônica, nega mostrar-se neutra quanto ao problema. Assume conseqüentemente o evangelho fordiano do trabalho e seu escopo totalizante de submeter o trabalhador à fábrica, a partir do controle de sua vida instintiva (VIANNA, 1999, p. 113-114)

Deste modo, para os industriais:

> Esta classe (proletária) jamais se congregou em torno de ideais avançados e nunca teve veleidades de esposar a grande cópia (sic) de reivindicações que por vezes chegam a inquietar a sociedade dos velhos países industriais do estrangeiro. *A única finalidade do proletário brasileiro é o trabalho bem remunerado* e a sua alma simples ainda não foi perturbada por doutrinas dissolventes que correm mundo e que, sem cessar, vêm provocando dissídios irremediáveis entre duas forças que, bem orientadas, não se repelem, antes se completam em íntima entrosagem: o capital e o trabalho. (NOGUEIRA, Otávio Pupo *apud* VIANNA, 1999, p. 112)

Para os industriais tratava-se apenas de "bem orientar" a relação entre o capital e o trabalho. Todavia, a ambição de construir uma sociedade salarial à moda do liberalismo norte-americano exigia um modelo de altos salários que eram inviáveis diante do nível de produtividade da indústria brasileira que além de recém-nascida era periférica. Assim, na impossibilidade de arcar com altos salários e refratários à intervenção estatal no mercado de trabalho, os industriais suplementavam a remuneração inferior de seus trabalhadores com vários benefícios concedidos como favor

Diego Tavares dos Santos

paternalista que contudo nunca eram generalizados à todos os trabalhadores.[16] Para funcionar como ideologia com pretensões hegemônicas, o liberalismo extremado da burguesia industrial paulista teve de associar-se ao paternalismo. Vejamos como os traços paternalistas se enlaçaram no liberalismo dos primeiros industriais:

> A maneira de pensar (...) que relega o trabalhador a uma posição inalteravelmente inferior na sociedade e lhe encara a subsistência como responsabilidade do empregador, não enseja nenhuma possibilidade de que ele venha a merecer mais do que um regime de subsistência. O que lhe é dado além do estritamente necessário não se concebe como direito seu. O operário não passa de um homem pobre, que foi impedido de morrer à míngua pelos esforços de um dos super-homens da vida, e o que quer que obtenha além de uma côdea de pão, uma camisa e um teto só pode ser resultado de roubo ou da inefável generosidade do empregador. As gratificações, por exemplo, geralmente se concediam numa ocasião que refletisse o esplendor do empresário (...). A dificuldade dessa ideologia é que ela não põe dinheiro no bolso do trabalhador. (DEAN, s.d., p. 187)

Não obstante, o paternalismo era considerado pelos contemporâneos, em São Paulo, o mais avançado dos dois papéis [isto é, o paternalismo era mais avançado do que a

---

16 Ademais, para os industriais liberais, o paternalismo era a melhor maneira de evitar que o Estado tomasse parte nas relações industriais. Segundo John French: "Embora ainda não fossem típicas de todas as empresas, essas políticas administrativas progressistas, até mesmo algo reformistas, eram vistas pelos mais eminentes industriais brasileiros, como Roberto Simonsen [ou Jorge Street, além de vários outros], como parte do empenho em evitar a intervenção do Estado nas relações industriais e trabalhistas, que constituía a marca da política trabalhista federal de Vargas após 1930." (1995, p. 72)

A fábrica em que o sindicato nunca entrou

ultraexploração dos trabalhadores], a despeito da clara implicação de que o trabalhador teria de permanecer, moral e politicamente uma criança diante do patrão.
(...) Mas o paternalismo, por si mesmo, passa a ser uma forma de exploração racional da mão-de-obra a partir do momento em que se torna autoconsciente. (...) (*idem*, p. 168)

Os três estabelecimentos industriais [Cerâmica São Caetano, Rhodia e Pirelli] adotaram políticas de pessoal sistemáticas – tais como a contratação somente por vínculo familiar – bem como um sistema de pagamentos extras de salário e de bonificações a trabalhadores veteranos, aos que tinham filhos pequenos e aos particularmente produtivos ou cooperativos. Além de proporcionar certas comodidades, tais como água filtrada e refeitórios, empenhavam-se também em sistematizar a concessão de benefícios – tais como os alojamentos limitados da companhia a operários e supervisores que os merecessem.

Ao criar uma mão-de-obra voltada para a companhia, essas políticas ofereciam uma base para resistir às tentativas de organização independentes. Mas esses empregadores procuravam ir além e organizar seus operários fora da fábrica. Essas três companhias financiavam clubes esportivos, alguns com seus próprios campos de futebol local. Essas associações também organizavam excursões à praia de Santos e outras atividades recreativas, como bailes. A Cerâmica São Caetano promovia até sessões de cinema para os operários num salão especial da fábrica. Também não eram esquecidas as necessidades materiais das famílias dos operários: várias empresas mantinham suas próprias cooperativas ou armazéns, para fornecer gêneros alimentícios básicos a preços reduzidos.

Um terceiro componente de importância era a prestação de serviços básicos não oferecidos pelo Estado. A Rhodia

Diego Tavares dos Santos

> prestava atendimento médico e farmacêutico gratuitos e a Pirelli cobria, total ou parcialmente, a maioria das despesas cirúrgicas. Essas companhias também realizavam pagamentos especiais no caso de morte ou de ferimento em serviço. Finalmente o gerente da Cerâmica São Caetano, Armando Arruda Pereira, tinha grande orgulho da escola e do playground que a companhia proporcionava a 120 dos filhos de empregados, no recinto da fábrica. Os melhores alunos recebiam contas de poupança como prêmio da companhia. (FRENCH, 1995, p. 71)

Os primeiros industriais eram adeptos de um liberalismo à moda norte-americana que jamais seria alcançado. Justamente por isso, remediavam-no com o velho tradicionalismo paternalista por meio do qual buscavam associar benefícios sociais à benemerência patronal. O paternalismo normalmente era praticado apenas pelos grandes "capitães de indústria", pelos "super-homens da vida" que, todavia, mal podiam esconder que seu ideal social só poderia ser exercido após conquistarem posições inexpugnáveis no mercado, de maneira que o tamanho da bondade variava em função do poder econômico de cada industrial, não sendo jamais passível de universalização. A baixa produtividade, mesmo das maiores indústrias, impedia que os industriais paternalistas pudessem implementar os altos salários que permitiriam a consolidação – ao menos para alguns setores da classe trabalhadora – de seu projeto hegemônico pretensamente fordista desde o chão das fábricas. Restava-lhes, portanto, organizar um sistema de benefícios que pudesse não apenas arrefecer os ânimos dos trabalhadores (insatisfeitos com a ultraexploração e os salários miseráveis), como também disciplina-los, inculcando-lhes ideais industrialistas. Neste sentido compreende-se a política de bem-estar dos industriais que concedia benefícios externos ao salário – tais como a

A fábrica em que o sindicato nunca entrou 223

casas em vilas operárias, escolas, hospitais, creches, igrejas, clubes esportivos, armazéns etc. – oferecidos como favores paternalistas variáveis ao sabor das necessidades de mercado.[17] Assim, o liberalismo fordista dos industriais paulistas (ou, para alguns, o "taylorismo primitivo") não passou de pretensão hipócrita de nossos primeiros industriais, os quais puderam sustentar sua retórica política apenas combinando o liberalismo com o conservadorismo paternalista claudicante. O industrial Jorge Street foi muito claro à este respeito:

> (...) para o Brasil eu sempre discordei da tese [de Henry Ford], pois conhecendo, como me prezava conhecer, a mentalidade e a cultura do nosso operariado, eu entendia que devíamos até melhores tempos, passar por um período intermediário, em que nós patrões, servíssemos de conselheiros e guias, sem que ao meu ver isso constituísse uma teoria pesada ou inconveniente aos nossos auxiliares de trabalho. (STREET In TEIXEIRA, 1990, p. 80)

Street concluía que "(...) não ia construir nenhuma obra de caridade, mas sim uma obra de justiça e de direito social" (*idem*). Ao opor caridade à justiça social, evidenciou a normatividade do projeto liberal paternalista da burguesia industrial e, portanto, suas veleidades hegemônicas.

---

17 Longe de ser uma política consensual de toda a classe, os benefícios paternalistas foram alvo de controvérsias entre os industriais que dificilmente concordavam quanto ao tamanho adequado da benevolência patronal. Segundo Warren Dean: "Esse curso de ação [a extensão do paternalismo], entretanto, teve limitado o seu efeito, em parte, pela emergente solidariedade dos próprios industriais, que não hesitavam em aplicar sanções contra o colega que desempenhasse com excessiva liberalidade o seu papel paternalista." (DEAN, s.d., p. 169).

Diego Tavares dos Santos

Muitos sociólogos e historiadores afirmaram que o personalismo característico do paternalismo não se encaixaria bem às necessidades de racionalização burocrática das primeiras indústrias nacionais. Todavia, de certa perspectiva o tradicionalismo e o personalismo foram bastante importantes para o controle político da classe trabalhadora nos primeiros tempos, seja por arrefecer a resistência à exploração por meio do reforço de a afetividade entre patrão e trabalhador, seja por conferir legitimidade ao controle pessoal e centralizado, muitas vezes inusitados e idiossincráticos, que os industriais exerciam sobre suas fábricas lhes concedia a presteza e a flexibilidade necessárias para contornar as contingências econômicas desfavoráveis.[18] Portanto, apesar dos limites que imprimiu ao alvorecer da industrialização, a mentalidade paternalista também pode ser compreendida como uma mola propulsora e não apenas como um obstáculo ao desenvolvimento industrial.[19] É verdade que após a década de 1940 talvez esta mentalidade tenha se tornado, juntamente com a falta de capacidade para investir, um entrave à

---

18 Segundo Fernando Henrique Cardoso: "(...) a centralização da autoridade, típica do paternalismo, permitiu a sobrevivência de muitas indústrias nos momentos mais delicados da economia brasileira: Isto quer dizer que o grau escasso de previsibilidade econômica impôsto pela conjuntura sócio-econômica brasileira obriga os empresários a tomar decisões rápidas, guiadas mais pela 'sensibilidade econômica' do que pelo conhecimento técnico dos fatôres que estão afetando a emprêsa. A delegação de autoridade e a racionalização das formas de contrôle pode resultar, nesta conjuntura, em perdas graves, que a ação pronta e 'irracional' (isto é, não controlada por meios técnicos) do chefe de emprêsa pode evitar." (CARDOSO, 1964, p. 106)

19 Nesse sentido ver: (DEAN, s.d., p. 221 e ss.). Segundo Fernando Henrique Cardoso (*idem*, ps. 128-129), os "capitães de indústria" muitas vezes buscavam enfrentar a concorrência menos a partir do aumento da produtividade por meio do avanço técnico e mais na busca por favores políticos fundados em laços personalistas e na troca de favores escusos.

A fábrica em que o sindicato nunca entrou 225

continuidade da modernização industrial, especialmente porque a partir de então a direção da industrialização passou cada vez mais ao Estado que, assim, transformava o corporativismo e a benemerência estatal nos sucedâneos do inane projeto liberal paternalista dos industriais. Nos quadros do corporativismo, a burguesia industrial paulista foi contemplada por uma política estatal industrialista que lhe permitiria uma hegemonia mediada pelo reconhecimento de alguns direitos trabalhistas e, especialmente pela acomodação dos interesses da oligarquia e dos setores tecnocráticos da classe média.[20]

Assim, o liberalismo paternalista dependeu da habilidade pessoal do industrial benfeitor, entretanto, constituiu-se por meio da combinação de uma herança cultural paternalista a partir de alicerces econômicos que, contudo, nunca foram sólidos o bastante para que os capitães de indústria pudessem forjar uma dominação hegemônica puramente liberal.[21] Seja como for, o projeto de classe dos primeiros industriais paulistas marcou época e foi referência para muitos jovens industriais. É bastante razoável pontuar que a vas-

---

20 Os industriais paulistas demoraram a aderir ao projeto industrialista do Estado. Não à toa, juntaram-se às hostes da oligarquia em 1930 e 1932. Apesar da adesão, após 1937, ao projeto industrialista do Estado, a dominação direta da burguesia industrial consolidou-se apenas após o golpe civil militar de 1964, quando aproveitou o corporativismo para transformá-lo na ferramenta que lhe possibilitaria a dominação inconteste nas fábricas após destruir a democracia.

21 De qualquer maneira vale destacar que a dimensão paternalista do liberalismo de nossos primeiros industriais não lhes foi entrave para o desenvolvimento de um "espírito" e de uma consciência burguesa. Ao contrário, poder-se-ia dizer que a benevolência (ou sua teatralização) era parte do negócio e que a ambição de controle total que é típica da dominação patriarcal foi útil à racionalização taylorista das industrias brasileiras. Como se verá, o caso de Salvador Arena, herdeiro da tradição liberal paternalista, reforça o argumento.

226 Diego Tavares dos Santos

ta constelação dos icônicos capitães de indústria, liberais e paternalistas, consolidou a tradição que embasou as convicções pessoais de Salvador Arena. Sendo, entretanto, impossível inventariar todos aqueles que formaram esta geração de industriais, citarei apenas os homens mais insignes que na década de 1920 já eram adultos e atuavam como empresários: Otto Ernest Meyer (1897-1966),[22] José Ermírio de Moraes (1900-1973),[23] Roberto Simonsen (1889-1949),[24] A. J. Renner (1884-1966),[25] Othon Bezzera de Mello (1880-1949),[26] Frederico Lundgren (1879-1946),[27] António Pereira Ignácio (1875-1951),[28] Jorge Street (1863-1939), Francisco Matarazzo (1854-1937)

---

22 Imigrante alemão que veio ao Brasil para trabalhar em Pernambuco com os irmãos Lundgren e acabou por fundar, no Rio Grande do Sul, a Varig. Ver: (FORTES, 2004).

23 Fundou, junto de António Pereira Ignácio (seu sogro), o Grupo Votorantim. Além disso foi um dos principais proprietários da fábrica da Nitro Química, em São Paulo. Ver: (FONTES, 2008).

24 Patriarca da família de proprietários da Cerâmica São Caetano, empresa que presidiu e fundador da Companhia Construtora de Santos. Foi também destacado líder industrial. Ver: (LIMA, 1976) e (FRENCH, 1995).

25 Antônio Jacob Renner foi neto de imigrantes alemães e fundou o grupo industrial A. J. Renner, no Rio Grande do Sul. Ver: (FORTES, 2004) e (PELLANDA, 1944).

26 Industrial têxtil que fundou o Cotonifício Othon Bezerra de Mello. Ver: (MELLO, 2012)

27 Dirigiu a Companhia de Tecidos Paulista desde a morte de seu pai, Herman Thedor Lundgren, em 1907, até seu falecimento. Foi um mito paternalista em Paulista (PE). Ver: (LEITE LOPES, 1988)

28 Fundou, junto de José Ermírio de Moraes (seu genro), o Grupo Votorantim. Segundo Warren Dean, "Há testemunhos sinceros [a respeito de algumas das indústrias brasileiras nas décadas de 1910 e 1920] da existência de creches e jardins de infância, armazéns, igrejas e restaurantes de companhias, casas fornecidas pelos empregadores e assistência médica. Os visitantes da fábrica Votorantim, por exemplo, referiram a presença de todos esses serviços e mais alguns: cinema, piscina, qua-

A fábrica em que o sindicato nunca entrou 227

etc.[29] Entre estes industriais, tomemos Jorge Street e Francisco Matarazzo como os exemplos mais ilustres e significativos senão porque suas trajetórias e posições sociais os transformam em figuras emblemáticas diante do argumento deste trabalho.

Jorge Street iniciou suas atividades industriais em 1894, recebendo de seu pai ações de uma fábrica de sacaria de juta no Rio de Janeiro. A partir daí construiu um grande grupo têxtil e envolveu-se em vários outros negócios. Foi também destacado líder empresarial e político, defensor de políticas sociais que, entretanto, deveriam ser efetivadas pelos empresários. Afinal, não lhe restava dúvidas: a incorporação social do operário era necessária e deveria ser feita pela empresa por meio de um projeto industrialista pautado num liberalismo adoçado por políticas sociais paternalistas.[30] Segundo Palmira Petratti Teixeira:

> A construção de uma imagem paternalista passava pelo reforço da autoridade através da figura do pai, introjetada por todos como talvez a mais legítima e inquestionável das autoridades: o pai materializa-se como ser experiente, pleno

---

dras de tênis, campos de futebol, esgotos, água encanada e eletricidade. Votorantim era um caso à parte, por se tratar de uma fábrica muito grande, que distava alguns quilômetros da cidade mais próxima, Sorocaba. Sem embargo disso, pode-se conjeturar que o epíteto 'pai dos pobres' caiu 'espontaneamente dos lábios sinceros dos operários'." (DEAN, s.d., p. 166). [os grifos são meus]

29 Poder-se-ia ampliar esta pequena lista com outros nomes como Nicola Scarpa, Antonio Penteado, Rodolfo Crespi etc., e ainda empresas como a Rhodia, a Pirelli, a Companhia Antártica, Vidraria Santa Marina, Cigarros Sudan, Chapéus Ramenzoni, Companhia de Calçados Clark, Companhia Lacta etc. Ver: (TEIXEIRA, 1990, p. 73).

30 Todavia, Street foi um dos primeiros que abandonaram o liberalismo paternalista para apoiar o projeto corporativista, demonstrando seu aguçado senso de oportunidade e sua postura política flexível.

de conhecimentos, protetor e provedor, poderoso e severo quando interesses justos e comuns estivessem em jogo. (...) As concessões bondosas do pai: moradias, escolas, farmácias, áreas de lazer, etc., levaram a crer na construção de uma grande família, na qual a colaboração harmoniosa entre estes entes e a organizada pelo poder paterno tentava dissolver e mascarar antagonismos de classe. A grande família passava a habitar uma grande casa: a Vila Maria Zélia [vila operária construída por Jorge Street]. Street transformava-se em pai provedor-disciplinador (TEIXEIRA, 1990, p. 91)

O mesmo pode-se dizer de Francisco Matarazzo, imigrante italiano que tornou-se referência para todos os industriais, tendo, aliás, sido primeiro presidente do Centro Industrial do Estado de São Paulo (que posteriormente tornou-se a FIESP). Conhecido como "príncipe da indústria paulista", construiu grandioso grupo industrial, denominado Indústrias Reunidas Francisco Matarazzo (IRFM), o qual presidiu como chefe patriarcal. Sua postura paternalista se exerceu para além de seus operários, transbordou para a sociedade em geral e transformou-se em modelo. Matarazzo procurou teatralizar uma imagem de homem humilde que venceu pelo trabalho, verdadeiro *self-made man*; procurou transformar-se numa referência, especialmente para os imigrantes italianos, sobre os quais exerceu imensurável ascendência moral:

Aliás, a concepção do enriquecimento pelo trabalho a partir do nada, ao ser-lhe aplicada, era meio para identificá-lo com a grande massa [de imigrantes] que via nele o símbolo das suas aspirações, realizadas, e, portanto, o meio que dava legitimidade aparente à sua autoconcepção estamental. Mesmo que a imagem se apresentasse com algumas "ranhuras", a própria consciência coletiva encarregava-se de superá-las pondo em dúvida, por exemplo, a sua origem fidalga e atri-

A fábrica em que o sindicato nunca entrou   229

buindo-a a uma tentativa de esconder uma origem humilde.

> Ainda que, principalmente depois de 1911, fosse cercado de "corifeus" intelectuais empenhados em sublinhar a nobreza dessa origem, para derivar daí, estamentalmente, um prestígio vicário, era concomitantemente prestigiado pelas associações italianas (que dele recebiam doações e diversos outros tipos de benefícios) e que o viam como o futuro possível de cada um dos seus membros. (MARTINS, 1973, ps. 65-66)

Falta-me o elo perdido, isto é, o documento que comprove a ascendência destes industriais sobre Salvador Arena. Contudo, parece pouco crível que formado em um mundo industrial fortemente marcado por estes homens Arena não tenha herdado suas disposições sociais. Enquanto imigrante italiano, é provável que tenha sonhado ser como Matarazzo.[31]

A economia brasileira entre 1940 e 1970

Neste capítulo tenho procurado adensar a análise da construção social da resignação operária na TM. Para tanto, esbocei a biografia social de Salvador Arena com vistas a demonstrar como sua personalidade singular foi um elemento decisivo na constituição do processo de trabalho da TM. Assim, visando sociologizar sua pretensa imagem mítica, defini de que maneiras as disposições de Arena expressavam um senso prático que foi objetivamente cons-

---

31 A *Folha de São Paulo* de 24 de fevereiro de 1955, noticiou o falecimento de José Arena, então diretor da Termomecanica, e anunciou que seu velório seria realizado na Casa de Saúde Matarazzo. Tal Casa de Saúde data do início do século e foi construída de modo benemérito por Francisco Matarazzo como meio de prestar auxílio à comunidade italiana em São Paulo. Quiçá aí está o elo perdido, ou, no mínimo, um possível ponto de aproximação entre Salvador Arena e o universo dos capitães de indústria.

truído a partir dos marcos bem precisos de sua formação pessoal e intelectual haurida no baluarte dos capitães de indústria. A
mentalidade e o projeto político dos industriais que marcaram a
década de 1920 fundamentaram as crenças sociais do fundador da
Termomecanica. Cabe agora demonstrar o cenário econômico em
que a TM consolidar-se como líder de mercado – elemento central
da gestão liberal paternalista de Arena.

***

Os primeiros passos que fizeram a TM constituir-se como líder de mercado costumam ser associados ao gênio industrial do
patrono. Todavia, o crescimento notável da empresa prende-se em
aspectos econômicos estruturais que criaram um universo de possibilidades que permitiu que os empreendimentos econômicos de
Salvador Arena fossem exitosos. Assim, ao mesmo tempo em que
permite observar o aspecto paternalista que caracteriza parte de
nossas relações de trabalho, a trajetória da TM oferece uma visada sobre o encaminhamento da industrialização brasileira após a
década de 1940.

O sentido da industrialização brasileira e o desenvolvimento
econômico a partir da década de 1940 opôs os adeptos da "teoria dos
choques adversos"[32] aos adeptos da "teoria da industrialização induzida pelas exportações".[33] Enquanto os primeiros propunham que a industrialização nacional derivou da crise do setor cafeeiro, os últimos
defendiam que nossa industrialização construiu-se a partir dos exce-

---

32 Afora os economistas em sentido estrito, entre os adeptos desta teoria es-
    tão Roberto Simonsen, Caio Prado Jr., Celso Furtado, Fernando Henri-
    que Cardoso, Octávio Ianni etc.

33 Afora os economistas em sentido estrito, entre seus adeptos estão War-
    ren Dean e José de Souza Martins.

A fábrica em que o sindicato nunca entrou 231

dentes do café. Acima, desenvolvi o argumento de que os excedentes do café e a própria dinâmica econômica do capitalismo agroexportador brasileiro foram imprescindíveis para o impulso inicial da industrialização paulista – típico argumento da teoria da industrialização induzida pelas exportações de café. De fato, ainda que a primeira fase da industrialização substituísse importações, não partiu de crises econômicas que impunham dificuldades à importação, ao contrário, foi efetivamente induzida pelas exportações de café e por vezes cresceu de forma complementar aos bens de consumo importados. Apenas num segundo momento a industrialização brasileira – especialmente a paulista – beneficiou-se das situações de crises econômicas que desencadeavam a substituição de importações. Nesse sentido, a "teoria dos choque adversos" se ajusta principalmente ao período iniciado com a crise de 1929 e intensificado com a Segunda Guerra Mundial, ao passo que a "teoria das exportações induzidas pelas exportações" refere-se à primeira fase da industrialização brasileira. Inspirados por um espírito de síntese, Silva (1976) e Mello (1988) indicam que a industrialização brasileira deve ser compreendida nas seguintes etapas: industrialização extensiva (de 1888 a 1933), industrialização restringida (de 1933 a 1955) e industrialização pesada (após 1955). A industrialização extensiva, induzida pelo setor agroexportador, caracterizou-se pela produção de bens de consumo corrente (alimentos, vestuário, bebida etc.) produzidos sob tecnologia precária e uso abundante e selvagem da força de trabalho. A industrialização restringida caracterizou-se pelo crescimento industrial independente do setor agroexportador que, entretanto, foi limitado pelas precárias bases técnicas e financeiras que impediram a implantação de indústrias mais complexas – neste período, a industrialização se restringiu à ampliação da indústria leve de bens de produção. Apenas com a inversão de capitais por parte do Estado foram criadas as bases para o desenvolvimento de uma indústria de bens de capital e de bens de consumo duráveis – a industrialização pesada.

A TM foi fundada em 1942, produzindo fornos de padaria, bem de produção leve, típico da industrialização restringida. Após os primeiros anos, de acordo com o espírito da época, Salvador Arena direcionou seus esforços produtivos à um ramo especializado da indústria pesada: a laminação de metais não-ferrosos, especialmente o cobre e o alumínio. A partir da década de 1950, associada às empresas de bens de capital e às empresas de bens de consumo duráveis que cresceram após o investimento maciço nas indústrias de base, a TM cresceu progressivamente na mesma medida em que crescia o setor moderno da economia brasileira. De fato, a economia brasileira, especialmente na década de 1970, durante o regime civil militar, apoiou-se nos I e II Plano Nacional de Desenvolvimento, propiciou investimentos maciços na indústria de insumos básicos, de bens de consumo duráveis e de bens de capital. Neste período, o quadro econômico mais amplo da sociedade brasileira criou oportunidades e clientes que foram aproveitados por Salvador Arena. Assim, quando a TM se deslocou para São Bernardo do Campo/SP em 1957, fixou-se nas cercanias das indústrias produtoras de bens de capital e de bens de consumo duráveis que se tornariam suas clientes, aproveitando o parque industrial moderno que aos poucos se estabelecia na região do grande ABC e na zona sul da cidade de São Paulo. Na combinação de sucessivos projetos nacionais de desenvolvimento que lhe eram favoráveis e próxima de seus principais clientes, a TM se transformou economicamente criando as bases materiais para se consolidar como referência simbólica na região. Dos fornos de padaria aos fornos em que forjava ligas metálicas, a TM acompanhou o desenvolvimento industrial brasileiro e, antecipando-se aos concorrentes, consolidou sua condição quase monopolista que permitia ao patrão exercitar licenciosamente suas

A fábrica em que o sindicato nunca entrou 233

excentricidades administrativas. Apesar dos efeitos gerenciais caóticos das práticas de Arena, suas idiossincrasias não eram prejudiciais ao andamento da empresa na medida em que eram compensados pela consolidação da dominação paternalista sobre seu grupo de trabalhadores e a consequente ampliação da produtividade e dos lucros.

A posição de mercado da TM e seu processo de trabalho

Apesar de inúmeras tentativas, a empresa impediu a etnografia de seu processo de trabalho, restando sua reconstrução intelectual, baseada em entrevistas. O cruzamento das informações obtidas nas entrevistas jamais produziria um relato detalhado do fluxo produtivo, entretanto, é possível obter uma imagem aproximada de como os setores da empresa se articulam, a relevância de cada um deles, o tipo de maquinaria e o controle sobre os trabalhadores, as formas de remuneração etc. Ademais, os limites desta reconstrução intelectual não são exatamente problemáticos na medida em que tanto a percepção dos trabalhadores entrevistados quanto a etnografia realizada pelo sociólogo são igualmente representações acerca do processo de trabalho.

Após os primeiros anos produzindo fornos de padaria, a Termomecanica passou a atuar na fabricação de produtos semielaborados em metais não-ferrosos (cobre, latão, alumínio etc.) utilizados como matéria prima por várias outras indústrias em seus processos produtivos. Assim, tomadas conjuntamente, várias empresas fabricam uma infinidade de bens que tem como componente metais não-ferrosos produzidos pela Termomecanica. Diversos segmentos industriais utilizam metais não-ferrosos em seus respectivos processos produtivos: indústria automotiva e de autopeças, indústrias elétrica, eletrônica e de telecomunicações, setor naval, construção civil, indústria produtora de eletrodomésticos, refrigeradores, ar--condicionado, metais sanitários, peças artísticas etc. A múltipla aplicabilidade de seu produto, fez com que a Termomecanica já nascesse flexível mesmo antes deste conceito tornar-se uma referência gerencial, tendo de adaptar-se à exigência de diversos clientes. Além disso, a falência de um cliente ou a crise num setor nunca foram suficientes para deprimir a produtividade da fábrica. Do ponto de vista da viabilidade econômica, só uma crise profunda e pronunciada de toda a indústria poderia fazer com que a TM entrasse em dificuldades. Afinal, mesmo se um segmento industrial passasse por problemas, a concorrência interna ao setor faria com que ao menos as empresas mais competitivas mantivessem a produção, continuando, assim, a consumir os produtos fabricados pela Termomecanica.

Ademais, como já destaquei, a fábrica de Salvador Arena acompanhou de muito perto os deslocamentos do desenvolvimento industrial brasileiro e por isso tornou-se pioneira na fabricação de seus produtos. O pioneirismo de Arena, a natureza da indústria pesada de fundição (com custos iniciais elevados e custo marginal baixo) e a especificidade dos produtos da Termomecanica, permitiram que a empresa dominasse desde o início seu segmento industrial e, apoiando-se na inexorável intensidade de seu processo produtivo, pudesse inviabilizar a existência de concorrentes, tornando-se praticamente monopolista.

Ao posicionar-se de forma privilegiada no sistema industrial e ter se desenvolvido num momento histórico propício, a TM deslanchou sua produtividade industrial. As crenças sociais de Salvador Arena só puderam desaguar na TM devido a posição de mercado da empresa. Isto tudo é importante pois, especialmente entre os entre-

A fábrica em que o sindicato nunca entrou 235

vistados mais críticos, foi comum o relato de que a condição de mercado privilegiada da TM foi um dos sustentáculos da benemerência patronal. A combinação da peculiaridade econômica da fábrica com a singularidade pessoal de Arena fizeram com que se consolidasse um tipo de processo produtivo intenso e atento à qualquer porosidade por onde pudesse escorrer improdutividade.

Até se fixar em São Bernardo do Campo/SP, o grupo de trabalhadores da TM era reduzido. Seu crescimento verificou-se apenas ao longo da década de 1970, consolidando-se durante o milagre econômico. Segundo a *Tribuna Metalúrgica*, enquanto em 1971 a empresa tinha 678 funcionários,[34] em 1984 este número chegava a 1800.[35]

Em muitas entrevistas, os trabalhadores destacaram que foram contratados pela TM após indicação de amigos. O recrutamento dispensava processos seletivos muito formais ou, quando muito, exigia provas práticas pouco rigorosas. Contudo, a aparente baixa formalização do processo de contratação não impediu que eventualmente a TM anunciasse vagas em jornais de grande circulação (*Folha de São Paulo*, *O Estado de S. Paulo*, *Diário do Grande ABC*). Ainda que pouco numerosos, estes anúncios podem ser encontrados entre as décadas de 1940 e 1990 e se referem a diversos tipos de vagas, tais como office-boy, torneiro mecânico, mecânico, engenheiro projetista, executivo etc. De qualquer maneira, o recrutamento via de regra era feito a partir das relações pessoais dos trabalhadores leais à empresa; apenas após o falecimento do patrono e a modernização de diversos

---

34 Ver: (Tribuna Metalúrgica, Ano I, n. 1, julho de 1971, p. 3. *Os nossos salários médios*).

35 Ver: (Suplemento Informativo da Tribuna Metalúrgica, n. 661, maio de 1984, verso. *Coluna do Sombra: na Termomecânica*).

setores da empresa é que o processo de contratação tornou-se mais formalizado.

Uma vez recrutados, os trabalhadores passavam a compor alguma seção da fábrica. Considerando o processo de trabalho de forma linear, isto é, do início ao fim do fluxo produtivo, destacam--se as seguintes etapas: *compra de matéria prima (sucata)*; *escolha e recebimento de metais*; *laboratórios químicos onde se preparavam as ligas metálicas*; *fundição*; *conformação mecânica: laminação, extrusão, trefilação* etc.; *acabamento*. É provável, contudo, que tenha havido transformações deste processo ao longo do tempo; por isso, optei por definir os traços gerais que, de algum, modo sintetizam os aspectos fundamentais do fluxo produtivo. Assim, se inicialmente o processo de fundição era separado do processo de conformação mecânica, acompanhando as inovações tecnológicas que ocorriam na Europa após a Segunda Guerra, desde cedo a TM constituiu um processo de *fundição contínua* caracterizado pela junção dos processos de fundição e conformação, eliminando tempos intermediários e elevando a qualidade do produto.

De forma geral, o processo produtivo operava num sistema de linha de produção que, ao que parece, desde as origens foi puxada do fim para o início – isto é, a produção se orientava a partir da demanda, tornando a TM como que praticante de uma espécie de *kanban* antes que este se tornasse um princípio gerencial. A posição monopolista e a posição no sistema industrial são os elementos que contribuíram para que a empresa antecipasse uma técnica de gestão pós-fordista: não havendo que se preocupar diuturnamente com a concorrência e fabricando produtos que tinham clientes garantidos, Salvador Arena pôde evitar problemas relativos a excesso ou falta de estoque, produzindo sempre a partir da demanda. Eliminado este poro por onde poderia escapar desperdício de capital, Arena pôde se preocupar com *qualidade total* e *desperdício nulo*.

A fábrica em que o sindicato nunca entrou 237

Na memória dos trabalhadores a exigência de qualidade total
e desperdício nulo aparecem em histórias como àquela que relatei
no segundo capítulo, em que Arena teria obrigado um trabalhador
a alisar um produto defeituoso até que aprendesse a ser zeloso,
e nas histórias que indicam a intolerância do patrão quanto aos
erros de engenharia. A intolerância patronal ao desperdício e à
improdutividade foram incorporadas pelos trabalhadores a partir da teatralização da dominação expressa pedagogicamente em
pequenas ações: há relatos de que Arena não admitia ver sequer
um parafuso no chão, tudo deveria ser aproveitado produtivamen-
te; também coligi relatos de que o ritmo produtivo tinha de ser
sempre frenético, ao ponto de o patrão exigir que todos se movi-
mentassem rapidamente para evitar o pecado imperdoável de ser
flagrado parado, conversando ou agindo lentamente:

> Com ele [Arena] não tinha o bom e o ruim. Para ele tudo ti-
> nha que ser bom, senão ele já cortava. Se ele via uma pessoa
> andando... tem gente que num tem aquele ritmo de traba-
> lho de ser mais esperto... andava mais com calma. Então é
> uma coisa que ele já não gostava. Ele não gostava do ritmo
> do cara. Se ele tá andando assim, pra trabalhar deve ser a
> mesma coisa. Ele era exigente com a pessoa. Se o cara fizesse
> alguma coisa errada, ele pegava no pé, pegava no pé mesmo,
> não queria saber (*ex-supervisor da TM*).

Qualidade total e desperdício nulo podem ser compreendi-
dos como princípios gerenciais universais da indústria capitalista,
entretanto, foram alçados à posição de eixos fundamentais apenas
a partir das cartilhas gerenciais pós-fordistas. Por este motivo, é
notável que Arena já os enfatizasse desde a década de 1970, isto
é, antes de se tornarem diretrizes industriais, antes de a reestruturação produtiva impor-se à indústria brasileira; na TM alguns

238   Diego Tavares dos Santos

destes elementos já eram impostos (por vezes de forma muitíssimo despótica e arbitrária) antes como exigências práticas do que a partir de ordens abstratas de administradores encantados pelas novidades gerenciais.

É evidente que o fordismo teve seus momentos na TM: o arbítrio abusivo da chefia (que à época era mobilizada para o incremento infinito da produtividade), a linha de produção, a fabricação de algumas das próprias máquinas que utilizaria no processo de trabalho,[36] os salários mais altos do que a média da indústria, a preocupação com a moralidade e os hábitos dos trabalhadores[37] etc. – todos estes aspectos se transformaram como que marcas in-

---

36   Neste aspecto, foi imprescindível a formação politécnica de Salvador Arena. Como destaquei acima, formado na Escola Politécnica em um período em que o projeto pedagógico da instituição se pautava na formação de engenheiros polivalentes e "resolvedores de problemas", capazes de levar a cabo o salto tecnológico tão necessário aos industriais brasileiros. Ao produzir algumas das máquinas (tornando-se "fábrica de fábricas") que utilizaria no processo produtivo (como as famosas prensas projetadas pelo patrão), Salvador Arena pôde reduzir custos e tornar ainda mais lucrativo seu negócio. É evidente que isso só foi possível graças à já mencionada condição quase monopolista, de qualquer modo, além da redução de custos, a aura de oniciência com seus efeitos de onipotência que passou a cercar Arena, fazia com que o desvio da TM de sua atividade fim não se tornasse um peso excessivo para o processo de trabalho como um todo.

37   Aqui é possível citar sua preocupação com o peso dos trabalhadores, se eram ou não fumantes, como se alimentavam, quanto bebiam etc. É famosa a história que Arena colocou um tonel de pinga no refeitório da empresa: preocupava-se com a quantidade de álcool ingerida pelos trabalhadores durante o almoço e decidiu servir a "dose ideal", evitando, na verdade, que seus funcionários saíssem da zona de controle da empresa durante o almoço.

A fábrica em que o sindicato nunca entrou   239

deléveis dos princípios fordistas na Termomecanica.[38] Ainda assim, a TM nunca foi uma fábrica exclusivamente fordista: aí princípios fordistas e pós-fordistas se combinaram criativamente a partir das peculiaridades pessoais de Salvador Arena, da posição socioeconômica e histórica da TM, do tipo produto que fabricava, da natureza de seu processo produtivo, de sua condição monopolista etc.

Exemplo de como as idiossincrasias pessoais de Salvador Arena combinavam elementos fordistas e pós-fordistas pode ser verificado na maneira pela qual Salvador Arena construiu o engajamento de seus trabalhadores. O envolvimento dos trabalhadores é elemento decisivo nos princípios gerenciais pós-fordistas, entretanto, Arena procurou forjá-lo mediante a relativização de princípios que são comuns tanto às fábricas fordistas quanto às fábricas reestruturadas: a racionalidade capitalista. Para produzir o envolvimento de seu grupo de trabalhadores, Arena precisou ser o capitão de indústria, o bom patrão, o paternalista industrial; precisou lançar mão do estilo gerencial antagônico aos princípios gerenciais absolutamente racionais e relativamente padronizados; Salvador Arena tornou-se "moderno" por meio de práticas "tradi-

---

38 Segundo sua biógrafa: "Arena conhecia em detalhes a vida de Henry Ford, uma das figuras que mais admirou. Ford devotou os primeiros anos de sua vida profissional ao sonho de construir um automóvel. Trancava-se num barracão nos fundos de sua casa em Detroit e lá passava dias e noites trabalhando até que saiu dirigindo o seu famoso protótipo. Cenas de finais felizes faziam parte da rotina da Termomecanica. Enquanto não concretizasse um projeto, enquanto não colocasse em prática uma nova idéia, Arena não sossegava." (ALVES, 2000, p. 13) Vale apontar, entretanto, que o fordismo de Arena deve ser compreendido antes como próximo dos ideais do industrial americano do que da noção construída pela "escola da regulação" francesa. Nestas duas maneiras de compreender o fordismo está consignada a diferença entre o *welfare capitalism* e o *welfare state*.

cionais" ou, em outras palavras, construiu um tipo de dominação tradicional que teve o condão de produzir efeitos modernizantes.

Fora de contexto, as atitudes intempestivas, destemperadas, arbitrárias e idiossincráticas de Salvador Arena significariam a ruína de qualquer indústria moderna; substituir aleatoriamente chefes por peões, transformar engenheiros em ajudantes e faxineiros em gerentes, humilhar trabalhadores, tudo isso levaria qualquer empresa ao fracasso, mas, no caso da TM, Arena mobilizou tais expedientes de maneira a conquistar o envolvimento e o engajamento de seu grupo de trabalhadores. Todas as ineficiências e deficiências que poderiam resultar de um estilo administrativo e gerencial tão pouco racional, provavelmente foram compensadas pela posição socioeconômica e de mercado da TM. A combinação da condição monopolista e das peculiaridades pessoais permitiram que o fluxo produtivo da Termomecanica se mantivesse continuamente moderno e tensionado, pois o efeito de envolvimento que estas práticas geravam compensavam os prejuízos que a TM poderia eventualmente experimentar na medida em que os trabalhadores, quase sempre engajados, seja por convicção ou por temor. Em suma, na Termomecanica a racionalidade e o irracionalismo se transmutavam um no outro ao sabor das idiossincrasias patronais para construir envolvimento e incrementar a produtividade.

Por fim, vale destacar que a benevolência de Arena não era uma graça genericamente concedida. Houve um grupo de trabalhadores cujas posições estratégicas na produção os transformaram em alvos prioritários do paternalismo industrial na TM. Destacarei agora alguns aspectos da política salarial e dos benefícios concedidos enfatizando uma parcela do grupo de trabalhadores que por seu saber técnico eram imprescindíveis ao processo produtivo da TM e que, por isso, se tornaram os beneficiários priori-

A fábrica em que o sindicato nunca entrou 241

tários das políticas paternalistas, muito embora a linguagem articulada por Salvador Arena e a memória construída pela empresa tentem universalizar a benemerência patronal, buscando fazer crer que todos se beneficiavam igualmente e ocultando que havia destinatários privilegiados das ações paternalistas. Esta parcela de trabalhadores servia de modelo de referência para o envolvimento dos trabalhadores.

Na Termomecanica, os trabalhadores manuais dotados de conhecimento técnico e/ou aqueles cuja atividade se desenvolvia num setor central da fábrica (como a fundição), tornaram-se, por diversas razões, imprescindíveis; estes trabalhadores atuavam na manutenção do forno de fundição; na manutenção e na reparação emergenciais; em laboratórios que exigiam profundo conhecimento técnico etc. Segundo relatos de alguns trabalhadores, a fundição era o coração da TM. A qualidade do material finalmente produzido dependia inexoravelmente da preparação adequada de ligas metálicas e do correto processo de fundição. A atenção à temperatura dos fornos precisa ser constante, assim como qualquer problema emergencial deve ser corrigido rapidamente para que não ocasione a perda de material ou mesmo a destruição do maquinário. Um exemplo da importância da fundição é que nos períodos de inatividade prolongada da fábrica (como quando Arena mandava seus funcionários retornarem para suas casas durante as greves), os trabalhadores entrevistados destacaram que alguns funcionários eram designados acompanhar de perto os fornos.

A maior parte da benevolência de Arena se direcionou a um segmento específico, entretanto, na consciência coletiva dos trabalhadores – e mesmo para o público exterior – a TM e Salvador Arena consolidaram uma imagem social de homem que distribuía graciosa e genericamente sua benemerência. Alguns entrevistados e sua biógrafa relatam que ele dava sopa aos pobres, ajudava orfanatos, asilos, instituições de caridade etc., todavia, ao olhar de perto o que se passava na fábrica, torna-se mais ou menos claro que entre seus trabalhadores suas ações não eram nada genéricas, tinham destinatários bem definidos e, ao que parece, escolhidos estrategicamente. O senso comum de que sua benemerência era universalmente concedida foi socialmente construído por meio dos esforços de teatralização da dominação aludidos no segundo capítulo deste livro.

Como estes trabalhadores tinham de estar a disposição da fábrica em tempo integral, por algum tempo Arena manteve algumas poucas casas ao redor da fábrica e permitia que lá vivessem gratuitamente estes trabalhadores – que normalmente ocupavam cargos de chefia –, garantindo-lhes alimentos, serviços médicos e odontológicos (às vezes em hospitais frequentados pela elite paulistana) etc., além dos altos salários e das bonificações individuais que concedia aos trabalhadores leais.

Uma das entrevistas mais notáveis que realizei foi com um destes trabalhadores, a quem chamarei de Gentil. Conheci este senhor, já além dos 80 anos, por acaso. No dia 29 de janeiro de 2013 fui à missa de rememoração do falecimento de Salvador Arena procurando articular possíveis entrevistas, quando uma das filhas de Gentil, observando minhas ações em campo de pesquisa, ofereceu-me o contato de seu pai, que trabalhara mais de 30 anos da TM. Segundo ela, estava na missa organizadas pelos acólitos de Arena para expressar a eterna gratidão de sua família ao fundador da Termomecanica. Vejamos alguns elementos da experiência de Gentil enquanto exemplo de trabalhador alvo das política paternalistas de Arena.

Gentil migrou do interior de São Paulo e rodou por algumas empresas até aprender o ofício de torneiro mecânico; fez cursos

A fábrica em que o sindicato nunca entrou   243

de aprendizagem industrial e entrou na TM por indicação de um amigo. Na Termomecanica trabalhou nos tornos (oficina de manutenção) e depois chefiou o processo de metalurgia (fundição), ostentando até hoje incrível memória de inúmeras qualificações técnicas acerca das ligas metálicas com as quais trabalhava e dos processos produtivos que ajudou a empreender. Saiu da empresa por uma oportunidade melhor de emprego, amargando pelo resto da vida o desprezo de Arena. Em seu relato, Gentil disse-me que o imóvel onde realizávamos a entrevista (no bairro do Rudge Ramos em São Bernardo do Campo/SP, próximo a fábrica) fora um presente de Salvador Arena e que antes, há muito tempo, vivera numa das casas que eram mantidas pela TM. Contou-me ainda que casou-se pela segunda vez após o falecimento da primeira esposa, a quem Arena pagou tratamento médico no Hospital Sírio Libanês até a morte. Atualmente tem 88 anos e ainda alimenta profunda admiração por Salvador Arena. No ponto mais alto da entrevista, chorou ao lembrar-se da morte do ex-patrão:

> Lá [na TM] tem uma coisa viu... o cara que não servia lá, não parava lá. O cara tinha que tá disponível 24 horas por dia pra Termomecanica. Porque o Arena queria. Ele por exemplo, tinha os plantão que ficava de domingo em casa. Meu irmão era um. Ficava por exemplo o camarada fica de plantão na casa dele, o dia todo no domingo, qualquer problema que acontece, ele tá disponível, além do pessoal que tá na fábrica. E assim era. Agora eu não sei. A gente morava nas casinhas da Termomecanica era dentro da fábrica. Morei uma porção de anos lá. [Tinha] uma meia dúzia [de casas]. Lá era tudo da Termomecanica, não pagava nada [água, luz etc.]. Depois, ele precisou do terreno pra fazer a fábrica. Essa casa aqui foi ele [Arena] que fez pra mim. Não paguei nada. Ele deu pra muita gente. A gente trabalhava lá...

a gente tava a disposição da fábrica 24 horas por dia, viu! Mas era uma beleza, viu: você trabalhar quando você tem incentivo e você vê sempre coisa nova, você vai aprendendo. Era reconhecimento por aquilo que a gente fazia. Vou te falar uma coisa: quem era torneiro como eu, era completo, entende? Não era "matão",[39] nada disso. Não tinha esse negócio de meio-oficial, era completo. A gente quando fazia, são coisas bonitas! Olha rapaz, eu gosto da mecânica e da metalurgia também! A gente fazia de tudo na fábrica. Entendia tudo. Até há pouco tempo eu ainda sabia de cor todas as ligas [metálicas] e impurezas. A gente tinha que entender mesmo, viu...

Ele [Arena] dava muito dinheiro pra gente também, viu. Ele dava comida. Comida ninguém pagava nada lá. Pro almoço. Pra compra do mês, tinha na cooperativa. [Minha ex-esposa] teve câncer de mama, morreu lá no Sírio Libanês. Ninguém pagava nada. Tinha um hospitalzinho aí dentro também, dentro da fábrica. Eu mesmo fiquei internado no Sírio Libanês duas vezes, pra operar. Nunca paguei nada [quem pagou foi a TM].

Ele [Salvador Arena] conquistava a pessoa, entende? Todo mundo ficava gostando da Termomecanica. Pra mandar um cara embora era rápido também, viu! O Arena era assim. Comia lá na cantina junto com todo mundo. A gente ainda tem amor pela Termomecanica. [Emocionado, chorou ao falar da morte de Arena] Vou te falar, rapaz, é duro viu, quando você gosta de uma pessoa, um cara que sempre te ajudou... Volta e meia eu vou no cemitério e não saio de lá sem fazer uma visita lá no túmulo dele. [De repente, soltou risos] O Arena é difícil de...! [Com ar sereno] A gente gos-

---

39 "Matão" é um trabalhador que "mata" as peças que fabrica, isto é, as danifica.

A fábrica em que o sindicato nunca entrou 245

taria que ele não morresse nunca. Esse homem foi um dos mais importantes do país!

Suor, dor, rancor, risos, saudades e gratidão: são confusos os sentimentos encontrados nos homens que trabalharam para Salvador Arena. A entrevista de Gentil, indica alguns pilares que sustentavam a dominação do grupo de trabalhadores da TM. O trabalho era árduo, mas além da compensação financeira havia a possibilidade de herdar a graça patronal. Além disso, os agraciados eram geralmente deslocados para ajudar no projeto de novas máquinas e na adaptação das já existentes e, por escaparem de funções enfadonhas e repetitivas, sentiam-se premidos à lealdade ao patrão.

Após dominar o segmento mais sensível de seu grupo de trabalhadores, Arena os constituiu como modelos para os demais, mobilizando a teatralização da concessão de graças para concluir o trabalho de dominação simbólica e, assim, emular a falsa universalização da benemerência patronal.

Apesar da resistência, na Termomecanica o patrão conquistou mais do que o mero envolvimento dos trabalhadores: os peões iam às lágrimas. Enredados num engodo, muitos trabalhadores efetivamente amaram o patrão como se fosse um pai e com isso se submetiam ainda mais à empresa, consolidando-a como um destaque industrial.

***

A aparente extemporaneidade de Salvador Arena contribuiu decisivamente em seu negócio na medida em que serviu de alimento à relação peculiar que manteve com seu grupo de trabalhadores. Assim, meio fora de época, Arena concedia altos salários em momentos de arrocho salarial e embora administrasse sua fábrica de maneira altamente repressiva, defendia um liberalismo pretensamente radical exatamente durante a ditadura civil-militar. Assim, a extemporaneidade aparente ajustou-se às exigências de flexibilidade que aos poucos brilhavam no horizonte do capitalismo fordista.

A burocratização apenas relativa de sua empresa, ocasionada pelo alto teor personalista de seu modelo de gestão, permitiu à Salvador Arena a flexibilidade necessária para tensionar o fluxo produtivo da TM: flexibilidade na (re)alocação dos trabalhadores, flexibilidade (extensão ou diminuição) das jornadas de trabalho que variavam ao sabor das exigências de mercado, flexibilidade na remuneração (isto é, salário associado à produtividade,[40]) flexibilidade tecnológica (conquistada graças ao estilo "fábrica de fábricas" que, contudo, é um expediente da hierarquização vertical fordista) etc. Em suma, o liberalismo paternalista de Arena possibilitou que a TM realizasse aquilo que os "gurus" da administração e da engenharia apenas conseguiam por meio das modernas estratégias de reestruturação produtiva: a incessante ampliação da produtividade.[41]

De qualquer modo, era inevitável que em algum momento os ares da reestruturação produtiva soprassem na TM. Assim, a

---

40 A TM foi pioneira no que posteriormente denominou-se de PLR - Participação nos Lucros e Resultados

41 Segundo a biógrafa de Arena: "Ao longo das mais de cinco décadas em que Arena construiu seu império, as receitas prescritas pelos teóricos da administração oscilaram entre as mais variadas técnicas, da centralização do processo decisório ao mais aberto e participativo trabalho em equipe. Palavras de ordem ditadas pelos gurus da administração revolucionaram empresas no mundo inteiro.
Na Termomecanica, essas correntes eram relegadas à categoria de modismos. Conceitos como qualidade total, reengenharia ou dowsizing produziam integralmente seus efeitos, mas não segundo qualquer cartilha pré-fabricada. Seguiam apenas a lógica implacável com que Arena os dissecava, para deles extrair só o que tivesse utilidade prática para seus objetivos." (ALVES, 2000, p. 65). De fato, a posição de mercado atesta a eficiência da TM, entretanto, as vozes operárias trazidas no terceiro capítulo indicam a repressão implacável de Arena contra os trabalhadores mais críticos.

A fábrica em que o sindicato nunca entrou 247

partir de 2005, após exorcizar a força fantasmagórica do patrono (cuja presença procura, contraditória e simultaneamente, superar e acalentar), a empresa iniciou um processo massivo de modernização, comprando novas máquinas, adotando novos modelos gerenciais, se internacionalizando (a TM estabeleceu mais duas plantas industriais – uma na Argentina e outra no Chile) e, após 2011, anunciou investimentos de R$ 300 milhões de reais com vistas a aumentar sua produção em 45%.[42] Para além de taylorismo, paternalismo industrial, fordismo e pós-fordismo, a regra de ouro do processo capitalista de trabalho é orientar-se pela máxima racionalização com vistas à máxima produtividade e, desde que submeta tudo à este "ideal ético", tanto faz se o modelo gerencial está ou não "na moda"; Arena o sabia bem.

Arena, os industriais e a Política

Até aqui tentei compreender a dominação paternalista empreendida por Salvador Arena tanto a partir de sua relação com seu grupo de trabalhadores quanto a partir do enfrentamento entre o patrão e o movimento sindical no ABC, associando as dimensões simbólica e material que configuraram o paternalismo industrial na Termomecanica. Outro elemento que merece consideração é a relação de classe que Salvador Arena entabulou com outros industriais, bem como suas preferências políticas liberais paradoxais.

Para isso, retornemos aos acontecimento da greve de 1980. Conforme indiquei no segundo capítulo, a posição da TM naquela

---

42 Neste sentido ver: (*Folha de São Paulo*, 08 de novembro de 2011. *Metalúrgica investe R$ 300 mi no aumento da produção*); (*Diário do Grande ABC*, 15 de novembro de 2012. *Termomecanica, de S. Bernardo, investe R$ 300 mi.*)

conjuntura foi decisiva para o fortalecimento do movimento grevista porque deu ânimo e esperanças à paralisação. Ao mapear as posições dos empresários naquele cenário de acirramento político, é possível perceber como se definiam e como eram recebidas as tomadas de posição de Salvador Arena, percebendo de que modo ele reeditou as posturas individualistas dos industriais liberais e paternalistas da década de 1920 para fortalecer sua aura mítica de homem singular além dos muros de sua fábrica.

O processo de greves iniciado em 1978 surpreendeu os empresários e em um primeiro momento os dividiu. Havia uma "linha dura" empresarial, encabeçada pela maioria da direção da FIESP e com apoio da Volkswagem, que exigia a intervenção do governo e a repressão ao movimento grevista para salvaguardar a autoridade nas fábricas. De outro lado, havia uma linha empresarial mais branda, que reconhecia o movimento grevista e apontava a necessidade de buscar formas de convivência com a nova situação. Na linha dura destacavam-se homens como Wolfgang Sauer (que presidia a Volkswagem), Jorge Duprat (um dos vice-presidentes da FIESP), Mário Garnero (diretor da Volkswagem e presidente da ANFAVEA – Associação Nacional dos Fabricantes de Veículos Automotores) e Theobaldo de Nigris (que presidia a FIESP desde 1964). Entre os empresários mais maleáveis destacavam-se Manoel da Costa Santos (presidente da ABINEE – Associação Brasileira de Indústria Eletroeletrônica), Laerte Setúbal (um dos vice-presidentes da FIESP), Antônio Ermírio de Moraes, Carlos Rischbieter (que presidia o Banco do Brasil) e Luís Eulálio Bueno Vidigal (que presidia o SINDIPEÇAS – Sindicato Nacional da Indústria de Componentes para Veículos Automotores e que futuramente presidiria a FIESP). A partir de 1979 e 1980, a posição mais branda desapareceu em parte devido à radicalização do

A fábrica em que o sindicato nunca entrou   249

movimento grevista e, de outra parte, devido à imposição do governo e da classe patronal, que cerravam fileiras e se unificavam no enfrentamento da greve.[43]

Como destaquei no segundo capítulo, em 1978 e 1979 Salvador Arena se antecipou e liberou os trabalhadores nos dias da greve. Em 1980, diante dos grandes piquetes em frente a TM, mesmo sem seus trabalhadores terem aderido à paralisação,[44] sua estratégia foi reconhecer a pauta do sindicato no 12º dia de greve, fato que, como demonstrei, revigorou o movimento grevista como um todo. A concessão de Salvador Arena foi muito mal recebida pelas lideranças industriais que então procuravam consolidar suas hostes para enfrentar a rebeldia da classe trabalhadora:

> (...) O assessor jurídico da Fiesp, Benjamim Monteiro, não quis fazer maiores comentários sobre o acordo da Termomecânica, afirmando que "não tinha conhecimento oficial do fato". Ele afirmou que o acordo era "mais uma extravagância" do proprietário da empresa, Salvador Arena, referindo-se a reportagens publicadas por ocasião da greve

---

43 Segundo Abramo: "Durante a greve de 1980 no ABC vários empresários foram impedidos de concretizar sua disposição de firmar um acordo em separado com os sindicatos, em razão das pressões contrárias exercidas pelo governo e pelo Grupo 14 da FIESP." (ABRAMO, 1999, p. 264)

44 "(...) O ministro [Murillo Macedo] afirmou estar havendo um equívoco nas afirmações sobre essa negociação, explicando que a Termomecânica não entrou em greve; seus funcionários foram dispensados pelo proprietário até que a greve terminasse, e, portanto, não se justificava o item do "suposto acordo" que especificava o pagamento dos dias não trabalhados (...)". (*O Estado de S. Paulo*, 14 de abril de 1980. *Termomecânica faz acordo em separado e dá até 12%*, p. 30). A esse respeito houve algum desencontro de informações, todavia, ouvi de vários entrevistados, entre eles o ex-sindicalista Djalma Bom, que em 1980 os trabalhadores da TM não aderiram espontaneamente à paralisação.

Diego Tavares dos Santos

do ano passado, quando Arena liberou os trabalhadores e pagou os dias parados. Salvador Arena não participou das negociações porque está doente. (*Folha de São Paulo*, 12 de abril de 1980. *Empresa faz acordo em separado no ABC*. Economia, p. 16)

À época, a *Folha de São Paulo* destacou a grandeza empresarial da Termomecanica e a benemerência de Salvador Arena, apontando, contudo, que a empresa foi deixada sozinha pelos empresários diante da questão trabalhista.[45] Já *O Estado de S. Paulo* reportou a posição de Della Manna, membro da comissão de negociação da FIESP, para quem a posição de Salvador Arena prejudicou os trabalhos de negociação, informando, ainda, que o assessor jurídico da FIESP, Benjamim Monteiro, definiu como lamentável a postura do proprietário da Termomecanica.[46] A *Folha de São Paulo* definiu Salvador Arena como uma personalidade contraditória e excêntrica, arredio à imprensa, paternalista e, apesar de tudo, bom patrão, apontando, ainda, as dificuldades que o sindicato enfrentava para penetrar na fábrica devido a lealdade dos trabalhadores ao patrão. O jornal noticiava também os elogios de Lula e as saudações ofertadas por Eduardo Suplicy à TM sem deixar de apontar a pressão exercida pela FIESP sobre a empresa.[47] Estes fatos levaram Arena a reagir publicamente:

---

45 Ver: (*Folha de São Paulo*, 11 de maio de 1980. *O bom patrão está só*. Folhetim, p. 7)

46 Ver: (*O Estado de S. Paulo*, 14 de abril de 1980. *Termomecânica faz acordo em separado e dá até 12%*, p. 30)

47 Ver: (*Folha de São Paulo*, 13 de abril de 1980. *Lula fala sobre os prejuízos*. Economia, p. 37); (*Folha de São Paulo*, 13 de abril de 1980. *O anúncio dos metalúrgicos*. Economia, p. 38); (*Folha de São Paulo*, 15 de abril de 1980. *Metalúrgicos em vigília nas sedes de sindicatos*. Economia, p. 21)

A fábrica em que o sindicato nunca entrou

Declaração

Declaramos aos nossos amigos, clientes, indústrias em geral e aos trabalhadores metalúrgicos que o Acôrdo assinado entre a Termomecanica e o Sindicato dos Metalúrgicos de São Bernardo representa somente o prosseguimento de uma linha de ação adotada por esta emprêsa há muito tempo, mercê das peculiaridades que lhe são inerentes, como resultado da filosofia empresarial de seus acionistas, desenvolvida ao longo de 38 anos de trabalho.

Mesmo antes das greves de 12 de maio de 1978 esta Organização já mantinha uma política de salários e benefícios inconvencional, não cabendo comparações com outras empresas tradicional e estruturalmente diferentes.

Portanto a continuação de uma política empresarial existente há muitos anos, não pode ser considerada uma desobediência à decisão do Tribunal Regional do Trabalho nem tampouco oposição à orientação do XIV° Grupo da FIESP – Federação das Indústrias do Estado de São Paulo.

Tudo o mais é ESPECULAÇÃO.

A DIRETORIA

Folha de São Paulo, 18 de abril de 1980. *TERMOMECANICA SÃO PAULO S.A.: DECLARAÇÃO*. Nacional, p. 6); (*O Estado de S. Paulo*, 18 de abril de 1980, *TERMOMECANICA SÃO PAULO S.A.: DECLARAÇÃO*, p. 16)

Ao ver seu empreendimento industrial como uma "peculiaridade inconvencional", Arena se recusava a comparar a TM com outras empresas e, portanto, a adequar-se a linha política da classe industrial. Todavia, a recusa a um alinhamento classista pode ser notada para além da indisposição entre o empresariado industrial e Salvador Arena: há indícios de que Arena enfrentava alguns industriais valendo-se da delação à ditadura militar. Encontrei interessante registro confidencial no DEOPS datado de 10 de novembro de 1970, em que se denunciava ao Ministério da Aeronáutica que Francisco Pignatari, concorrente de Salvador Arena, estaria negociando suas empresas com firmas de capital americano, colocando em mãos estrangeiras reservas brasileiras de cobre, matéria-prima muito utilizada pela TM. Segundo o documento: "Consta, ainda, que os Srs. SALVADOR ARENA, Presidente da Termomecânica (...) têm elementos que possibilitam caracterizar esta transação além de outras negociatas do industrial em questão."[48]

Assim, seja frente aos concorrentes, seja frente ao empresariado industrial, o comportamento parcamente orientado por uma postura classista só reforça a pretensão de singularidade paternalista que Salvador Arena procurou alimentar. Todavia, Arena agia oportunamente em associações de classe, especialmente aquelas voltadas à atuação no mercado fornecedor de matéria-prima. Encontrei diversos registros de sua atuação na Associação Brasileira de Cobre, espaço que usava costumeiramente para influir no seu mercado fornecedor e criticar a ineficiência da estatal Caraíba Metais, uma de suas fornecedoras.[49] A crise com a estatal chegou ao ponto de

---

48 Segundo o documento policial, Francisco Pignatari, insigne industrial do ABC, era proprietário da Laminação Nacional de Metais, Minas de Cobre de Caraíba e Camacuan, todas empresas concorrentes da TM. Escutei de um dos entrevistados que após a falência da Laminação Nacional, a TM comprou várias de suas máquinas a preço baixo. Por fim, deve-se destacar que a denúncia foi feita ao Ministério da Aeronáutica, instituição que contava com quadros militares com os quais Salvador Arena mantinha relações pessoais, ao menos segundo reza sua biografia (neste sentido ver: ALVES, 2000, p. 52). Ao mesmo tempo, a biógrafa afirma que Arena enfrentava o governo militar. (neste sentido: *idem*, p. 19 e 23).

49 A natureza da relação entre Salvador Arena e os demais empresários, especialmente os grandes, pode ser notada nas razões de criação e de venda da Termocanadá, a extensão da Termomecanica em Poços de Caldas (MG).

A fábrica em que o sindicato nunca entrou 253

Arena organizar *lockouts* em 1983, 1984 e 1987 para protestar contra a política econômica governamental, evidenciando neste e em outros momentos seu liberalismo paternalista: o modo de atuação política de Arena seguia o padrão do capitão de indústria, isto é, não era exatamente antipolítico ou apolítico, mas sim apartidário; fazia a política de alcova com os pequenos políticos atuantes no nível local e esbravejava de forma pouco estratégica ante questões políticas de grande magnitude. Assim, ao que tudo indica, sua ação política era menos estratégica do que oportunista, oscilava ao sabor das necessidades e das vantagens, mobilizava favores pessoais e criticava ações estatais burocratizadas. Exigia o livre mercado, o livre câmbio, criticava o peso dos impostos etc., todavia se beneficiava de algumas ações públicas, como aquelas realizadas pela SUDENE,[50] agência

---

O projeto da Termocanadá remonta a 1971 e inicialmente previa a produção de condutores elétricos numa planta industrial a ser instalada em São Bernardo do Campo (SP). Todavia, nesta época o governo mineiro se empenhava numa política de desenvolvimento industrial, fato que atraiu Arena. Além disso, seu principal fornecedor, a fábrica mineira Alcominas se dispunha a fornecer alumínio a preços baixos desde que o cliente tivesse meios de transportá-lo em estado líquido ao invés de lingotes. Um oportunidade econômica associada à um desafio técnico foi a combinação que levou Arena a instalar a Termocanadá em Minas Gerais. O negócio caminhou bem até que a Alcoa, uma das fornecedoras de Alumínio de Arena, decidiu entrar no mercado de cabos e tirou algumas vantagens que antes oferecia, comprometendo a rentabilidade do negócio. Frente à um concorrente tão forte, Arena não agiu como um senhor paternalista pretensamente onipotente; foi racional: a Termocanadá foi vendida em duas parcelas: uma parte em dinheiro e o saldo em lingotes de alumínio. A biógrafa de Arena, entretanto, ao invés de destacar a derrota para um grande concorrente, preferiu dizer que o insucesso da Termocanadá se deveu ao desgosto do patrão por não poder gerenciar a fábrica de perto (*idem*, p. 43-49).

50 A SUDENE é a Superintendência do Desenvolvimento do Nordeste, instituição pública criada em 1959 com vistas a planejar e favorecer a modernização industrial do da região nordeste do Brasil.

Diego Tavares dos Santos

pública cujo auspício permitiu a construção da Termomecanica em Jaboatão (PE). Arena se aproveitava de algumas políticas públicas, mas não deixava de criticar o que chamava de "dirigismo estatal", destilando claramente seus pendores liberais:

> [A multa sofrida pela TM e aplicada pela SUNAB[51] é] um exemplo gritante da estupidez e da nocividade do dirigismo (...) Controle de preços, congelamento, tarifas diferenciadas, reserva de mercado, Zona Franca e outras barbaridades continuam sendo praticadas neste pobre país, apesar da macro e macabra experiência do socialismo no mundo inteiro. O sofrimento de tantos humanos, por tanto tempo, não comove a nossa Nomenklatura (...) O estorvo do Estado continua a empurrar morro abaixo o nosso país. Continuamos os mesmos: meia dúzia trabalha e a outra atrapalha. (...) O episódio [da multa aplicada pela SUNAB] é motivo para uma séria reflexão sobre o verdadeiro papel do poder público nos tempos que correm, quando a eficiência administrativa, a produtividade, a competitividade, a qualidade e a eliminação de desperdícios são condições para sobrevivência. O Estado cria uma enorme e pesada estrutura e não consegue um *tostãozinho de moralização*. (SALVADOR ARENA *apud* ALVES, 2000, p. 74-75)

A orientação política normativa de Salvador Arena lhe outorgava ações políticas paradoxais. Desde anunciar que votou em Luis Antônio Fleury Filho (então candidato do PMDB) nas eleição estadual paulista de 1990, até ter sido incluído por Maurício Soares

---

51 A SUNAB é a sigla de Superintendência Nacional de Abastecimento. Ela foi extinta em 1998 e teve importante papel na regulação de preços e políticas públicas de controle do abastecimento na década de 1980. No início da década de 1990, Arena foi multado e se indignou com o fato, publicando suas razões em O *Estado de S. Paulo*.

A fábrica em que o sindicato nunca entrou 255

como um dos que mais contribuíram financeiramente para a campanha presidencial de Lula em 1989.[52] Enfim, ora atuava de maneira classista, ora num individualismo intempestivo; em alguns momentos se valia do governo, enquanto em outros criticava-o de um ponto de vista radicalmente liberal; ora votava em Fleury, ora financiava Lula. Sem compromisso com a coerência, Arena foi um capitão de indústria no coração do novo sindicalismo. Sua extemporaneidade não deve ser asseverada definitivamente porque, sendo a cristalização de tradições longínquas, ela encontrou ganchos em que pôde se ancorar na sociedade brasileira, tornando-se, assim, plenamente moderna. Em suma, na TM a modernidade efetivou-se mediante expedientes tradicionais.

---

52 Isto foi relatado por Maurício Soares, ex-prefeito de São Bernardo do Campo e ex-advogado do Sindicato dos Metalúrgicos de São Bernardo do Campo/SP. Incrivelmente, após tal trajetória, a convite de Salvador Arena Maurício Soares tornou-se diretor de Recursos Humanos da Termomecanica, tendo, todavia, saído da empresa poucos meses após seu ingresso por conta de divergências com o patrão, fato que, entretanto, não maculou a imagem de Arena ante o ex-prefeito. Por fim, em sua entrevista, Soares afirmou que Salvador Arena aparentemente não manteve relações políticas com grandes figuras políticas, embora fizesse agrados a políticos de baixa patente.

Considerações finais

No primeiro capítulo deste livro busquei identificar e verificar como se entrelaçaram os principais fios da identidade de classe dos peões do ABC. Assim, ao partir da experiência de migração, do trabalho fabril e da vida na cidade, tentei demonstrar como estes aspectos objetivos se traduziram numa subjetividade em que a resignação e a rebeldia se combinaram de forma singular para construir o sindicalismo na região. Neste capítulo também explorei aspectos como a importância da militância dos trabalhadores católicos jocistas e a tradição de luta construída pelos comunistas e pelos trabalhistas na primeira metade do século XX no ABC. A tarefa deste capítulo foi, enfim, destacar como a identidade de classe dos trabalhadores da região formou-se a partir de uma experiência histórica multidimensional que teve na luta sua força centrípeta.

O segundo capítulo foi construído a partir de duas referências. De um lado, tentei refletir como a identidade combativa dos peões do ABC não conseguiu deitar raízes numa importante empresa da região, a Termomecanica. Procurei verificar como as relações sociais de trabalho nesta empresa se constituíram de maneira a formar um manto protetor que impediu que as chamas do novo sindicalismo incendiassem a fábrica. De um ponto de vista teórico, o argumento central era refletir como um mesmo universo de experiência vivida possibilita a articulação de linguagens diversas, denotando diferentes maneira de perceber a experiência. De outro lado, para cumprir a tarefa acima descrita, tive cumprir uma segunda tarefa: desfiar o manto protetor que envolvia a TM, destacando como se armava o discurso que forjava a dominação simbólica na fábrica e que fazia com que seus trabalhadores se vissem como um grupo leal ao patrão. Em suma, o segundo desafio deste capítulo era demonstrar como a linguagem tecida por Arena foi importante instrumento de dominação simbólica na medida em que se contrapôs à linguagem classista e combativa articulada pelos sindicalistas.

No terceiro capítulo tentei apontar a conflituosidade que, a despeito da linguagem paternalista apresentada no segundo capítulo, permanecia latente. O conflito nascia no chão de fábrica e circulava pelos corredores da empresa, todavia, não conseguia se enraizar, justamente pelas razões inicialmente discutidas no segundo capítulo e por aquelas que apresentei no quarto capítulo. No capítulo 3 indiquei como os trabalhadores da TM e alguns sindicalistas tentaram organizar a resistência contra a repressão e a exploração dentro da fábrica organizadas a partir da linguagem paternalista e dos benefícios concedidos em troca da lealdade. É possível que neste capítulo o leitor tenha se enfadado um pouco em meio a tantos nomes, situações específicas e até um tanto repetitivas. Na trilha da história social do trabalho, decidi manter a profusão de referência empíricas por razões teóricas e políticas: decidi trazer ao primeiro plano as múltiplas vozes daqueles que foram e são obrigados cotidianamente a se calar.

No último capítulo, tentei verificar como a linguagem paternalista tecida por Salvador Arena pôde se fazer crível. Tentei, em

A fábrica em que o sindicato nunca entrou   259

suma, adensar a análise do paternalismo industrial cuja dimensão simbólica foi investigada no segundo capítulo, recuperando, para tanto, a antiga tradição paternalista industrial brasileira que foi decisiva na formação pessoal de Salvador Arena. Longe de apresentar Arena como um homem extraordinário, preferi compreendê--lo como um sujeito que combinou de forma singular alguns traços sociais gerais, ocupando, por isso mesmo, uma posição social capaz de produzir discursos com uma aura de legitimidade. No universo de experiência das relações sociais de trabalho brasileiras, houve e há elementos que tornam legítimas e críveis posturas tão idiossincráticas como as de Salvador Arena. Além desta espécie de biografia intelectual, busquei levantar um outro aspecto neste capítulo: no quadro econômico e político constituído após a década de 1950 e intensificado nos anos da ditadura civil-militar brasileira, tentei demonstrar de que modo a singular formação de Arena serviu como que uma chave de abóbada do processo de trabalho construído na TM, bem como deu o tom de suas relações com outros empresários e políticos.

Não há ponto final na vida social, mas este trabalho deve tê--lo. Há outros aspectos a explorar que, infelizmente, não foi possível incluir no texto final. Refiro-me ao importante papel da Fundação Salvador Arena na tentativa de manter o poder simbólico do fundador sobre o grupo de trabalhadores da TM, bem como à atuação desta instituição a partir do debate contemporâneo sobre responsabilidade social das empresas; em ambos, merece especial destaque a escola e a faculdade – famosas pela gratuidade e pelo bom nível de ensino – mantidas pela Fundação Salvador Arena.

É muito contraintuitivo imaginar que no coração do moderno parque industrial do ABC paulista possa ter havido um capitão de indústria capaz de articular práticas tradicionais com vistas a empreender uma dominação de classe moderna que se sustentou em fatores econômicos, políticos e simbólicos. A força da dominação de classe construída por Salvador Arena deriva da ressonância que suas práticas encontram numa sociedade como a brasileira, profundamente desigual e sempre sufocada por um indelével ranço paternalista que torna os dominados cúmplices dos dominantes no processo que subjuga os primeiros.

Para lograr seus objetivos, Arena não exercitou um tipo de dominação puramente tradicional, tampouco uma de corte moderno. Oscilou entre as duas, amarrando tradições que encontrou ao longo de sua trajetória social; soube perceber certos traços da experiência social da classe trabalhadora brasileira e rearranjá-los segundo seus interesses de dominação capitalista, forjando um processo de trabalho produtivo que alcançou posição praticamente monopolista. Neste sentido, a TM representa um caso inflamado e ruborizado do insistente traço paternalista das relações sociais de trabalho no Brasil; nesta fábrica é possível encontrar, de modo exagerado, algo que parecia ter desaparecido das indústrias brasileiras nas primeiras décadas do século XX, evidenciando quanto práticas como as de Salvador Arena podem ter a simpatia dos trabalhadores.

Os peões do ABC e os sindicalistas da região constituíram a forma identitária mais moderna e sindicalizada que a classe trabalhadora brasileira conseguiu produzir, entretanto, esta mesma identidade combativa fundou-se no mesmo universo de experiência que engendrou a identidade do grupo de trabalhadores da TM, plasmada decisivamente – ainda que não exclusivamente – pela lealdade ao patrão. De fato, a partir de uma mesma experiência de classe podem ser construídas formas identitárias antagônicas na medida em que sejam articuladas a partir de interesses políticos e

A fábrica em que o sindicato nunca entrou 261

sociais diversos. No caso da experiência social dos trabalhadores do grande ABC, se erigiram linguagens antagônicas articuladas em torno de dois ícones – Lula e Salvador Arena – que travaram um duelo de gigantes cujo enfrentamento diz muito sobre nossa experiência social.

Bibliografia

Referências Bibliográficas

ABRAMO, Laís. *O Resgate da Dignidade: Greve Metalúrgica e Dignidade Operária*. Unicamp, Campinas: 1999

AGLIETTA, Michel. *Regulación y crisis del capitalismo: la experiência de los Estados Unidos*. Ed. Singlo Veintiuno Editores, Madrid: 1979

ALONSO, Gustavo. *Cowboys do Asfalto: música sertaneja e modernização brasileira* (tese de doutorado). UFF, Niterói: 2011

ALVES, Francisca Stella Fagá. *Salvador Arena*. Fundação Salvador Arena, São Paulo: 2000

ANTUNES, Ricardo. *Adeus ao trabalho? Ensaio sobre as Metamorfoses e a Centralidade do Mundo do Trabalho*. Cortez Editora, Campinas: 1995

_____. *A rebeldia do trabalho – O confronto operário no ABC paulista: as greves de 1978-80*. Editora da Unicamp, Campinas: 1992

ANTUNES, Ricardo. *Sentidos do Trabalho: Ensaios sobre afirmação e negação da centralidade do trabalho*. Boitempo, São Paulo: 2009

BRAGA, Ruy. *A política do precariado: do populismo à hegemonia lulista*. Ed. Boitempo, São Paulo: 2012

BEAUD, Stéphane & PIALOUX, Michel. *Retorno à condição operária: investigação em fábricas da Peugeot*. Boitempo, São Paulo: 2009

BEYNON, Huw. *Trabalhando para Ford: trabalhadores e sindicalistas na indústria automobilística*. Editora Paz e Terra, São Paulo: 1995

BENSAÏD, Daniel. *Marx, o intempestivo: grandezas e misérias de uma aventura crítica*. Civilização Brasileira, São Paulo: 1999

BOSI, Ecléa. *Memória e Sociedade: lembranças de velhos*. T. A. Queiroz, São Paulo: 1983

BOURDIEU, Pierre. *A economia das trocas simbólicas*. Perspectiva, São Paulo: 1974

_____. *Meditações Pascalianas*. Bertrand Brasil, Rio de Janeiro: 2007

_____. *O Poder Simbólico*. Bertrand Brasil, Rio de Janeiro: 2007

_____. *A ilusão biográfica*. In FERREIRA, Marieta de Moraes e AMADO, Janaína (org.). *Usos e Abusos da História Oral*. Editora FGV, Rio de Janeiro: 2000

BRANDES, Stuart. *American welfare-capitalism: 1880-1940*. University of Chicago Press, Chicago: 1976

BRAVERMAN, Harry. *Trabalho e Capital Monopolista*. Ed. Zahar Editores, Rio de Janeiro: 1980

A fábrica em que o sindicato nunca entrou 265

BURAWOY, Michael. *Manufacturing Consent: Changes em Labor Process Under Monopoly Capitalism*. The University of Chicago Press, Chicago: 1979

_____. *The Anthropology of Industrial Work*. Ann. Rev. Anthropol. n. 8, p. 231-266, 1979a

CALDAS, Waldenyr. *Acorde na Aurora*. Editora Nacional, São Paulo: 1977

CARDOSO, Fernando Henrique. *Empresário Industrial e Desenvolvimento Econômico*. Difusão Europeia do Livro, São Paulo: 1964

CARDOSO, Fernando Henrique; FALETTO, Enzo. *Dependência e desenvolvimento na América Latina*. Editora Zahar, Rio de Janeiro: 1970

CASTEL, Robert. *As metamorfoses da questão social*. Ed. Vozes. Petrópolis: 1998

CANDIDO, Antonio. *Os Parceiros do Rio Bonito*. Editora Ouro sobre Azul, Rio de Janeiro: 2010

CORIAT, Benjamin. *El taller y el cronômetro: ensayo sobre el taylorismo, el fordismo y la producción en masa*. Siglo Veintiuno editors, Madrid: 1994 (10ª edição)

_____. *Pensar pelo avesso: o modelo japonês de trabalho e organização*. UERJ, Rio de Janeiro: 1994a

CORRÊA, Hércules. *O ABC de 1980*. Civilização Brasileira, Rio de Janeiro: 1980

DEAN, Warren. *A industrialização de São Paulo (1880-1945)*. Editora Difel, São Paulo: s.d.

266 Diego Tavares dos Santos

DEBERT, Guita G. *Problemas relativos à utilização da história de vida e história oral* In CARDOSO, Ruth C. L. (org.). *A aventura antropológica*. Paz e Terra/Altana, São Paulo: 2002

DIEESE (subseção do Sindicato dos Metalúrgicos do ABC). *O perfil do trabalhador metalúrgico no ABC*. São Bernardo do Campo: julho/2011

DUBAR, Claude. *A crise das Identidades: a interpretação de uma mutação*. Edições Afrontamento, Porto: 2006

DURAND, Jean Pierre. *O modelo da competência: uma nova roupagem para velhas idéias*. Revista Latinoamericana de Estudios del Trabajo. Ano 7, n. 14, Buenos Aires: 2001

_____. *A refundação do trabalho no fluxo tensionado*. Revista Tempo Social, vol. 15, n. 1, São Paulo: 2003

FARIA, José B. Hamilton. *A experiência operária nos anos de resistência: a Oposição Metalúrgica de São Paulo e a dinâmica do movimento operário (1964-1978)*. (dissertação de mestrado). PUC, São Paulo: 1986

FAUSTINO, Jean Carlo. *O êxodo cantado: a formação do caipira para a modernidade*. (tese de doutorado). UFSCAR, São Carlos: 2014

FERNANDES, Florestan. *A revolução burguesa no Brasil: ensaio de interpretação sociológica*. Editora Globo, São Paulo: 2006

FORD, Henry. *Princípios da prosperidade: minha vida e minha obra; hoje amanhã; minha filosofia da indústria*. Editora Freitas Bastos. São Paulo: 1964

FORTES, Alexandre. *Nós do Quarto Distrito: A classe trabalhadora porto-alegrense e a Era Vargas*. Ed. Garamond/EDUCS, Rio de Janeiro: 2004

A fábrica em que o sindicato nunca entrou 267

FONTES, Paulo. *Um nordeste em São Paulo: trabalhadores migrantes em São Miguel Paulista (1945-1966)*. Ed. FGV, São Paulo: 2008

FREDERICO, Celso. *A vanguarda operária*. Edições símbolo. São Paulo: 1979

FRENCH, Jonh. *O ABC dos operários: conflitos e alianças de classe em São Paulo, 1900-1950*. Editora Hucitec (Prefeitura Municipal de São Caetano do Sul), São Caetano do Sul, 1995

GORZ, André. *Adeus ao Proletariado: para além do socialismo*. Forense-Universitária, Rio de Janeiro: 1987

HALBWACHS, Maurice. *A memória coletiva*. Centauro, São Paulo: 2006

HARVEY, David. *A condição Pós-Moderna*. Editora Loyola, São Paulo: 1992

HUMPHREY, John. *Fazendo o "Milagre"*. Editora Vozes, São Paulo: 1982

IASI, Mauro. *As metamorfoses da consciência de classe: o PT entre a negação e o consentimento*. Editora Expressão Popular, São Paulo: 2006

LIMA, Heitor Ferreira. *Três Industrialistas Brasileiros: Mauá, Rui Barbosa, Roberto Simonsen*. Ed. Alfa-Omega. São Paulo: 1976

LEITE LOPES, José Sérgio. *A tecelagem dos conflitos de classe na cidade das chaminés*. Marco Zero & Editora UNB, São Paulo: 1988

_____. *O vapor do diabo: o trabalho dos operários do açúcar*. Civilização Brasileira, Rio de Janeiro: 1976

LOPES, Juarez Brandão. *Sociedade Industrial no Brasil*. Difusão Europeia do Livro, São Paulo: 1971

MARONI, Amnéris. *A estratégia da recusa: a análise das greves de 78*. Brasiliense, São Paulo: 1982

MARTINS, Heloísa Helena T. de Souza. *Igreja e movimento operário no ABC*. Hucitec, 1994

MARTINS, José de Souza. *A aparição do demônio na fábrica, no meio da produção*. Revista Tempo Social, vol. 5, n. 1/2, São Paulo: 1993

_____. *Capitalismo e tradicionalismo*. Editora, São Paulo: 1975

MARTINS, José de Souza. *Conde Matarazzo: o Empresário e a Empresa*. Ed. Hucitec, São Paulo: 1973

MANNHEIM, Karl. *Karl Mannhein: sociologia*. Ática, São Paulo: 1982 (coleção Grandes Cientistas Sociais)

MELLO, João Manoel Cardoso de. *O capitalismo tardio*. Editora Brasiliense, São Paulo: 1988

MELLO, Juçara da Silva Barbosa de. *Fios da Rede: industrial e trabalhadores na criação e expansão de um grupo empresarial*. (tese de doutorado). PUC, Rio de Janeiro: 2012

MENESES, Ulpiano T. Bezerra de. *A História, cativa da memória? Para um mapeamento da memória no campo das Ciências Sociais*. Revista do Instituto de Estudos Brasileiros, n. 34, p. 09-23, São Paulo: 1992

MICELI, Sérgio. *Intelectuais à brasileira*. Cia. das Letras, São Paulo: 2001

NEGRO, Antônio Luigi. *Linhas de Montagem*. Boitempo, São Paulo: 2004

_____. *Zé Brasil foi ser peão: sobre a dignidade do trabalhador não qualificado na fábrica automobilística* In BATALHA,

A fábrica em que o sindicato nunca entrou 269

Claudio H. M.; SILVA, Fernando Teixeira da; FORTES, Alexandre (org.). *Culturas de classe*. Editora Unicamp, São Paulo: 2004

NEPOMUCENO, Rosa. *Música caipira: da roça ao rodeio*. Editora 34, São Paulo: 2005

NOIRIEL, Gérard. *Du "patronage" au "paternalisme" In État, nation et immigration: vers une histoire du pouvoir*. Ed. Gallimard, Paris: 2005

OFFE, Claus. *Trabalho, a categoria sociológica chave?* In: *Capitalismo Desorganizado*. Brasiliense, São Paulo: 1999

OLIVEIRA, Allan de Paula. *Miguilim foi pra cidade ser cantor: uma antropologia da música sertaneja* (tese de doutorado). UFSC, Florianópolis: 2009

PAOLI, Maria Célia; SADER, Eder; TELLES, Vera da Silva. *Pensando a classe operária: os trabalhadores sujeitos ao debate acadêmico*. Revista Brasileira de História, São Paulo: 1983

PARANHOS, Adalberto. *O roubo da fala: origens da ideologia do trabalhismo no Brasil*. Boitempo, São Paulo: 2007 (2ª edição)

PARANHOS, Kátia Rodrigues. *Era uma vez em São Bernardo (1971 – 1982)*. Unicamp, Campinas: 1999

PELLANDA, Ernesto. *A. J. Renner: um capitão de indústria*. Ed. Globo, Porto Alegre: 1944

PIRES, Cornélio. *Conversas ao pé do fogo*. Editora Ottoni, São Paulo: 2002

POLLAK, Michael. *Memória e Identidade Social*. Estudos Históricos, vol. 5, n. 10, p. 200-212, Rio de Janeiro: 1992

_____. *Memória, Esquecimento, Silêncio*. Estudos Históricos, vol. 2, n. 3, p. 3-15, Rio de Janeiro: 1989

RAINHO, Luís Flávio. *Os peões do grande ABC*. Editora Vozes, São Paulo: 1980

RODRIGUES, Iram Jácome. *Comissão de fábrica e trabalhadores na indústria*. Cortez, São Paulo: 1990

_____. *O novo sindicalismo: vinte anos depois*. Vozes, Petrópolis: 1999

RODRIGUES, Leôncio Martins. *Industrialização e atitudes operárias*. Editora Brasiliense, São Paulo: 1970

RINGER, Fritz K. *O declínio dos mandarins alemães*. Editora EDUSP, São Paulo: 2014

SADER, Eder. *Quando novos personagens entram em cena*. Paz e Terra, São Paulo: 1991

SANTANA, Marco Aurélio. *Entre a ruptura e a continuidade: visões da história do movimento sindical brasileiro*. Revista Brasileira de Ciências Sociais, n. 41, São Paulo: 1999

SECCO, Lincoln. *História do PT: 1978 – 2010*. Ateliê Editorial, São Paulo: 2011

SILVA, Sergio. *Expansão cafeeira e origens da industrialização no Brasil*. Editora Alfa-Omega, São Paulo: 1976

TOMIZAKI, Kimi. *A herança operária entre a fábrica e a escola*, Revista Tempo Social, vol. 18, n. 1, São Paulo: 2006

_____. *Ser metalúrgico no ABC: transmissão e herança da cultura operária entre duas gerações de trabalhadores*. Unicamp. Campinas: 2007

TEIXEIRA, Palmira Petratti. *A Fábrica do Sonho: Trajetória do industrial Jorge Street*. Ed. Paz e Terra, São Paulo: 1990

THOMPSON, E. P. *A Formação da Classe Operária Inglesa.* 3 vol. Paz e Terra, São Paulo: 2004

_____. *A miséria da teoria.* Editora Zahar, Rio de Janeiro: 1981

_____. *Costumes em comum.* Companhia das Letras, São Paulo: 2010

_____. *La política de la teoría.* In SAMUEL, Raphael (org.). *Historia Popular y Teoría Socialista.* Editorial Crítica, Barcelona: 1984

_____. *Senhores e Caçadores: a origem da Lei Negra.* Paz e Terra, São Paulo: 1987

VARGAS, MILTON. *Os cem anos da Politécnica de São Paulo* In VARGAS, MILTON (org.). *Contribuições para a História da Engenharia no Brasil.* Editora EPUSP, São Paulo: 1994

VARGAS, Nilton. *Gênese e difusão do taylorismo no Brasil* In Ciências Sociais Hoje. Ed. Cortez/Anpocs, São Paulo: 1985

VIANNA, Werneck Luiz. *Liberalismo e Sindicato no Brasil.* Ed. UFMG, Belo Horizonte: 1999

WEBBER, Regina. *Relatos de Quem Colhe Relatos: Pesquisas em História Oral e Ciências Sociais.* Revista de Ciências Sociais, vol. 39, n. 1, p. 163-183, Rio de Janeiro: 1996

WEFFORT, Francisco. *Origens do sindicalismo populista no Brasil: a conjuntura do após-guerra.* Estudos Cebrap, n. 4, São Paulo: 1973

Sítios eletrônicos visitados

www.tonicoetinoco.com.br

www.termomecanica.com.br

Jornais

Diário do Grande ABC
Folha de São Paulo
O Estado de São Paulo
Suplemento Informativo da Tribuna Metalúrgica
Tribuna Metalúrgica

Filmes

ABC da greve (1990)
Braços Cruzados Máquinas Paradas (1979)
Greve! (1979)
Linha de Montagem (1982)
Lula, o filho do Brasil (2009)
Peões (2004)

Agradecimentos

Frequentei os primeiros anos do curso de Ciências Sociais interessado prioritariamente em questões de teoria política, disso resultando um exercício de iniciação científica, orientado pela professora Eunice Ostrensky, sobre a crítica da Política elaborada por Karl Marx entre 1843-1844. Somente após o curso "Introdução à Sociologia do Trabalho" ministrado pelo Professor Leonardo Gomes Mello e Silva no primeiro semestre de 2011 é que este livro começou a tomar feição. Nesta disciplina percebi que minhas inquietações em teoria política seriam melhor enfrentadas numa chave sociológica. Assim, inicialmente agradeço à Professora Eunice e especialmente ao Professor Leo por toda atenção dispensada, pelas orientações lúcidas, pelas pistas importantes, pela amizade e mesmo pelas palavras de incentivo oferecidas num momento marcado por tantas dúvidas; ele foi essencial na construção do trabalho. Agradeço também ao professor Mauro Iasi, amigo que com carinho e desprendimento incentivou-me nos primeiros passos.

Agradeço também aos diversos professores com os quais tanto aprendi no curso de Ciências Sociais e na pós-graduação em Sociologia; jamais conseguirei retribuir tudo o que esta experiência significou para mim. Seria impossível enumerar todos, mas agradeço com especial carinho ao professor Luiz Carlos Jackson que, ademais, participou de minha banca de qualificação e de defesa com indicações precisas e instigantes; à professora Maria Helena Augusto Oliva e aos professores Fernando Antônio Pinheiro Filho, Iram Jácome Rodrigues e Sérgio Miceli, pelos cursos que tive o prazer de frequentar na pós-graduação; ao professor Ruy Braga e, em agradecimento póstumo, à Antônio Flávio Pierucci, pelas disciplinas de graduação que ofereceram e que continuam ressoando em mim. Agradeço ainda ao professor e amigo Murilo Leal pelas indicações e questionamentos na banca de defesa.

Ao CNPq, pela bolsa de estudos que deu respaldo financeiro à pesquisa.

Aos funcionários da secretaria de pós-graduação em Sociologia da USP (Vicente e Gustavo), aos funcionários do Sindicato dos Metalúrgicos do ABC e do Arquivo do Estado de São Paulo, aos vários amigos que indicaram contatos de entrevistas e, especialmente, aos trabalhadores entrevistados que abriram seus corações e comigo partilharam suas experiências.

Em seguida a investigação que dá suporte a este livro, combinei a reflexão intelectual no doutorado em Sociologia à prática militante mais direta enquanto dirigente do Partido Socialismo e Liberdade (PSOL). Esta experiência riquíssima foi decisiva na revisão crítica deste trabalho. Por isso, dedico este livro à toda a militância do PSOL e especialmente à Betto Vieira e Ricardo Alvarez, grandes amigos que com suas enormes capacidades intelectuais e políticas tem generosamente compartilhado suas experiências na direção de processos políticos.

Aos vários amigos de orientação e pós-graduação a quem agradeço por meio de Weslei Estradiote. À Eduardo Pinheiro, Bili-

A fábrica em que o sindicato nunca entrou

co Canatto e Nil Shiniti, amigos da periferia que sempre me tiram um sorriso, oferecem conforto e jamais deixam-me esquecer de onde vim. Ao Koko, Gota Cotrim, ao Mineiro e à Rafael Bechelli, agradeço as conversas instigantes e a companhia nas travessias de montanha que durante os vários meses de pesquisa foram tão importantes para o fortalecimento da ideia de que na vida importa antes a jornada do que o destino. À Diego Penholato que além da ajuda na reflexão científica e política, é um grande amigo de infância com quem divido todo tipo de angústia.

Aos meus avós Mário (in memorian) e Rosalina, Avany e João, que em sua simplicidade jamais deixam-me esquecer do passado; espero que este livro seja, de alguma maneira, as letras que lhes faltaram.

Aos meus pais, Lauriceu e Maria, e à meu irmão, Gu, porque, nas brincadeiras e brigas de família e no convívio inesquecível deram o amor incondicional e desinteressado que permitiu que tudo isso fosse possível. Eles são o coração deste trabalho.

À Na, pois ela está em tudo, por trás de cada palavra, sonho e suspiro.

Alameda nas redes sociais:

Site: www.alamedaeditorial.com.br
Facebook.com/alamedaeditorial/
Twitter.com/editoraalameda
Instagram.com/editora_alameda/

Esta obra foi impressa em São Paulo no inverno de 2019. No texto foi utilizada a fonte Minion Pro em corpo 10,5 e entrelinha de 15,75 pontos.